高等学校小学教育专业精品教材

郭健 丛书主编

现代教育技术应用

王润兰 主编

白继海 李 嵬 副主编

XIANDAI JIAOYU
JISHU YINGYONG

北京师范大学出版集团
BEIJING NORMAL UNIVERSITY PUBLISHING GROUP
北京师范大学出版社

图书在版编目(CIP)数据

现代教育技术应用 /王润兰主编. —北京：北京师范大学出版社，2016.8(2023.1重印)
（高等学校小学教育专业精品教材）
ISBN 978-7-303-20429-8

Ⅰ. ①现… Ⅱ. ①王… Ⅲ. ①教育学-中小学-资格考试-教材 Ⅳ. ①G40-057

中国版本图书馆 CIP 数据核字(2016)第 104392 号

图 书 意 见 反 馈　　**gaozhifk@bnupg.com**　010-58805079
营 销 中 心 电 话　　010-58802755　58800035
北师大出版社教师教育分社微信公众号　　**京师教师教育**

出版发行：北京师范大学出版社　www.bnup.com
　　　　　北京市西城区新街口外大街 12-3 号
　　　　　邮政编码：100088
印　　刷：北京虎彩文化传播有限公司
经　　销：全国新华书店
开　　本：787 mm×1092 mm　1/16
印　　张：18.75
字　　数：389 千字
版　　次：2016 年 8 月第 1 版
印　　次：2023 年 1 月第 2 次印刷
定　　价：32.00 元

策划编辑：王剑虹　　　　责任编辑：马力敏
美术编辑：焦　丽　　　　装帧设计：焦　丽
责任校对：陈　民　　　　责任印制：陈　涛

　　20 世纪 90 年代以来，随着社会发展水平的提高，社会对高质量教育的需求越来越强烈，为顺应社会需求，我国对教师培养体系进行了重大变革——小学教师的培养由原来的中等师范学校改由专科学校和本科院校培养。1998 年南京师范大学晓庄学院首次尝试开设小学教育（本科）专业，开创小学教师本科化培养的先河。1998 年教育部颁布的《普通高等学校本科专业目录》中，小学教育专业以"经教育部批准同意设置的目录外专业"出现，标志着小学教育专业开始纳入高等教育体系中。2012 年，小学教育专业以教育学二级学科的身份，正式纳入教育部颁布的《普通高等学校本科专业目录》。经济发达的地区把小学教师的学历提升到专科或本科水平，并在全国范围内扩招教育硕士。

　　自小学教育纳入高等教育体系以来，小学教育专业取得了一定的成效，为我国输送了大批本专科学历的小学优秀教师。

　　为了保证教师的培养质量，教育部于 2011 年 10 月 8 日颁布了《教育部关于大力推进教师教育课程改革的意见》，其附件《教师教育课程标准（试行）》是国家对教师教育课程改革提出的建议和要求，也是认定教师资格的重要依据。这对我国小学教师教育类课程结构调整和优化提出了新的要求；对深化教师教育改革，规范和引导教师教育课程与教学，培养和造就高素质专业化教师队伍具有纲领性的作用。

　　小学教育专业被纳入高等教育体系的时间短，在专业建设的过程中需要解决的问题很多，尤需亟待解决的是小学教育专业的课程及教材建设问题。河北省教育学教学指导委员会审时度势，组织全省教育学、心理学相关领域专家进行了充分的调研，分析了小学教育专业人才培养存在的问题，针对目前权威教材匮乏的现状，组织专家编写了目前河北省小学教育专业的系列教材。

　　此次教材编写既注重理论的系统性与前沿性，也注重解决教育实践问题的应用性与操作性；既注重编写过程的学术性，也注重教材形式上的趣味性。希望成为小学教育专业学生喜读、乐读的基本学习素材。

　　本套小学教育专业系列教材共包括十几种，分别是《教育学》《教育政策与法规》《教育测量与评价》《教育科研方法》《现代教育技术应用》《课程与教学论》《小学教育管理》《小学语文课程与教学论》《小学数学课程与教学论》《小学英语课程与教学论》《小学科学课程与教学论》《教育心理学》《儿童心理学》《小学生心理健康教育》《小学综合实践活动》《小学班主任工作原理与实践》和《小学教师专业技能训练》。

　　本套教材编写参与人员较多，涉及学科较广，是一项艰巨的工程，能顺利付梓得益于所有参编人员的辛勤工作、密切配合；也得益于北京师范大学出版社王剑虹女士的积极协调与沟通。在此向所有参与此次编写活动的作者及编辑人员表达我们的敬意。

　　教材编写过程中由于编者的学术视野及学术能力的限制难免会出现不足之处，我们将在教材使用中进一步总结反思，不断修订和完善。同时，也欢迎广大学界同仁及读者予以批评指正。

郭健

2016 年 6 月 8 日

前　言
FOREWORD

2012 年，《教育信息化十年发展规划（2011—2020 年）》正式颁布，这是新中国成立以来的第一个教育信息化政策主导性规划，它从国家层面对今后十年教育信息化工作进行了整体设计和全面部署。随后，一系列教育信息化相关政策文件陆续出台，相关的会议和活动也相继展开，各种新理念、新技术、新名词、新应用不断涌现，微课、慕课（Massive Open Online Course，简称 MOOC）、翻转课堂、电子书包、富媒体、智慧教育、互联网＋、创客、STEAM 等均已走进教育领域，甚至有的已经成为常态。因此，在信息技术环境下如何教与学就成为现代教师不得不思考的一个重要课题。

2016 年是"十三五"的开局之年，也是引领我国教育信息化未来走向的关键之年。其后的五年，教育信息化的主要任务是实现信息技术与教育的深度融合与创新，这一目标的实现，依赖教师信息素养的整体提升。虽然国家及各省市相关部门组织了大量的信息技术相关培训，但离实际需求尚有差距，因此，我们出版此书，希望通过我们的努力能帮助教师掌握现代教育技术基本技能，提高教师教育技术应用水平。

本书具有以下特点：

1. 基于跟踪调研的课程内容设计

编写组的部分成员连续三年对顶岗实习生进行了实习前、实习中、实习后的跟踪调研，通过对调研结果的分析和系统梳理确定本书的框架，同时结合目前信息技术的发展现状细化各部分内容，力求使本书能更加贴近学校及教师的实际需求，能成为学校、教师、学生及相关人员的好帮手。

2. 基于碎片化视角的移动学习资源包的开发

手机等移动终端在学校日益普及，为便于老师和学生"时时可学、处处能学"，编写组从碎片化学习的视角，自主开发了适用于本门课程及相关课程的移动学习资源包，内容包括教材配套 PPT、数字故事精选案例、课件及网站、交互式电子教材，以及微课的制作方法和现代教学媒体的使用等系列微课，学习者只要通过微信扫描二维码，或搜索"教育技术微学习"，点击关注，即可通过我们专门开发的移动学习平台方便地浏览和学习。

3. 基于学习者阅读习惯的信息呈现方式

考虑到本书的使用者有很大一部分是"数字土著",因此,在信息呈现上,尽可能地采用了可视化的方式,不仅便于知识的理解、掌握和拓展,也具有较强的实用性和可操作性。

本书由王润兰教授总体规划、协调,并负责统稿和审定工作。参与编写的人员有王润兰、白继海、李岿、高虎、许坦、马彦华、李烁、马艳彬、卢晓杰。河北师范大学教育技术学专业研究生吴胜玥参与了本书的排版及各章内容概览思维导图的绘制等工作,对他们的付出表示感谢!

本书在编写过程中,借鉴和吸收了国内外诸多专家和学者的相关研究成果以及网络资源。虽然我们尽可能做了标注,但难免会有遗漏,敬请谅解,在此对上述成果的作者表示衷心的感谢!由于编者水平有限,加之时间仓促,书中还会有很多不足之处,恳请各位专家、同行和读者批评指正,并提出宝贵意见。

编者

2016 年 6 月

目　　录
CONTENTS

第一章　现代教育技术基础

学习目标 ▶

1. 理解现代教育技术的相关定义。
2. 了解教育技术的研究范畴。
3. 知道支撑教育技术发展的理论基础。
4. 了解教育技术的发展史及发展趋势。

内容概览 ▶

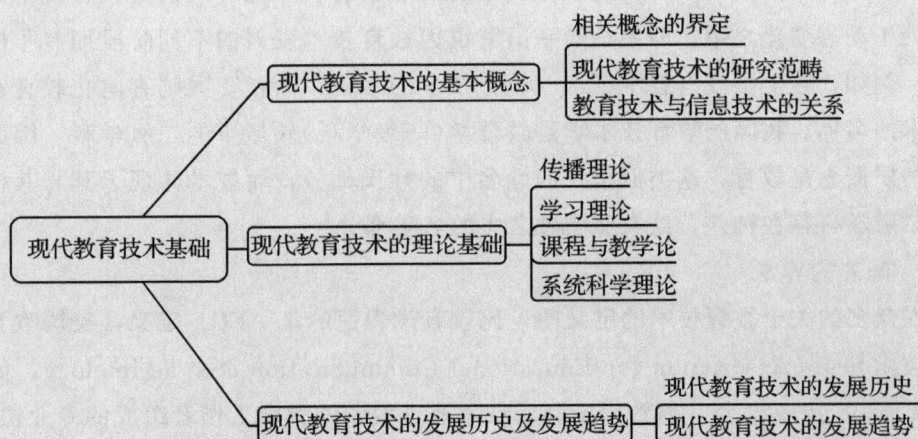

韩愈在其《师说》中提出："师者，所以传道授业解惑也。"这个观点已成为"为师者"的行为标准，无论是古代还是现代，为师者主要在学生的学习中起到传授道理、讲授知识，解疑释惑的作用。

随着技术手段的发展，教学也在发生着变化。从古代的结绳记事，对知识技能的口耳相传的教学方式，到如今的几乎人手一部手机，上课必用的多媒体教学设备，传统与现代，线上与线下，团队与个别化等特点并行存在的多样化的教学方式。这其中经历了无数次的技术发展应用于教学的过程，每一次新技术应用于教学，都极大地促进了教学的改革和发展。现代教育技术作为信息时代的教师必修的内容，信息素养成为每位教师必备的基础素养。

第一节　现代教育技术的基本概念

一、相关概念的界定

(一)技术

技术的英文名称为 technology，词根是 techne，来源于希腊语，其含义是"对纯艺术和实用技巧的论述"。希腊哲学家亚里士多德将"技术"描述为"人类活动的技能"。信息社会人们对技术的认识更加深入，人们普遍认为："技术是人类在生产活动、社会发展和科学实验过程中，为了达到预期的目的而根据客观规律对自然、社会进行认识、调控和改造的物质工具、方法技能和知识经验等的综合体。"这个定义包含了两个方面：有形的物质设备、工具手段，无形的非物质的观念形态的方法与技能。因此，"技术"应理解为"有形技术和无形技术的综合"。

(二)教育技术

由于各国的国情不同，因此教育技术的发展也有所不同，人们对教育技术的理解也处于动态变化之中。即使是同一国家也因教育技术发展的不同阶段而有不同的称呼。例如，在美国就有教学技术、教育技术的名称，而在我国则有电化教育和教育技术的名称。我国的教育技术学是教育学（一级学科）领域下的二级学科。因此它上层的属概念是教育，这类似于我们姓名中的姓氏部分；而技术体现了其与其他教育类二级学科存在种差，这类似于姓名中的名字部分。

1. 国外的界定

在众多的关于教育技术的定义中，比较有代表性的是 AECT 定义，美国教育传播与技术协会（Association for Educational Communication and Technology，简称 AECT）成立于 1923 年，由致力于利用技术改进教学的教育工作者组成的专业协会。AECT 曾给教育技术下过多个定义，包括 1963 年定义、1970 年定义、1972 年定义、

1977 年定义、1994 年定义、2005 年定义。

比较有代表性的是 1994 年和 2005 年发布的定义，行内简称为 AECT'94 定义和 AECT'05 定义。关于 2005 年发表的教育技术，新定义业内有人称为 AECT'04 定义。因为该定义是于 2004 年在吉林大学召开"长春 2004 — 教育技术国际论坛"上，由美国著名教育技术专家巴巴拉·西尔斯（B. Seels）教授在其所做的学术报告《He views the balloon：The new definition of field》中首次提出的。AECT 在 2005 年 5 月正式发表了该教育技术定义，准确地说新定义应该被称为 AECT'05 定义。

AECT'94 定义中将教育技术限定为微观的教学技术：教学技术是为了优化学习，对有关的学习资源和学习过程进行设计、开发、利用、管理和评价的理论和实践。

AECT'05 定义将教学技术恢复为教育技术：教育技术是通过创造、使用、管理适当的技术性的过程和资源，以促进学习和提高绩效的研究与符合伦理道德的实践。

2. 国内的界定

我国较为正式地使用电化教育一词始于 1936 年，当时的教育部举办电化教育人员训练班，由各地选派学员参加。学员结业后，就将电化教育名称带回各地。这以后，各级教育行政部门也陆续正式使用电化教育名称，所以国内定义中早期是电化教育，20 世纪 90 年代后更名为教育技术。目前，除了个别机构和期刊尚称为电化教育外，大多称为教育技术。下面介绍几个比较有影响力的定义。

电化教育，就是在现代教育思想、理论的指导下，主要运用现代教育技术进行教育活动，以实现教育过程的最优化（南国农、李运林，1998）。

教育技术是指运用各种理论及技术，通过对教与学过程及相关资源的设计、开发、利用、管理和评价，实现教育教学优化的理论与实践（教育部，2004）。

教育技术是人类在教育活动中所采用的一切技术手段和方法的总和。包括物化形态的技术和智能形态的技术两大类（李克东，2002）。

现代教育技术就是运用现代教育理论和现代信息技术，通过对教与学过程和教与学资源的设计、开发、利用、管理和评价，以实现教学优化的理论与实践（李克东，1999）。

综上所述，我们可以看出，不同时期，国内外对于什么是教育技术有着不同的定位，教育技术的定义也随着时代的发展不断被赋予新的内涵。目前，AECT'94 中描述的教育技术的设计、开发、利用、管理和评价五个方面依然被业内公认为是较为全面地表达了教育技术的研究范畴。

（三）现代教育技术

与教育技术相比，现代教育技术更具时代特点，能够体现现代的教育思想、教育理念和现代技术的融合。但也有学者认为加上"现代"二字是将教育技术定义的外延缩小了。下面是国内几位学者对现代教育技术所下的定义。

现代教育技术是将现代教育理论应用于教育教学实践的手段和方法的体系。包括以下几个方面：教育、教学中应用的现代化手段，即现代教育媒体；运用现代教育媒体进行教育教学活动的方法，即媒传教学法；优化教育教学过程的系统，即教学设计电化教育学(南国农，1988)。

现代教育技术是以计算机为核心的信息技术在教育、教学中的运用(何克抗，1999)。

现代教育技术是指运用现代教育理论和现代信息技术，通过对教与学的过程和资源的设计、开发、应用、管理和评价，以实现教学优化的理论与实践(李克东，2002)。

现代教育技术以现代信息技术的开发、应用为核心，另一方面现代教育技术不应忽视或抛弃对传统媒体的开发与应用(张剑平，2006)。

无论在文献资料中还是在专业名称的设置上，目前我国处于教育技术与现代教育技术并存的状况，二者可以通用，但加上"现代"更适合时代发展的要求。

(四)信息技术

与教育技术概念的众说纷纭相反，信息技术有公认的概念，即信息技术(Information Technology，简称 IT)是以计算机技术、网络通信技术、微电子技术、传感技术等为基础的，对各种形态的信息进行处理的综合性技术。与教育技术一样，信息技术概念也在随着新技术的涌现、信息技术载体的改变而变化和更新。

二、现代教育技术的研究范畴

根据 AECT'94 的定义，教育技术是关于学习过程和学习资源的设计、开发、利用、管理和评价的理论与实践，这表明教育技术或现代教育技术的研究范畴应该是设计、开发、利用、管理和评价[1]，如图 1-1 所示的是每个范畴的研究和理论领域，每个领域都有其具体的知识基础。

(一)设计范畴

设计是整个教学过程的开始，是为教学过程做准备的阶段。设计在教育技术研究过程中的突出特点就是"做计划"，包括两个层次的设计：宏观的如整门课程的设计，微观的如某一节课、某一单元的设计。设计范畴包括教学系统设计、信息设计、教学策略和学习者特征四个子领域。

(二)开发范畴

开发是把前面设计过程的结果转变为用各种技术展现的教学内容，在教学中广泛使用的各种技术也就是现在普遍使用的多媒体技术。开发范畴的基础是教学内容如何用各种媒体进行展现。开发范畴包括印刷技术、视听技术、基于计算机的技术和整合技术四个子领域。

---

① [美]巴巴拉·西尔斯，丽塔·里齐. 教学技术：领域的定义和范畴. 乌美娜，等，译. 北京：中央广播电视大学出版社，1999.

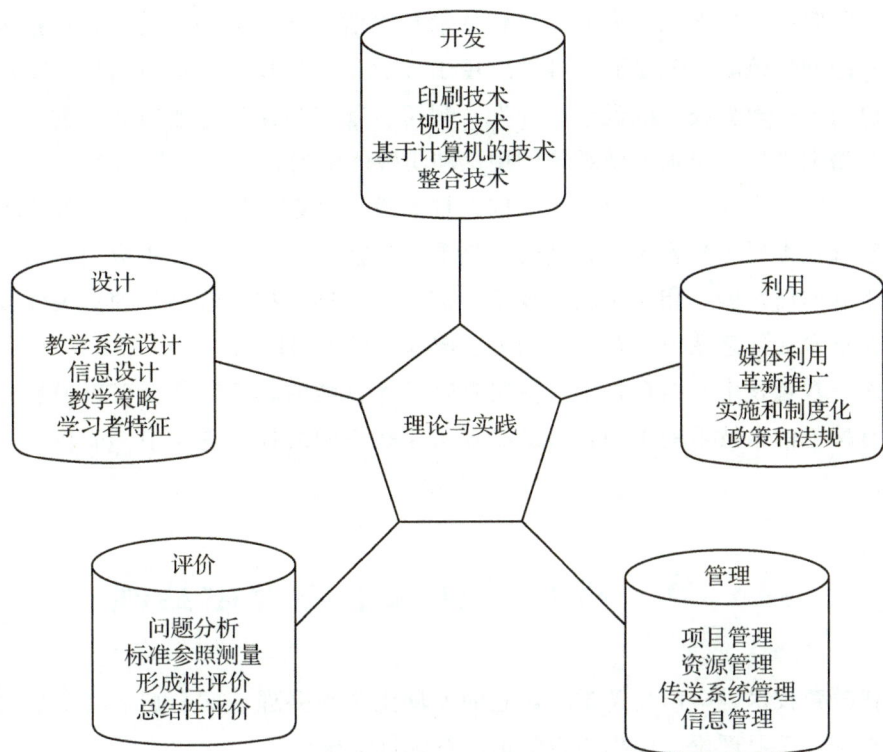

图 1-1　教育技术的研究范畴

(三)利用范畴

利用就是在前面设计和开发的基础上，运用教学资源，开展教学过程，以促进学习的活动。利用范畴包括媒体利用、革新推广、实施和制度化、政策和法规四个子领域。

(四)管理范畴

管理是对整个教学过程的统筹环节，保证其他领域的工作顺利开展。管理范畴包括项目管理、资源管理、传递系统管理和信息管理四个子领域。

(五)评价范畴

评价简单来说是对一个事物的价值的判断，从而决定是否改进，是否需要进行策略的调整。评价范畴包括问题分析、标准参照测量、形成性评价和总结性评价四个子领域。

三、教育技术与信息技术的关系

教育技术和信息技术这两个概念，有人将二者等同视之，认为信息技术培训就是教育技术培训，现实中也存在着教育技术教师来自于计算机专业等现象，这不一而足的现实存在反映的正是对教育技术与信息技术认识存在着误区，将二者简单地等同或者将二者截然分离看待都是片面的，二者既有联系又有区别。

二者的联系表现在三个方面：教育技术是以信息技术为基础的；教育技术研究范畴之一的利用范畴，就是研究各种应用于教学过程的技术，这与信息技术的研究内容不谋而合；教育技术的设计、开发、利用、管理和评价各范畴的研究为信息技术教学和培训提供了更加科学系统的理论和实践的依据。

二者的区别表现为：教育技术和信息技术虽然联系密切，但是二者属于不同的学科。教育技术属于教育学科，其研究是更关注技术如何在教育中应用，而不是关注技术本身如何发展。相对于教育技术，信息技术属于技术学科，则更关注技术自身，研究技术在信息获取、存储、加工、传输与呈现的作用。

总之，教育技术与信息技术的发展有着千丝万缕的联系，甚至可以说教育技术的发展有赖于信息技术的发展，但是二者又存在不同之处，现实中不能将二者简单地等同。

第二节　现代教育技术的理论基础

现代教育技术是一门交叉学科，它的发展受到很多理论的影响。其中最主要的有传播理论、学习理论、课程与教学论、系统科学理论。

一、传播理论

"传播"译自英语的 communication，也可以翻译为交流、沟通、传递等，它来源于拉丁文 communis，意思是共用或共享。传播是指传播者运用一定的媒体和形式，向受传者进行信息传递和交流的一种社会活动。传播按其涉及人员的范围大小及对象，可分为四种类型：人际传播、组织传播、大众传播和自我传播。传播理论对于教育技术的贡献表现为对教学过程，即教学信息传播过程的要素、传播的基本阶段以及传播规律的归纳总结。

研究传播学的专家和学者将传播过程简化为各种传播模式，下面就几个有代表性的模式进行介绍。

(一)拉斯韦尔"5W"模式

美国政治学家拉斯韦尔(H. Lasswell)提出了表述一般传播过程中的五个基本元素"5W"的直线性的传播模式。每个"W"都对应于教学过程中的一个相应要素，这"5W"所指的分别是：

①Who 谁，这里指传播者，可以是教师也可以是其他信息源。

②Says What 说什么，这里指传播内容或教学内容。

③In Which Channel 通过什么渠道，这里指选择何种教学媒体。

④To Whom 对谁，这里指教学对象即学生。

⑤With What Effect 产生什么效果，这里指通过教学过程产生的教学效果。

(二)香农-韦弗模式

20世纪40年代，数学家香农(C. Shannon)首先提出了一个关于电报通信过程的单向直线式模型。不久，他与韦弗(W. Weaver)合作改进了模型，添加了反馈系统。此模型后来被称为香农-韦弗模式，如图1-2所示。

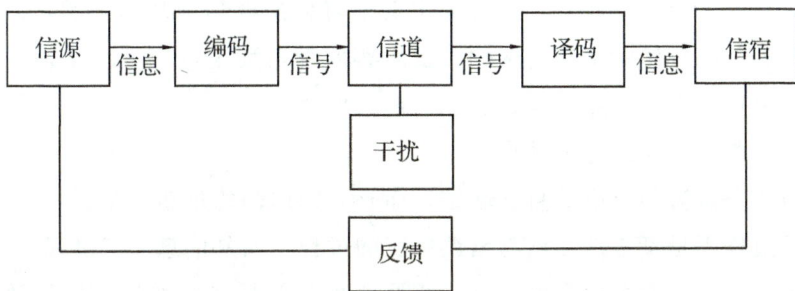

图1-2 香农-韦弗模式

香农-韦弗模式把传播过程分成了七个要素：信源、编码、信道、译码、信宿、干扰、反馈。信息由信源发出，经过编码，变为通过信道传输的信号，然后译码被信宿接收，在信道传输信号的过程中，不可避免遇到干扰信号的干扰。信宿接到信息后对信息进行理解加工，然后将反馈信息返回给信源，从而形成一个信息传播的闭环。

此外还有著名的施拉姆大众传播模式、贝罗模式以及海曼-弗朗克传播模式，这些传播模式各具特点，对于研究教育教学传播过程起着重要的指导作用。

二、学习理论

学习是学习者的任务，教也是为了更好的学，什么时候学习的主动权回归到学习者一方，学习的本质才真正得以实现。学习理论是探究人类学习的本质，以及知识技能形成机制的心理学理论。

在现代教育技术的理论体系尤其是教学设计理论发展的过程中，学习理论是处于核心地位的。行为主义学习理论、认知主义学习理论、建构主义学习理论对教育技术的理论与实践发展产生了深远的影响。

(一)行为主义学习理论

行为主义学习理论又称刺激—反应—强化理论，它强调学生的学习过程是行为的反复刺激—反应—强化，通过重复使学生再次遇到该刺激时能做出相应的反应。这个过程中并未考虑学生内在的思维过程。主要代表人物有桑代克、华生和斯金纳。

行为主义学习理论的主要观点：

①学习是刺激与反应的联结。

②学习过程是一种渐进的"尝试与错误修正"的过程。

③强化是学习成功的关键。

行为主义理论对教育技术的影响主要表现为以斯金纳为代表提出的程序教学法，这成为早期计算机辅助教学（CAI）设计的理论依据，并且在现在的教学设计中仍然起着重要作用。

（二）认知主义学习理论

认知主义学习理论是建立在对行为主义学习理论批判的基础上的，认为人的学习除了会受到外部环境的刺激的影响，最主要的学习加工过程是在学习者心理内部进行的。主要代表人物有布鲁纳、加涅、奥苏贝尔。

认知主义学习理论的主要观点：

①学习不是刺激与反应的直接联结，而是认知结构的重新组织。

②学习过程不是渐进的尝试与错误修正的过程，而是信息加工过程。

认知主义理论对教育技术的影响，主要表现为使得参与教学过程的教师或其他工作人员在进行教学设计时除了注意学习者学习行为的建立，还要对学习者的学习过程的心理进行研究，强调在学习过程中如何激发学生的学习动机，从而将知识内化为自身知识结构系统的一部分。

（三）建构主义学习理论

建构主义学习理论认为学习是学习者和外部环境的交互作用的过程中主动建构内部心理表征的过程。所谓建构就是指事物的性质、规律以及事物之间的内在联系。建构主义学习强调学习是学习者的主动建构自身知识体系的过程。主要代表人物有苏格拉底、柏拉图、杜威、皮亚杰等。

建构主义学习理论的主要观点：

①学习是一种建构的过程。

②学习是一种活动的过程。

③学习必须处于真实的情境中。

建构主义学习理论对教育技术的影响表现为教学过程以学生为中心，以学生的学习为主要活动内容。建构主义学习理论应用于教学后教学模式会更多样，学习方式会更灵活，教学方式会更多样。例如，微课、慕课、翻转课堂等新型教学方式的应用都是建构主义学习理论的具体应用。

三、课程与教学论

国外学者认为，课程与教学是水乳交融、互相关联的两个系统。大致有如下四种不同的观点：相互独立模式、相互交叉模式、相互包含模式、循环联系模式。我国"教学"一词的出现先于"课程"一词。历史上人们重教学研究而轻课程研究。20世纪末，在国外研究成果的基础上，我国学者对课程与教学的关系进一步深化研究。作为学科，从《教学论》发展到《教学论》与《课程论》并存，进而发展到两"论"整合：《课程与教学论》。

教育技术领域常常将课程与教学论并列研究。对现代教育技术产生较大影响的主要有发展教学理论、发现教学理论、教学过程最优化理论、学习过程阶段论、程序教学理论、教育目标分类理论等。

(一)发展教学理论

赞可夫提出"以最好的教学效果来促进学生的一般发展",要把一般发展作为教学的出发点和归宿。"只有当教学走在发展前面的时候,这才是好的教学",要把教学目标确定在学生的"最近发展区"之内。教学要有一定的难度,要让学生"跳一跳"才能摘到"桃子"。

(二)发现教学理论

布鲁姆提出的发现教学理论是指学生在教师的启发诱导下,通过对一些事实和问题的独立探究、积极思考、自行发现并掌握相应的原理和结论的一种教学方法。发现教学法有利于促进学生内部学习动机的形成,能更好地培养学生的抽象思维能力、发展智力和发挥潜力。

(三)教学过程最优化理论

巴班斯基将辩证的系统论作为研究教学理论的基础,提出教学过程最优化理论。教学过程最优化理论不是一种特殊的教学方法或教学手段,而是科学地指导教学、合理地组织教学过程的方法论原则;是在全面考虑教学规律、教学原则、教学任务、现代教学的方式和方法、教学系统的特征以及内外部条件的基础上,教师有意识、有科学依据地选择一种最适合某一具体条件的课堂教学的模式和整个教学过程的模式,组织对教学过程的控制,以保证教学过程在规定的时间内发挥最优的作用,获得可能的最大效果。

(四)加涅的九阶段理论

加涅认为教学过程的任务是促进和增强学习者内部的学习过程,教学阶段与学习阶段是完全吻合的。每个教学阶段都会有对应的事件,同时学生在此阶段会产生相应的心理活动,加涅将教学过程分为九个阶段,所以又被称为九阶段理论。如表1-1所示。

表1-1　加涅的九阶段理论

九个阶段的教学事件	与学习过程的关系
引起注意	接受各种神经冲动
告知目标	激活执行控制过程
刺激回忆	把先前学过的知识提取到短时记忆中
呈示材料	有助于选择性知觉
提供指导	语义编码,提取线索,也有助于激活执行控制过程
引发行为	激活反应器
提供反馈	建立强化
评价行为	激活提取,使强化成为可能
促进迁移	为提取提供线索和策略

四、系统科学理论

系统科学理论包括系统观、系统论和系统方法三部分。

系统观将事物视为系统，提倡用整体的观点分析事物。系统是由诸多要素构成的具有某项特定功能的整体。教学本身涉及多种要素，因此教学系统观是全面研究教学规律及其作用的重要视角。

系统论认为事物由各个组成部分构成一个完整的系统，能够实现 $1+1>2$ 的作用。因此对事物进行分析不但需要分析各系统组分的作用，还要分析系统组分之间结合起来的总体作用，而这种作用超越了组分单独所起作用之和。将教学问题归结为系统问题，我们就需要用系统论分析教学中各个组分共同作用的整体效果。例如，分析提高学习效果的因素不能只单单考虑教师因素或学生因素，更重要的是要考虑教师和学生之间以及学生和学生之间相互作用的整体作用的因素。因此，解决教学问题往往需要用系统论进行全面的分析。

系统方法是从需求分析中确定问题，制定解决问题的多种可能方案，选择可行的解决问题的策略，实施策略解决问题，鉴定实施的有效性，如果问题没有获得圆满解决就需要修订前几个步骤中具体的内容，直到问题彻底解决为止。现代教育技术中的教学系统设计就是在系统观指导下运用系统方法全面解决教育教学实践中遇到的问题的一门学问。

第三节　现代教育技术的发展历史及发展趋势

一、现代教育技术的发展历史

1978 年底，由美国原驻中华人民共和国联络处印发的小册子——《美国教育技术》，提出教育发展中发生了"四次革命"。第一次革命，人类社会有了专门从事教学的教师，有了专门的学校，可以把孩子们集合在一起进行学习。第二次革命，人类创造了文字，文字作为信息传递的重要工具在教学中发挥了同样重要的作用。第三次革命，印刷术的出现，使得书籍可以大量印刷，从而班级授课制得以完善，使得工业化社会中大规模教学活动变为现实。第四次革命，信息技术（如通信技术、同步卫星技术、电视技术、计算机技术等）和系统科学方法、人类脑科学及心理学等现代科学技术的迅速发展，并先后被引入到教育领域。这个阶段出现的电化教育/教育技术正在引发和推动教育理念、方式、结构等的又一次重大变革。

现代教育技术是以 19 世纪末以来发展起来的现代电子技术、现代信息技术等作为主要技术手段来实施教育、教学活动的，其明显的特点是具有电、光、声特性的教学机器在教育教学活动的广泛应用，推动了教育现代化的发展。

现代教育技术发展的时期是指从 19 世纪末至今，它大致经历了以下五个发展阶段。如表 1-2 所示。

表 1-2　现代教育技术发展的五个阶段

阶　段	时　间	新媒体的介入	新理论的引入或产生
起步阶段	19 世纪末 20 世纪初	幻灯、无声电影、播音	学校中的视觉教育
初期发展阶段	20 世纪三四十年代	有声电影、录音	戴尔的经验之塔
迅速发展阶段	20 世纪五六十年代	电视、程序教学机、电子计算机	斯金纳的操作条件反射论
系统发展阶段	20 世纪七八十年代	卫星电视教学系统、闭路电视教学系统、计算机教学系统	系统论、信息论、控制论
网络发展阶段	20 世纪 90 年代以后	多媒体网络教育系统	建构主义学习理论

20 世纪 20 年代，我国教育技术发展开始萌芽和发展。20 世纪 70 年代左右，受到"文化大革命"的影响，我国教育技术发展停滞，党的十一届三中全会后恢复发展。2003 年 12 月，教育部开始《中国中小学教师教育技术规范（标准）》的制定。为贯彻党的十八届三中全会精神，落实教育规划纲要，构建教师队伍建设标准体系，全面提升中小学教师信息技术应用能力，促进信息技术与教育教学的深度融合，2014 年教育部研究制定了《中小学教师信息技术应用能力标准（试行）》，成为中小学教师教育技术能力要求的评价标准，使得中小学教师的教育技术素质的评价有据可依。

二、现代教育技术的发展趋势

现代教育技术也随着技术发展的脚步不断前进，数字媒体时代的现代教育技术呈现出不同于以往各时代的特点。在教育信息化的大背景下，现代教育技术的发展趋势呈现出以下特点。

（一）终端便携化

数字媒体时代随着智能手机、平板电脑（Pad）还有笔记本电脑的普及，智能终端"一人一机"的目标逐渐实现，使用 Wi-Fi 免费上网逐步被提上日程。移动资费的下调、上网费用的降低、移动终端的个人化使得在线学习成为可能，使学习脱离了时空的限制，实现了随时随地学习的夙愿。

电子课本、电子书包等名词越来越多地出现在公众视野中，过去教学内容依赖于纸质媒介承载，现在这种情况正在发生转变，教学内容正在计算机、智能手机上以更加活泼的形式出现。例如，原来的教科书上呈现信息只用文字、图表、图片的形式，现在的电子课本除了可以用文本、图形、图像的方式呈现信息，还可以用声音、动画、视频、交互活动等方式将教学内容呈现在学生面前。原来读书时，只能被动接受，现在可以在线查阅相关知识，还可以与教师、同学以及计算机进行实时、非实时的互动，使得学习变得越来越主动，呈现出学习者为中心的特点。无论是学习者为中心还是教学者为中心都需要在进行教学系统设计时遵循相应的设计理论。

(二)内容碎片化

进入 21 世纪，学习似乎不再囿于学校、教室这些固定空间。同时媒体发展速度使得传统教学方式受到了前所未有的挑战。

在这种大环境下，慕课、微课出现了。慕课直接翻译就是大规模开放在线课程，这个术语是 2008 年由加拿大爱德华王子岛大学网络传播与创新主任 Dave Cormier 与国家人文教育技术应用研究院高级研究员 Bryan Alexander 联合提出来的。2011 年秋，"慕课"在美国迅速崛起，并对当前高等教育模式产生巨大的冲击和深远的影响，美国《纽约时报》发文称 2012 年被称为"慕课元年"，许多著名专家认为慕课是"印刷术发明以来教育最大的革新"。"慕课"的视频课程被人为分割成了 10 分钟左右的"微课程"，方便学生利用碎片时间见缝插针地进行观看和学习，使随时学习成为可能。

原来的教师可以凭借教科书和参考资料进行教学，而现在学生也同样可以接触到这些教学内容。这就迫使教师不得不主动进行教学改革。所以翻转课堂出现了，这与教育技术学中的远程教学思路不谋而合。翻转课堂模式是大教育运动的一部分，它与混合式学习、探究性学习以及其他教学方法一样，目的都是让学习更加灵活、主动，让学生的参与度更强。互联网时代，学生通过互联网学习丰富的在线课程，随时随地都可以实现学习的行为，不必一定要到学校接受教师讲授。互联网尤其是移动互联网催生"翻转课堂式"教学模式。

(三)表现智能化

人工智能是计算机学科的一个分支，是研究使计算机来模拟人的某些思维过程和智能行为(如学习、推理、思考、规划等)的学科，主要包括计算机实现智能的原理、制造类似于人脑智能的计算机，使计算机能实现更高层次的应用。

现在教师利用多媒体设备提供给学生的教学内容是从视听等方面对学生进行知识的传递。例如，利用多媒体教室中的设备进行教学，未来人工智能阶段除了视听之外，还可能提供触觉、味觉等感觉体验，实现全方位教学。

拓展阅读

1.[美]Ralph W. Tyler. 课程与教学的基本原理. 罗康，张阅，译. 北京：中国轻工业出版社，2008.

本书是被誉为"现代课程理论之父"的教育家泰勒的经典著作，是迄今为止课程领域最有影响的著作之一，被奉为"现代课程理论的'圣经'"。这本书自 1949 年出版以来，已重印 40 余次，并被翻译成多种文字出版。泰勒在书中提出的四个基本问题，构成了考察课程与教学问题的基本原理，既为课程开发提供了坚实的理论基础，又为现代课程研究开创了范式。

2. ［美］巴巴拉·西尔斯，丽塔·里齐. 教学技术：领域的定义和范畴. 乌美娜，等，译. 北京：中央广播电视大学出版社，1999.

这本书就是美国教育传播与技术协会的1994年定义的文本。

3. ［美］戴维·乔纳森，等. 学会用技术解决问题——一个建构主义者的视角（第2版）. 任友群，等，译. 北京：教育科学出版社，2007.

这本书关注的是如何用现代技术帮助学习者对意义进行个人或社会合作建构以及解决问题。它为教育技术支持知识建构提供了一个新的视角。

本章小结

教育技术是顺应时代发展的需求产生和发展的，无论是教育技术还是现代教育技术的定义都在不断地发展完善，目前业内比较认可 AECT'94 定义：教育（学）技术是为了优化学习，对有关的学习资源和学习过程进行设计、开发、利用、管理和评价的理论和实践。该定义也涵盖了教育技术的五个研究范畴和领域：设计、开发、利用、管理和评价。

任何学科的发展都离不开理论基础，支撑教育技术发展的理论基础主要有：传播理论、学习理论、课程与教学论、系统科学理论。

教育技术在国外是从视听教育发展而来的，国内主要是从电化教育转型来的，发展过程带有浓重的中国特色。教育技术的发展紧扣时代发展，体现出时代的特点：终端便携化，内容碎片化，表现智能化。、

思考与讨论

1. 谈谈你对教育技术与信息技术二者关系的认识。

2. 现代教育技术的研究对象和范畴是什么？

3. 为什么说传播理论、学习理论、课程与教学论是现代教育技术的理论基础？

4. 现代教育技术的发展趋势是什么？

综合实践项目 ✐

1. 收集国家推出的与教育信息化相关的政策文件，研究教育信息化对教育的影响。

2. 讨论对于信息技术和教育技术二者的区别和联系，你掌握多少信息技术的内容和教育技术的内容。

第二章 教育信息化与教师专业发展

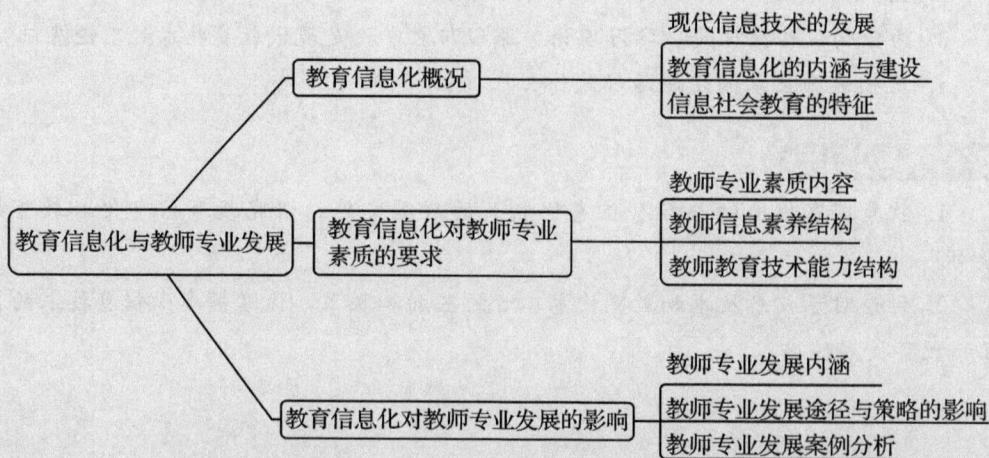

以下是国家教育资源公共服务平台(http：//www.eduyun.cn)上刊载的一篇关于教育信息化的新闻报道。这篇新闻反映了教育信息化使教学发生了怎样的变化？教师又如何应对这种变化？

江苏常熟率先实现电子化教学①

在江苏常熟市实验小学的"未来教室"，陆晓文老师正在向全省150位骨干教师展示公开教学课。这堂名为《秋》的语文课程在学生表演钢琴弹奏《秋日私语》中展开。整个教室的数台电脑通过八块大型显示器展示学生们在预习时搜集的"秋"的主题图画，有学生自己的摄影创作，也有学生们找来的名画作品，还有关于秋天的优美诗词。

在这个课堂，学生们自由地分成若干小组，围坐在开放式的课桌上，完全看不出传统"语文课"的模样。他们用课桌上的iPad翻看关于秋的故事，完成陆晓文老师布置的随堂作业。一个小组的同学率先创作了一幅艺术字，随即用电脑上传，陆晓文老师也在第一时间接收，并投影到大屏幕。她对此进行了点评，并邀请听课的教师们拿出手机"扫一扫"二维码，请他们为学生"点赞"。最终，这幅艺术字作品获得了当场听课教师最多的认可，让这一组的同学们忘情地在课堂上击掌相庆。

20世纪50年代以来，信息技术已渗透到经济发展和社会生活的各个方面，人们的生产方式、生活方式以及学习方式正在发生深刻的变化。全民教育、优质教育、个性化学习和终身学习已成为信息时代教育发展的重要特征。教育信息化充分发挥现代信息技术的优势，注重信息技术与教育的全面深度融合，在促进教育公平和实现优质教育资源广泛共享、提高教育质量、建设学习型社会、推动教育理念变革、转变教育方式和培养具有国际竞争力的创新人才等方面具有独特的重要作用，是实现我国教育现代化宏伟目标不可或缺的动力与支撑。教师是实施教育信息化的重要力量。加强教师教育信息化建设，提高教师信息化素养和教师教育技术能力是一项紧迫而又长期的任务。

---

① http：//news.eduyun.cn/ns/njyxxhzixundongtai/20151229/25556.html.2011-04-05.

第一节　教育信息化概况

一、现代信息技术的发展

(一)信息技术的发展历程

信息技术，是主要用于管理和处理信息所采用的各种技术的总称。信息技术表现为两种形态：物化形态和智能形态。物化形态的信息技术既包括传统的粉笔、黑板和印刷教材，也包括现代的电子音像、计算机、网络和人工智能设备；智能形态的信息技术既包括传统的口耳相传、直观教学，也包括现代的教学设计、在线学习和移动学习。

信息技术是人类在生产实践中为了不断扩展人的信息功能而产生并发展起来的技术。人类历史上一共经历了五次信息技术革命。

1. 语言的使用

语言的使用是从猿进化到人的重要标志。语言的出现促进了人类的交流和思维的发展，人对客观事物的观察和思考可以通过语言进行保存而传给他人和后代。

2. 文字的创造

大约在公元前 3500 年出现了文字。文字的创造与使用，使信息传播与保存打破时间、空间的限制，使语言得以长久保存或传到更远处，使社会群体的记忆有了飞跃性的增长，使异代之间的交际成为可能，促进了广泛的、多种类多层次的文化交流，促使了社会整体的迅速发展。文字的产生促使语言的精密化，使语言发展更完善。同时，它使人们克服了有声语言稍纵即逝的弱点，能够从容地审视和整理语言的规则，促使了语言规则的完善，使语言表达思想更加精确。

3. 造纸和印刷术的发明

我国印刷术的发明在人类传播学的历史上是一个划时代的标志性发明。它扩大了信息的交流、传递的容量和范围，使人类文明得以迅速传播，为工业化时代的到来起到先导作用。

4. 电报、电话、广播和电视的发明

人类通信领域产生了根本性的变革，是工业时代的先导技术。电报是利用电流(有线)或电磁波(无线)作载体，通过编码和相应的电处理技术实现人类远距离传输与交换信息的通信方式。电话、广播是通过电子设备实现了声音信息的远距离实时传输与交换。电视是利用电子设备传送活动图像的技术，实现了图像和声音信息的实时传输和交换。电话、广播和电视扩大了信息在世界范围内的交流、传递，促进了世界文明的融合和进步。

5. 计算机与通信技术的有机结合

1946 年，世界上第一台电子计算机 ENIAC（Electronic Numerical Integrator and Calculator，简称 ENLAC）诞生。从此，人类可以脱离大脑借助计算机来完成信息的处理。早期的计算机技术只有数据处理、数值计算和自动控制功能，基本用于军事和科研领域。20 世纪 60 年代以后，新型电子计算机出现，远距离通信技术和计算机技术迅速结合，极大地提高了人类信息传递、储存的质量和速度，实现了信息的传递、存储、加工、利用的一体化和自动化，开创了现代信息技术发展的先河，使人类由工业社会进入到信息社会。在信息社会中，信息成为社会生产的重要资源，信息技术第一次成为社会发展的主要动力。

20 世纪 90 年代，计算机多媒体技术出现，实现了计算机对文本、图形、静态图像、声音、动画、视频等多种媒体的集成处理。计算机应用领域不断向教育、文化、商业、贸易以及娱乐、生活等方面发展。出现了计算机辅助设计、计算机辅助教学、多媒体娱乐活动等社会生活方式。

互联网（Internet），即广域网、局域网及计算机按照一定的通信协议组成的国际计算机网络。它不仅为人们提供了各种各样的、简单而且快捷的通信与信息检索手段，更重要的是为人们提供了巨大的信息资源和服务资源。目前，互联网已经成为人们工作、学习、生活、娱乐等各个方面不可缺少的工具。

现代信息技术是以微电子学为基础，结合计算机技术和通信技术而形成的，对声音、图像、文字、数字和各种传感信号的信息进行获取、加工、处理、储存、传播和使用的技术。

(二)现代信息技术的发展

进入 21 世纪，云计算、普适计算、物联网等信息技术又引发了新一轮的技术革命。

1. 云计算——按需计算

云计算是基于互联网的超级计算模式。它是一组可以公开访问的服务器或计算机群，即把存储于个人电脑、移动设备和其他设备上的大量信息和处理器集成在一起协同工作，为用户提供各种 IT 服务。用户可以利用各种个人终端，经互联网连接到"云"中。云计算甚至可以让你体验每秒 10 万亿次的运算能力，拥有这么强大的计算能力可以模拟核爆炸、预测气候变化和市场发展趋势。

2. 普适计算——计算能力融入生活

普适计算，即无所不在、随时随地的计算方式。普适计算的核心思想，是小型、便宜、网络化的处理设备广泛分布在日常生活的各个场所。计算设备将不只依赖命令行、图形界面进行人机交互，而更依赖"自然"的交互方式。计算设备的尺寸将缩小到毫米甚至纳米，遍布在我们周围，并被赋予强大的计算能力，使我们不知不觉地和网络进行了交互。

3. 物联网——智慧世界形成

物联网就是"物物相连的互联网"。物联网概念是在 1999 年提出的,其英文名 Internet of Things。它是通过射频识别、红外感应器、全球定位系统、激光扫描器等信息传感设备,按照约定的协议,把任何物品与互联网连接起来,进行信息交换和通信,以实现智能化识别、定位、跟踪、监控和管理的一种网络。它能实现人类社会与物理系统的整合。在云计算、普适计算的配合下能够对网络内的人员、机器、设备和基础设施实时管理和控制。在此基础上,人类可以用更加精细和动态的方式管理生产和生活,达到"智慧"状态,提高资源利用率和生产力水平,改善人与自然间的关系。

云计算、普适计算和物联网技术的结合将使互联网的触角逐步深入到我们的生活环境中,使虚拟现实与真实的物理现实无缝地融合在一起,使计算变得无所不能,使我们生活的环境更有智慧和更适合于人的生存和学习。"互联网+"将逐步成为我们的生活常态,知识检验与知识创新将加速,我们对世界的认识更加迅速,运用信息技术解决实际问题的能力进一步增强。

二、教育信息化的内涵与建设

教育信息化的概念是在 20 世纪 90 年代伴随着信息高速公路的兴建而提出的。1993 年 9 月,美国克林顿政府正式提出建设"国家信息基础设施"(National Information Infrastructure,简称 NII),俗称"信息高速公路"(Information Superhighway)计划,其核心是发展以 Internet 为核心的综合化信息服务体系和推进信息技术在社会各领域的广泛应用。在美国的"信息高速公路"计划中,特别把信息技术在教育中的应用作为实施面向 21 世纪教育改革的重要途径,美国的这一举动引起了世界各国的积极反应,许多国家的政府相继制定了推进本国教育信息的计划。

(一)教育信息化的内涵

教育信息化是教育领域的信息化,是国家信息化的重要组成部分。其目的是促进信息技术在教育领域的广泛应用,推动教育的改革和发展,培养适应信息社会要求的创新人才,促进教育现代化。教育信息化的基本描述为:

教育信息化是指在教育领域全面深入地运用现代信息技术来促进教育改革和教育现代化的过程,其结果必然形成一种全新的教育形态——信息化教育(祝智庭,2002)。

该定义界定了教育信息化的范围,突出了现代信息技术在教育信息化过程中的作用,明确了教育信息化的最终目的是实现教育现代化,说明了教育信息化和信息化教育之间的关系。

教育信息化是教育现代化的必由之路,是教育现代化的重要内容和主要标志。教育信息化有利于建设学习型社会和构建终身教育体系,有利于缩小地区间的教育差距和促进教育公平，有利于素质教育的实施和创新人才的培养。

(二)教育信息化的特征

教育信息化特征表现为既具有"技术"的属性，同时也具有"教育"的属性。

1. 技术属性

从技术属性上看，教育信息化的基本特征是数字化、网络化、智能化和多媒化。数字化使得教育信息技术系统的设备简单、性能可靠和标准统一；网络化使得信息资源可共享、活动时空少限制、人际合作易实现；智能化使得系统能够做到教学行为人性化、人机通信自然化、繁杂任务代理化；多媒化使得信媒设备一体化、信息表征多元化、复杂现象虚拟化。

2. 教育属性

从教育属性上看，教育信息化的基本特征是开放性、共享性、交互性与协作性。开放性打破了以学校教育为中心的教育体系，使得教育社会化、终身化、自主化；共享性是信息化的本质特征，它使得大量丰富的教育资源能为全体学习者共享，且取之不尽、用之不竭；交互性能实现人与机之间的双向沟通和人与人之间的远距离交互学习，促进教师与学生、学生与学生、学生与其他人之间的多向交流；协作性为教育者提供了更多人与人、人与机协作完成任务的机会。

(三)教育信息化建设要素

教育信息化包含信息网络，信息资源，信息技术应用，信息技术和产业，信息化人才，信息化政策、法规和标准六个要素。这六个要素是一个有机的整体，构成符合中国国情的、完整的教育信息化体系。该体系中，信息网络是基础，信息资源是核心，信息资源的利用与信息技术应用是目的，而信息化人才、信息技术和产业，信息化政策、法规和标准是保障。

1. 信息网络

信息网络是教育信息化建设的重要内容，也是实现教育信息化的物质基础和先决条件。目前我国已经建成并启用的中国教育和科研计算机网（CERNET）、中国卫星宽带远程教育网络、正在实施的中小学"三通两平台"工程、中小学远程教育建设工程、高校"数字校园"建设项目，以及应用于学校教学的普通电教室、多媒体综合电教室、计算机室、录播教室、网络教室、语言实验室、电子阅览室、闭路电视系统、云教室等都是教育信息化过程中信息网络基础设施建设的重要内容。这些基础设施的建设既为我国的教育信息化奠定了基础，也为信息化教育的实施创造了条件。

2. 信息资源

教育信息资源是用于教育和教学过程的各种信息资源。它的开发和利用是教育信息化的核心，也是关系到教育信息化建设成败的关键。教育信息资源可分为以教育信息载体为核心的教育软件资源和以管理信息系统的基础数据为核心的教育管理信息资源两大类。其中教育软件资源主要包括以多媒体素材、各类 CAI 课件、网络课程等为主的多媒体教育信息资源，以文献资料查阅和检索服务为主的图书情报信息资源，以教育信息资源的生成、分析、处理、传递和利用为主的各种工具类资源以及浩如烟海的 Internet 资源等。教育管理信息资源主要是指为实施现代教育管理而建立的以教育者、教育内容、教育对象、教育资源及其支持服务体系为主要内容的各类数据库资源。

3. 信息技术应用

信息技术应用是教育信息化建设的根本出发点和直接目的。有了信息网络和信息资源这些基础条件之后，信息技术应用便成为教育信息化的主角，可以说，教育信息化建设的效益主要体现在应用这一环节。在信息技术应用方面主要应做好四件事：一是做好与思想理论、方法密切相关的潜件建设，它决定着信息技术应用的方向，直接关系到信息技术应用的质量和效果；二是建立与当地教育信息化建设环境、教育对象以及教育内容相适应的信息化教育模式；三是必须提高人们应用信息技术的兴趣和基本技能；四是在不同层次上开展信息技术与课程整合的理论研究与实践，并将其作为学校信息技术应用的主要任务。

4. 信息技术和产业

信息技术是指对信息的采集、加工、存储、交流、应用的手段和方法的体系。信息技术的核心是信息的数字化、信息传输的网络化。信息技术是教育信息化的技术支柱，是教育信息化的驱动力。在教育信息化过程中，开展信息技术研究不仅可以丰富教育信息化的研究内容，更重要的是可以将新的更加有效的物态化技术和智能形态的技术应用于信息化教育中，提高信息化教育的质量和效果。信息技术产业主要是指信息技术设备制造业和信息技术服务业。由于信息技术设备制造业的发展需要强大的技术和资金优势做后盾。因此，在我国的教育信息化过程中，信息技术产业的发展应由不同的社会部门分工协作来完成。其中教育信息技术产品的制造业应动员教育系统、科研院所和相关企业等互补性较强的部门共同参与，以便将教育系统从教育信息技术产品的开发中解脱出来，集中精力做好以教育信息资源的开发和利用为主的服务业。

5. 信息化人才

教育信息化，人才要先行。为了实现教育信息化，需要培养大量掌握信息技术基础知识，具备信息技术应用能力的教育信息化人才。作为一个行业的信息化，教育信息化人才有两层含义，一是通识型教育信息化人才，这是对在教育领域从事教育、教学、管理及其他服务的各类人员而言的，是对该领域全体人员信息技术知识、能力和素质的共同要求；二是专业型教育信息化人才，主要是指专门从事教育信息物态化技术和智能形态技术的研究与开发、教育信息化建设、教育信息化应用和维护的专门人才。一般来说，对通识型教育信息化人才的要求是应具备基本的获取、分析和加工信息的能力，而对专业型教育信息化人才的要求更高，分工更细，可以是高级软件人才、网络工程师或微电子技术专业人才等。

6. 信息化政策、法规和标准

教育信息化是一项系统工程。为确保我国教育信息化工作的顺利进行，国家政府及相关部门必须对教育信息资源开发、教育信息网络建设、教育信息技术应用、教育信息技术和产业等各个方面制定一系列政策、法规和标准，建立一套完善的促进信息化建设的政策、法规和标准体系，以规范和协调各要素之间的关系。这既是教育信息化健康发展的重要条件和保障，也是开展教育信息化的依据和蓝图，只有这样，才能使各级政府、各个单位和部门的教育信息化规范化、秩序化，也才能推动教育信息化健康顺利地向前发展。

(四)教育信息化的发展过程

教育信息化是一个动态的历史进程，是信息技术与教育教学不断融合发展的过程。联合国教科文组织(UNESCO)2005 年提出信息技术与教育教学融合发展分为四个阶段[①]：起步、应用、整合、创新，如图 2-1 所示。

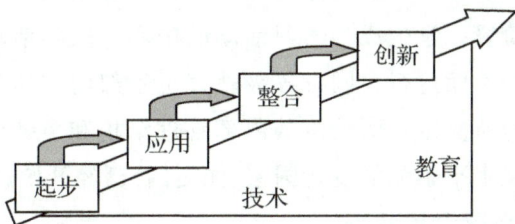

图2-1　信息技术与教育教学融合发展的四个阶段

1. 起步阶段

信息技术与教育教学融合的特点仍然是以教师为中心，信息技术只是作为一种辅助工具协助教师进行课堂教学，信息技术并没有在学校的教育教学和管理中得以广泛接受和使用。例如，办公软件操作、电子邮件和多媒体课件使用、教育管理软件在学校初步应用等。我国大部分地区和学校已经基本度过这一阶段。信息技术对教育教学的影响已经得到较为广泛的认同，信息技术的引入已经成为一种较为普遍的、主动的行为。

2. 应用阶段

信息技术与教育教学融合主要体现在教育教学和教学管理上普遍使用信息技术来提升教学质量和提高管理效率。教师开始注重在引入信息技术的过程中改变教学方法，教育主管部门和学校开始采用信息技术来支持教师培训和专业发展。在这一阶段，教师体验到信息技术应用于教学的优势，但是此时却面临着信息基础设施和资源难以满足需求的障碍。发达国家大都已经度过了这一阶段。我国大部分地区的

---

① 杨宗凯，杨浩，吴砥．论信息技术与当代教育的深度融合．教育研究，2014(3)：88.

各类学校正处于这一阶段，学校虽然具备了基础设施条件，但因缺乏足够的优质资源，使得信息技术在教育中的应用面临"有路无车、有车无货"的尴尬境地。

3. 整合阶段

信息技术与教育教学融合主要体现在促进教师的专业能力发展和教学方法的创新上。在这一阶段，教师充分整合信息技术与课堂教学，组织和开展"以学生为主体"的学习活动，通过积极的引导和辅助，充分发挥学生的自主性和积极性，提升学习效果。同时，利用信息化教学及管理平台，开展基于互联网的教学和教研工作，管理自身的学习过程，提升教师自身的信息技术应用能力。世界部分教育信息化发展水平较高的国家正处于这一阶段，信息技术已经被深度引入教学过程中，在促进教师专业能力发展中发挥了较大作用。在我国中东部经济发达地区的部分学校已经开始进入这一阶段。采用信息技术开展基于项目的协作学习和网络协同教研，已经成为越来越多学生和教师的选择。

4. 创新阶段

信息技术全面融入教育教学主要体现在信息技术开始改变教学模式和重构学校的组织结构上。在本阶段，学生成为学习活动的中心，教学活动和教学内容的组织都是围绕着促进学生的学而进行，同时各级教育主管部门和学校的管理效率不再是由信息技术的处理能力所决定，而是由其内部管理结构和事务处理流程所决定。世界少数教育信息化发展水平领先的发达国家（如美国）已经开始进入这一阶段。

(五)中外教育信息化发展状况

1. 国外教育信息化发展状况

(1)美国

在教育信息化方面，美国一直走在世界前列，并引领世界其他国家教育信息化的潮流。美国克林顿政府于1993年9月正式提出建设"国家信息基础设施"（NII），俗称"信息高速公路（IS）"计划，其核心是发展以Internet为核心的综合化信息服务体系和推进信息技术在社会各领域的广泛应用，揭开了美国教育信息化的序幕。1996年6月，美国时任教育部部长理查德·赖利（Richard W. Riley）公布了第一个国家教育技术规划《让美国学生做好迎接21世纪的准备：迎接技术素养的挑战》。规划中提出了美国政府发展教育技术的四大目标：每一间教室与每所学校都和互联网相连、每所学校有合适地用于教学的硬件、有合适的内容供教师整合进他们的课程中、教师具备技术整合进课程的必要技能。2000年年底，为了进一步落实将技术应用到教育中的承诺，美国又颁布了《数字化学习——美国国家教育计划》。在这个计划中，理查德·赖利向国会和政府提出了新的国家教育技术目标：数字化学习——让所有的孩子随时都能得到世界一流的教育。该计划包括以下内容：所有的教师都将能够有效地运用技术帮助学生达到较高的学业标准；所有的学生都要具备信息技术方面的知识与技能；通过研究与评估促进新一代技术在教与学中的应用；通过数字化内容和网络的应用改革教与学。2010 年，美国制定并颁布了第四个国家教育技术计划《变革美国教育：技术推动学习》。该规划旨在以技术之力改变现存的教育方式，为学生的终身学习创造环境。规划制定者认为，美国教育系统必须在学习、评价、教学、基础设施以及如何更富有成效地改革这 5 大领域做出变革[①]。2014 年 2 月，美国总统奥巴马宣布，美国联邦通信委员会将为一个名为"连接教育"的项目拨款 20 亿美元，并与苹果、威瑞森、微软、SPRINT 等私营科技和电信公司携手，建设美国中小学校的高速网络，力争在 5 年内让 99％的美国学生实现免费高速上网[②]。

（2）日本

日本是信息化水平很高的国家。1994 年，日本启动了"百校联网工程"。1999 年12 月，日本颁布了"新千年计划"。该计划是日本国家、社会信息化的整体规划，对于教育信息化制定了相关的政策，明确提出了教育信息化的目标，即到 2001 年，所有公立学校连接互联网，所有公立学校教师都能够有效利用计算机；到 2005 年，所有学校连接互联网，在所有学年的课程教学中，教师和学生都能够有效利用计算机。日本文部省于 2010 年颁布的《教育信息化指南》中规定未来 5～10 年实现以下内容：信息化的进展和学校教育的信息化，信息化教育的学习与指导，使用信息、通信和技术融合（Information Communication Technology，简称 ICT）的思考方法，信息教育体系的推进与构建，德育与学校、家庭的区域合作，推进学校行政信息化，提高教师使用 ICT 的指导能力，整治学校 ICT 环境，特殊教育信息化，教育委员会、学校的信息化体制等。

2012 年 7 月 3 日，日本总务省 ICT 基本战略委员会发布了《面向 2020 的 ICT 综合战略》（草案），提出实现"活跃在 ICT 领域的日本"的目标，设置了五个重点领域，并制定了相应的五大战略和具体措施。2012 年 9 月 7 日，日本总务省发布了 2013 年行动计划，介绍了 2013 年将采取的重点措施。在信息化方面，主要是以复苏日本为目的，推进"活跃在 ICT 领域的日本"ICT 综合战略。

（3）德国

德国是世界主要的经济强国之一，也是欧盟国家中重视信息化建设、信息化程度较高的国家之一。早在 20 世纪 80 年代初，德国就提出了"信息与通信技术教育"计划，将新的信息通信技术作为学科基础，并在中学课程中有计划地渗透相关专业知识，希望通过这样的课程与教学，使年轻人能够跟紧时代发展，有能力立足现代化世界，并推动社会发展。2010 年 11 月，德国联邦政府发布了由德国联邦经济技术部编制的《信息与通信技术战略：2015 数字化德国》。此战略详细规划了发展重点、主要任务和相关研究项目，以实现在 2015 年达到"数字化德国"的目标。2014年 8 月，德国联邦政府出台了《数字化行动议程（2014—2017 年）》，目的是在变革中

① 程佳铭，金莺莲．美国教育信息化概览．世界教育信息，2012(7)：13.
② 余晓葵．政府和私企齐出力——美国要为中小学校普及高速网络．光明日报，2014-02-17(08).

推动网络普及、网络安全及数字经济发展这三个重要进程，使德国成为具有国际竞争力的"数字强国"[1]。

（4）法国

法国自2013年起，教育相关部门逐步开展了"数字化校园"战略相关部署与研究工作。2014年9月，发起"高速网络计划"，为每所中学接入了高质量网络。2015年5月7日，法国举办了数字化教育研讨会，并确立了"数字化校园"教育战略规划，计划在三年内投资10亿欧元用于完善数字化教育资源与设备[2]。

（5）新加坡

新加坡早在1996年就推出了雄心勃勃的教育信息化计划——投资20亿美元使每间教室连接互联网。到2002年为止，新加坡小学电脑拥有率为6.6∶1，中学达到5∶1，教师笔记本拥有率2∶1。2015年，新加坡制定了"智慧国2015计划"（iN2015）[3]。其规划为通过信息技术的创新使用，满足新加坡学习者多样的学习需求，并使学习者获得更佳的学习体验。

除此之外，其他很多国家，如英国、印度、俄罗斯、韩国等，也都制定了一系列与教育信息化相关的政策。从国外发达国家教育信息化的历程看，各国政府都把教育信息化看作国家信息化建设的重要组成部分。重视顶层设计，并结合自身国情，推出适合本国发展的教育信息化政策。

2. 我国教育信息化发展状况

我国的教育信息化起始于20世纪80年代初期，崛起于20世纪90年代。从1999年起，我国先后启动了一系列推进教育信息化的工程并制定了相关的政策，以加快我国教育信息化步伐。1999年末，教育部宣布我国中小学从2001年9月份开始逐步开设"信息技术课程"，并在2000年起用5～10年的时间在全国中小学基本普及信息技术教育；全面实施中小学"校校通"工程，努力实现基础教育的跨越式发展；加强信息基础设施和信息资源建设，使全国90%左右的独立建制的中小学能够与网络连接，使每一名中小学生都能共享网上教育资源，也使全国教师都能普遍接受旨在提高素质教育水平和能力的继续教育。2000年5月，教育部远程教育资源建设委员会颁布了以北京师范大学牵头制定的《现代远程教育资源建设技术规范》（试行），这是我国关于远程教育信息标准化工作的重要成果，该规范的核心内容是：课程资源分为媒体素材、试题、网络课件、案件、文献资料和网络课程六大类，详细规定了各类资源的功能技术开发要求和信息属性标注。

2001年6月14日国务院在北京召开了基础教育工作会议，并发布了《国务院关于基础教育改革与发展的决定》，其中第26条为："大力普及信息技术教育，以信息

① 刘昕彤. 德国教育信息化发展报告（2013—2014年）. 中国教育信息化，2015(7)：30—34.
② 井家鹏. 法国确立"数字化校园"教育战略规划. 世界教育信息，2015(17)：77.
③ 兰丽宁. 新加坡教育信息化现状梳理与分析. 中国教育信息化，2015(7)：37—41.

化带动教育现代化。各地要科学规划，全面推进，因地制宜，注重实效，以多种方式逐步实施中小学"校校通"工程，努力为学校配备多媒体教学设备、教育软件和接收我国卫星传送的教育节目的设备，有条件地区要统筹规划，实现学校与互联网的连接，开设信息技术课程，推进信息技术在教育教学中的应用。开发、建设共享的中小学教育资源库。加强学校信息网络管理，提供文明健康、积极向上的网络环境。积极支持农村学校开展信息技术教育，国家将重点支持中西部贫困地区开展信息技术教育，支持鼓励企业和社会各界对中小学教育信息化的投入。"

2003 年 9 月，国务院召开了全国农村教育工作会议，下发了《国务院关于进一步加强农村教育工作的决定》（以下简称《决定》），《决定》明确提出，"实施农村中小学现代远程教育工程，促进城乡优质教育资源共享，提高农村教育质量和效益。"《决定》提出的目标是："使农村初中基本具备计算机教室，农村小学基本具备卫星教学收视点，农村小学教学点具备教学光盘播放设备和成套教学光盘。"

2010 年，国务院制定的《国家中长期教育改革和发展规划纲要（2010—2020 年）》的第十九章"加快教育信息化进程"，首次将教育信息化上升为国家战略目标。具体内容如下：第一，加快教育信息基础设施建设。信息技术对教育发展具有革命性影响，必须予以高度重视。把教育信息化纳入国家信息化发展整体战略，超前部署教育信息网络。到 2020 年，基本建成覆盖城乡各级各类学校的教育信息化务体系，促进教育内容、教学手段和方法现代化。充分利用优质资源和先进技术，创新运用机制和管理模式，整合现有资源，构建先进、高效、实用的数字化教育基础设施。加快终端设施普及，推进数字化校园建设，实现多种方式接入互联网。重点加强农村学校信息基础建设，缩小城乡数字化差距。加快中国教育和科研计算机网、中国教育卫星宽带传输网升级换代。制定教育信息化标准，促进信息系统互联互通。第二，加强优质教育资源开发与应用。加强网络教学资源库建设。引进国际优质数字化教学资源。开发网络学习课程。建立数字图书馆和虚拟实验室。建立开放灵活的教育资源公共服务平台，促进优质教育资源普及共享。创新网络教学模式，开展高质量高水平远程学历教育。继续推进农村中小学远程教育，使农村和边远地区师生能够享受优质教学资源。强化信息技术应用，提高教师应用信息技术水平，更新教学观念，改进教学方法，提高教学效果。鼓励学生利用信息手段主动学习、自主学习，增强运用信息技术分析解决问题能力。加快全民信息技术普及和应用。第三，构建国家教育管理信息系统，制定学校基础信息管理要求，加快学校管理信息化进程，促进学校管理标准化、规范化。推进政府教育管理信息化，积累基础资料，掌握总体状况，加强动态监测，提高管理效率。整合各级各类教育管理资源，搭建国家教育管理公共服务平台，为宏观决策提供科学依据，为社会公众提供公共教育信息，不断提高教育管理现代化水平。

教育部 2012 年 3 月发布的《教育信息化十年发展规划（2011—2020 年）》成为引

领当前教育信息化发展的纲领性文件，成为各级教育主管部门制定本级教育信息化发展的指引。《教育信息化十年发展规划（2011—2020 年）》描绘了到 2020 年，形成与国家教育现代化发展目标相适应的教育信息化体系。基本实现所有地区和各级各类学校宽带网络的全面覆盖，全面完成所提出的教育信息化目标任务，基本建成人人可享有优质教育资源的信息化学习环境，基本形成学习型社会的信息化支撑服务体系，基本实现所有地区和各级各类学校宽带网络的全面覆盖，教育管理信息化水平显著提高，信息技术与教育融合发展的水平显著提升。

2014 年 5 月，教育部办公厅关于印发《中小学教师信息技术应用能力标准（试行）》的通知，指出"信息技术应用能力是信息化社会教师必备专业能力"，要"全面提升中小学教师的信息技术应用能力，促进信息技术与教育教学深度融合"。

2014 年 12 月，教育部、财政部、国家发展改革委、工业和信息化部以及中国人民银行五部门联合印发的《构建利用信息化手段扩大优质教育资源覆盖面有效机制的实施方案》，通过构建利用信息化手段扩大教育资源覆盖面的有效机制，加快推进教育信息化"三通两平台"建设与应用，实现各级各类学校宽带网络的全覆盖，优质数字教育资源的共建共享，信息技术与教育教学的全面深度融合，逐步缩小区域、城乡、校际之间的差距，促进教育公平，提高教育质量，支撑学习型社会建设，形成与国家教育现代化发展目标相适应的教育信息化体系。到 2015 年，全国基本实现各级各类学校互联网全覆盖，其中宽带接入比例超过 50％；到 2017 年，全国基本实现各级各类学校宽带网络接入；到 2020 年建成与国家教育现代化发展目标相适应的教育信息化体系。

综上所述，我国非常重视教育信息化建设，积极开展基础设施建设、开展教育信息化标准制定，教育信息化人才培养和教师培训，努力缩小与发达国家的差距。

三、信息社会教育的特征

信息技术给人类构建一个新的生存空间，即虚拟世界。虚拟世界既是现实世界的复制，又是现实世界的超越和创新。现实世界与虚拟世界的融合构成了人类新的生存状态——信息社会。在信息社会中，人类既能够立足现实世界，又能善于虚拟世界的活动，能够游走于两种世界的人，才是合格的信息时代公民，才是全面发展的人。教育是培养人的社会活动，必须满足社会发展的需求，在满足社会要求的同时，自身会发生改变，会呈现出新的特征。

信息社会教育表现出的特征如下。

（一）信息社会教育目的是促进人的现实世界生存能力和虚拟世界生存能力全面发展

虚拟世界生存能力亦称数字化生存能力。在虚拟世界中，社会生活中一切过程和方式都将数字化，人们使用数字化的技术手段，基于网络进行电子商务、电子政务，工业设计、自动控制、接受医疗和教育等社会活动。未来的社会数字化程度会越来越高，人们的数字化活动也会越来越多，数字化生存能力将成为人类生活中的基本能力。

在虚拟世界中，人的思维是"人—机"结合的思维，处理的"原料"是数字化信息（知识），人的创造能力和信息技术的智能化程度对信息（知识）的传播、共享和创新产生决定性的作用。信息化的高度发展要求教育培养一种不断追求新知、讲究思维效率、具备信息素养的多规格的复合型、创新型人才。这种新型人才规格，在知识结构上，应该是较宽的知识结构和精深的专业知识的统一；在意志品质上，应该是创新精神和求实态度的统一；在综合能力方面，应当是自主创新能力和团结合作能力兼具。这种复合型和创新型人才的培养已经成为制约和影响知识生产与创新的直接原因，因此，学校教育必须从单纯地注重发展学生认识能力的培养转向注重学生创新精神、合作态度、人文素养、健全的体魄、高尚的伦理价值观和人生观的培养。

(二)信息社会中的教育环境是现实与虚拟课堂的融合

信息社会中的教育由现实课堂教学和虚拟课堂教学两种活动构成。所谓现实课堂教学是指教师和学生以教室为主要的活动场所，以班级为人员单位，以课时为教学的时间单位，以师生之间、学生之间面对面的活动为基本形式的教学活动。所谓虚拟课堂教学是指教师和学生以注册与登录网络课程平台为主要活动空间，以在线注册的班级为人员单位，以师生之间、学生之间在线活动为基本形式的教学活动。在信息社会，教育作为人类实践活动的一个重要领域，也在通过建构虚拟教育空间来弥补传统教育的局限，优化教育过程、扩展教育活动的空间，满足多样化的教育需求、革新和改变传统的教育，创造新型教育。

(三)信息社会教育中的师生关系是一种主体间性关系

教师、学生、网络和信息是信息社会教育的基本要素。在虚拟世界中，教师和学生具有平等性，都是虚拟世界中"人"，教师和学生可以是个体或群体，也可以是自我与他人。学生和教师角色在一定场合下可以发生转化，他们既可以发送信息也可以创造信息，通过信息交互、共享的方式维持着师生之间的关系。交互可以是一对一的、一对多的，也可以是多对一、多对多的。交互的内容可以是专题的或非专题性的。"在教育活动中，教师是教育行为的主体，而学生则是自身生活、学习和发展的主体；现代教育过程是教师与学生双主体协同活动的过程，其核心目标是培养和发挥学生的主体性，而实现这一核心目标的关键是真正建立平等民主、相互尊重的新型师生关系。"[①]

主体间性即交互主体性，是主体间的交互关系。现代教育是主体间性教育，教育过程是师生间平等的、双向或多向交互活动。主体间性教育超越教育者与受教育者的界线，超越"教师中心论"与"学生中心论"的鸿沟，构建以"学习为中心"的学习

---

① 王凡录．现代教育是主体间性教育．新疆广播电视大学学报，2004(4)：22．

型社会，每一个人都是学习者，根据自身的兴趣和条件可以无时不在、无处不在地进行学习，满足自身发展和社会发展的需要，促进个体和社会的发展。

(四)信息社会教育的主要方式是混合式学习

混合式学习是把面对面(Face-to-face)教学和在线(Online)学习两种模式进行有机整合，以达到降低成本，提高效益的一种教学方式。面对面的学习发生在现实世界中，在线学习发生在虚拟世界中。信息社会教育应该正确处理虚拟与现实课堂的关系，充分发挥两种课堂在育人方面的优势，综合利用两种课堂各自的功能，形成整体的教学解决方案，促进教育质量和效益的提高。世界知名的 IT 教育公司 Knewton 发布的《数字教育状况》报告称，到 2020 年，美国 98% 的学习将使用翻转课堂等线上线下混合学习模式[①]。

(五)信息社会的教育是注重"未来和创新"的教育

纵观人类发展史由农业社会向工业社会的转变用了将近 100 年，而现在由工业社会向信息社会的结构改革只用了不到 20 年。变化的发生是如此之快，使得人们没有时间做出反应，就不得不转而预计将来要发生什么。在"农业社会"时期，人们重视"过去"，教育主要是总结、传授过去的经验与知识。在"工业社会"时期，人们重视"现在"，根据当今社会需要进行产品的设计、生产和销售，教育在重复过去的同时，重视再现当代。信息社会时期，人们注重"未来"，必须根据现在的情况，预测未来，把握趋势，教育仅靠学习过去，重复再现已难以适应信息社会的发展，教育必须强化"面向未来"的观念，以创新为主要特征，构建终身学习体系。

第二节　教育信息化对教师专业素质的要求

在信息社会，教育的基本目标依然是培养人，教师的基本职能依然是通过创造性的劳动，帮助受教育者成为社会有用的人。在信息社会中，由于教育思想观念、教学内容、教学环境、教学手段等都发生了变革，对教师的素质提出了更高的要求。

一、教师专业素质内容

教师素质包括教师具备公民的基本品质和教师专业素质。教师专业素质是教师作为专业人员应该具备的多方面的专业要求，是教师从事教育、教学工作的素质和修养，是一个教师从事教育教学工作的前提条件。它是经过系统的教师教育，并在长期的教育实践中逐渐发展而成的具有专门性、指向性和不可替代性的素质，具有教师职业的特殊性、标志性。教师专业素质内容主要由三个部分构成：专业知识、

---

① 张岩. 信息化时代教师专业成长的策略与途径. 教师教育论坛，2015(4)：15.

专业能力和专业情意。

教师的专业知识主要包括学科知识、教育类知识和实践知识。学科知识亦称本体性知识，是教学活动的基础，如语文、数学、物理等；教育类知识亦称条件知识，是认识教育对象、开展教育活动和研究所需的教育学科知识和技能，如教育学、心理学、现代教育技术等；实践知识是教师个人在教学实践中体验而获得的知识，体现教师个人的教学技巧、教育智慧和教学风格。

教师的专业能力是教师组织教育活动，是影响学生主体发展的"行动"能力。主要包括：教学能力（教学设计能力、教学实施能力、教学评价能力）、课程开发能力、专业发展规划能力和教育科研能力。

教师的专业情意是教师对教育事业的理解，对职业道德行为规范的认同，对工作群体的相信力及奉献精神等。具体包括教育理念、专业态度和师德。教育理念是指教师在对教育工作理解和体验的基础上，形成的教育观念和理性信念，如学生主体观、创造人才观、教学交往观；专业态度是在一定专业意识支配下形成的对专业活动中特定对象的认识、评价与行为倾向，如乐业敬业、勤学进取、开拓创新；师德是教师在教育教学中必须遵循的基本规范和行为准则，是由教育工作的性质、任务和教育对象的特点决定的，如热爱学生、诲人不倦，以身作则、为人师表，合作创新、共同发展。

教育信息化是指在教育领域全面深入地运用现代信息技术来促进教育改革和教育现代化的过程。信息技术的运用不会自然而然地创造教育奇迹，因为任何技术的社会作用都取决于它的使用者的素质。教育信息化应对教师提出哪些素质要求呢？

（一）具备教育信息化理论

教育信息化理论包括信息技术与课程整合理论、信息化环境下的教与学理论以及教与学方式、信息化环境下的教学设计理论。教师在教育信息理论指导下能更好地促进信息技术与教育、教学领域的融合。

（二）具备教育的国际视野

教育信息化也是教育的国际化过程。教师应站在世界的高度上，吸收和消化国际先进教育理念，利用互联网开展国际交流与合作，充分利用世界上可以利用的资源，开展教育教学的改革。

（三）具备创新精神和改革意识

教育信息化是一场教育革命，新情况、新问题层出不穷。教师应具备创新精神和改革意识才能够与时俱进，在教育信息化的实践中积极主动运用信息技术解决教育教学中的问题，研究新情况、新问题的解决方法。

（四）具备与时俱进的信息素养

教育信息化要求教师需要了解和掌握信息与信息技术的有关概念、原理与方法，能熟练地收集、处理、开发、应用和评价教育教学信息资源，并以高尚的信息道德对待信息资源，正确地使用或创造信息资源为教育教学服务。

(五)熟练掌握现代教育技术

教育技术能使信息和信息技术具有教育教学性，能促进教育理论、信息技术和教育教学的整合，促进电脑和人脑的融合，创建满足学生需要的教学资源和教学过程，评价学生的学习结果，促进学生和教师自身的发展。

(六)具备多媒体艺术和网络交流沟通艺术

教育信息的多媒体化和有效的网络沟通，需要遵循美学原则，处理好信息传达方式和技巧，增强艺术感。

(七)具有健康的心理状态

在教育信息化过程中，由于信息的传播与交互和教育方式的不断创新，教师的角色越来越多样化，频繁的角色转换和多方面的角色期望，使教师角色冲突时常发生。教师面对日益激烈的竞争和各方面的压力，需要不断调整自身的心理状态，融入教育信息化的建设过程中。

二、教师信息素养结构

(一)信息素养含义

信息素养(Information Literacy，简称 IL)国内也有译为信息素质、信息文化、信息知识等。信息素养的概念界定是一个不断发展完善的过程。

信息素养的概念最早出现于美国图书情报界，后期逐步扩展到教育界、信息技术界甚至全球的各个领域。1974 年，美国信息产业协会(AIIL)主席保罗·车可夫斯基(Paul Zurkowski)在向美国全国图书馆和信息科学委员会(NCLIS)提交的一个报告(*The In-formation Service Environment，Relationships and Priori-ties*)中将信息素养定义为："人们在解决问题时利用信息的技术和技能。"[1]1989 年，美国图书馆协会下属的信息素养主席委员会提出的信息素养定义：要成为一个有信息素养的人，必须能够确定何时需要信息，并已具有检索、评估和有效使用所需信息的能力。

进入 20 世纪 90 年代后，随着网络技术的发展和以知识经济为主导的信息时代的到来，信息素养的内涵又有了新的解读。布拉格会议将信息素养定义为一种能力，它能够确定、查找、评估、组织和有效地生产、使用和交流信息，来解决一个问题。

我国《普通高中信息技术课程标准》将信息素养定义为：对信息的获取、加工、管理与传递的基本能力；对信息及信息活动的过程、方法、结果进行评价的能力；发表观点、交流思想、开展合作、勇于创新、并解决学习和生活中实际问题的能力；遵守相关的伦理道德与法律法规，形成与信息社会相适应的价值观和责任感。

一般认为，信息素养包括信息知识、信息技能、信息意识、信息道德四个方面。

---

① 张霞，刘志兰，杨劲松. 我国教师信息素养研究现状综述. 扬州大学学报(高教研究版)，2012(5)：70.

1. 信息知识

信息知识是个体具有信息素养的基础，指的是对信息科学知识（概念、原理、方法）的了解和对信息工具（硬件、软件）相关知识的掌握。

2. 信息技能

信息技能包括获取、分析、加工、评价、传递、存储、管理信息的技能和应用信息、创造新信息的能力。

3. 信息意识

信息意识是个体对信息的敏感度，即个体对信息的感受力和持久的注意力，能够意识到信息的作用和价值，对信息有积极的内在需求，对获取、处理和应用信息表现出一定的兴趣。

4. 信息道德

信息道德是个体在获取、处理和应用信息过程中遵守有关的法律、法规和道德规范，在信息活动中不危害社会或侵犯他人合法权益的表现。

(二)教师信息素养

教师信息素养通常由一般信息素养、专业信息素养和职业信息素养三部分构成。

1. 一般信息素养

一般信息素养是指信息社会人人都应该具有的信息素养，具体表现在信息知识、信息技能、信息意识、信息道德等诸方面。

2. 专业信息素养

专业信息素养是指教师从事与学科专业有关的教育教学活动应具备的信息素养，主要包括与专业有关的文献资料的查询、信息处理软件的使用、信息方法的使用等。

3. 职业信息素养

职业信息素养是指教师从事教育教学活动应具备的信息素养，主要包括教师对现代教育技术的学习与掌握、教师对教育教学信息的获取、评价、加工、存储、传播与创造的能力等，如信息化教学意识、信息化教学设计能力、信息化教学资源开发与应用能力、信息化教学的管理能力和信息化教学实施与评价能力。

教师信息素养是实现教育信息化的重要基石。教师信息素养帮助教师在教育教学过程中，能有效地整合信息技术、信息资源，使教学过程得到优化、教学质量得到提升、教学目标得以实现。

三、教师教育技术能力结构

现代教育技术的本质是利用技术手段（特别是信息技术手段）优化教育教学过程，从而达到提高教育教学效果、效益与效率的目标[1]。一名合格的教师不仅要有较高

---

[1]　何克抗. 关于《中小学教师教育技术能力标准》. 电化教育研究，2005(4)：37.

的信息素养，还要懂得教育技术，具备教育技术能力，才能够有效运用信息技术解决教育教学中出现的问题，才能够成为课堂教学和学校教育改革的推动者。能力是完成一项目标或者任务所体现出来的素质。教育技术能力是在教育教学中通过创造、使用和管理合适的技术性的过程和资源，以促进学习和提高绩效所体现出的素质。2004 年 12 月，教育部颁布了《中小学教师教育技术能力标准（试行）》。《中小学教师教育技术能力标准（试行）》从四个维度对教师教育技术能力进行规定，内容包括：应用教育技术的意识与态度、教育技术的知识与技能、教育技术的应用与创新、应用教育技术的社会责任。

（一）意识与态度

1. 重要性的认识

能够认识到教育技术的有效应用对于推进教育信息化、促进教育改革和实施国家课程标准的重要作用；能够认识到教育技术能力是教师专业素质的必要组成部分；能够认识到教育技术的有效应用对于优化教学过程、培养创新型人才的重要作用。

2. 应用意识

具有在教学中应用教育技术的意识；具有在教学中开展信息技术与课程整合、进行教学改革研究的意识；具有运用教育技术不断丰富学习资源的意识；具有关注新技术发展并尝试将新技术应用于教学的意识。

3. 评价与反思

具有对教学资源的利用进行评价与反思的意识；具有对教学过程进行评价与反思的意识；具有对教学效果与效率进行评价与反思的意识。

4. 终身学习

具有不断学习新知识和新技术以完善自身素质结构的意识与态度；具有利用教育技术进行终身学习以实现专业发展与个人发展的意识与态度。

（二）知识与技能

1. 基本知识

了解教育技术基本概念；理解教育技术的主要理论基础；掌握教育技术理论的基本内容；了解基本的教育技术研究方法。

2. 基本技能

掌握信息检索、加工与利用的方法；掌握常见教学媒体选择与开发的方法；掌握教学系统设计的一般方法；掌握教学资源管理、教学过程管理和项目管理的方法；掌握教学媒体、教学资源、教学过程与教学效果的评价方法。

（三）应用与创新

1. 教学设计与实施

能够正确地描述教学目标、分析教学内容，并能根据学生特点和教学条件设计有效的教学活动；积极开展信息技术与课程的整合，探索信息技术与课程整合的有效途径；能为学生提供各种运用技术进行实践的机会，并进行有针对性的指导；能应用技术开展对学生的评价和对教学过程的评价。

2. 教学支持与管理

能够收集、甄别、整合、应用与学科相关的教学资源以优化教学环境；能在教学中对教学资源进行有效管理；能在教学中对学习活动进行有效管理；能在教学中对教学过程进行有效管理。

3. 科研与发展

能结合学科教学进行教育技术应用的研究；能针对学科教学中教育技术应用的效果进行研究；能充分利用信息技术学习业务知识，发展自身的业务能力。

4. 合作与交流

能利用技术与学生就学习进行交流；能利用技术与家长就学生情况进行交流；能利用技术与同事在教学和科研方面广泛开展合作与交流；能利用技术与教育管理人员就教育管理工作进行沟通；能利用技术与技术人员在教学资源的设计、选择与开发等方面进行合作与交流；能利用技术与学科专家、教育技术专家就教育技术的应用进行交流与合作。

(四)社会责任

公平利用努力使不同性别、不同经济状况的学生在学习资源的利用上享有均等的机会；有效应用努力使不同背景、不同性格和能力的学生均能利用学习资源得到良好发展；健康使用促进学生正确地使用学习资源，以营造良好的学习环境；规范行为能向学生示范并传授与技术利用有关的法律法规知识和伦理道德观念。

《中小学教师教育技术能力标准(试行)》除了规定中小学教学人员教育技术能力内容外，还规定了中小学管理人员和中小学技术支持人员教育技术能力内容。2005年4月教育部为贯彻落实这一标准，又专门启动了"全国中小学教师教育技术能力建设计划项目"。项目包括培训、考试、认证三个部分。2006年5月，该项目在全国全面展开。教师教育技术能力培训分为初级、中级和高级三个层次。

教师教育技术能力培养包括职前师范生和职后教师两个阶段。职前师范生教育技术能力培养主要通过《现代教育技术》和《学科教学方法》等课程来完成。职后教师教育技术能力主要通过在职教师培训和信息技术与课程整合的教学实践得到提升。

第三节　教育信息化对教师专业发展的影响

随着现代教育的发展，教师职业成为专门性的职业，教师成为从事教师职业的专业人员。20世纪80年代以来，教师专业发展(Professional Development of Teachers)

日益成为人们关注的焦点。1980 年 6 月 16 日，在美国，一篇题为《救命，教师不会教》的文章，引发了公众对教师质量的担忧，从此拉开了以"提高教师素质，促进教师专业发展"为核心的教师教育改革的序幕。

教育信息化不仅对教师专业素质提出了要求，而且对促进教师专业发展即教师教育起到推动作用。

一、教师专业发展内涵

教师专业发展，又称教师专业成长，是指教师在整个专业生涯中，依托专门的组织、专门的培养制度和管理制度，通过持续的专业教育，习得教育教学专业技能，形成专业理想、专业道德和专业能力，从而实现专业自主的过程。它包括教师群体的专业发展和教师个体的专业发展。

(一)教师群体专业发展

教师群体的专业发展是指教师职业不断成熟、逐渐达到专业标准，并获得相应的专业地位的过程。它既是教师个体专业化的条件与保障，同时也代表着教师职业的专业化。

教师群体的专业发展主要包括以下内容：

(1)教育知识技能的体系化

包括学科专业和教育专业知识与技能，国家对教师任职既有规定的学历标准，也有必要的教育知识、教育能力和职业道德的要求。

(2)国家有教师教育专门机构、专门的教育内容和措施，教师教育专业化

(3)国家有对教师资格和教师教育机构的认定制度和管理制度

(4)形成社会公认的教师专业团队

(二)教师个体专业发展

教师个体专业发展是教师作为专业人员，从专业思想到专业知识、专业能力、专业心理品质等方面由不成熟到比较成熟的发展过程，既由一个专业新手发展成为专家型教师或教育家型教师的过程。教师个体的专业发展的具体内容是：

(1)专业理想的建立

教师专业理想是教师在对教育工作感受和理解的基础上所形成的关于教育本质、目的、价值和生活的理想和信念。

(2)专业知识的拓展

包括专业知识量增加、知识质的深化和知识结构的优化。

(3)专业能力发展

即教师教育教学能力。是评价教师专业性的核心因素。一般包括设计教学能力、表达能力、教育教学组织管理能力、教育教学交往能力、教育机智、反思能力、教育教学研究能力和创新能力。

（4）专业自我的形成

教师的专业自我就是教师在职业生活中创造并体现符合自己志趣、能力与个性的独特的教育教学生活方式以及个体自身在职业生活中形成的知识、观念、价值体系与教学风格的总和。具体包括自我形象的正确认知、积极的自我体验、正确的职业动机、对职业状况的满意、对理想职业生涯的清晰认识、对未来工作情境有较高的期望、具有个体的教育哲学与教学模式。

（三）教师专业发展的取向

（1）理智取向

主张教师通过正规培训，获得先进的"学科知识"和"教育知识"，以提高教育理性认识水平和教学技能。

（2）实践—反思取向

主张教师通过实践反思，发现教育教学意义，获得实践智慧，其主要方法有写日记、传记、构想、文献分析、教育叙事、教师访谈、参与性观察等。

（3）文化生态取向

主张教师专业发展不仅仅依靠个人努力，在更大程度上依赖于"教学文化"或"教师文化"为其工作提供支持和身份认同，其主要方式是通过学习团队建设进行协同教学、合作教研，实现共同发展。

（四）国家对教师专业发展提出的要求

2002年，《教育部关于推进教师教育信息化建设的意见》文件中指出："为适应信息化社会的发展要求，以信息化带动教育现代化，促进教师教育跨越式的发展，积极推进教师教育信息化建设是一项紧迫的重要任务。"也明确提出："教师教育信息化既是教育信息化重要组成部分，又是推动教育信息化建设的重要力量。"2004年9月下发的《教育部关于加快推进全国教师教育网络联盟计划，组织实施新一轮中小学教师全员培训的意见》文件中，启动了以"新理念、新技术、新课程"和师德教育为重点的中小学教师全员培训，明确指出要提高广大教师运用现代教育技术进行教育教学改革的能力。并建立了全国教师教育网络联盟，成立了全国教师教育信息化专家委员会。2004年12月颁布了《中小学教师教育技术能力标准（试行）》，它是我国中小学教师的第一个专业能力标准，对于中小学教师的教育技术能力建设有重要指导意义。2005年教育部启动了"全国中小学教师教育技术能力建设计划"，其宗旨是："以《中小学教师教育技术能力标准（试行）》为依据，以全面提高中小学教师教育技术应用能力，促进技术在教学中的有效运用为目的，建立中小学教师教育技术培训和考试认证制度，组织开展以信息技术与学科教学有效整合为主要内容的教育技术培训，全面提高广大教师实施素质教育的能力水平。"

2012年3月，教育部颁布的《教育信息化十年发展规划（2011—2020年）》首次正式提出将教育技术能力评价结果纳入教师资格认证体系，要求到2020年各级各类学校教师基本达到教育技术能力规定标准。2013年10月，教育部又发布《教育部关于实施全国中小学教师信息技术应用能力提升工程的意见》，指出"各地要将教师信息技术应用能力作为教师资格认定、资格定期注册、职务（职称）评聘和考核奖励等的必备条件，列入中小学办学水平评估和校长考评的指标体系。中小学校要将信息技术应用成效纳入教师绩效考核指标体系，促进教师在教育教学中主动应用信息技术。"2014年5月，教育部办公厅关于印发《中小学教师信息技术应用能力标准（试行）》的通知，指出"信息技术应用能力是信息化社会教师必备专业能力"，要"全面提升中小学教师信息技术应用能力，促进信息技术与教育教学深度融合"。《中小学教师信息技术应用能力标准（试行）》将教师信息技术应用能力分为基本要求（应用信息技术优化课堂教学的能力）和发展性要求（应用信息技术转变学习方式的能力）两个层级，从技术素养、计划与准备、组织与管理、评估与诊断、学习与发展等五个维度阐述了中小学教师应该具备的信息技术应用能力。2014年7月，教育部办公厅印发《教育部办公厅关于2014年度"一师一优课、一课一名师"活动的通知》的通知，指出"通过活动的开展，力争每位中小学教师能够利用信息技术至少上一堂课，使每堂课至少有一位优秀教师能够利用信息技术讲授"。该项活动为百万教师探索信息技术与教育教学的深度融合提供了国家级赛台，截至2015年11月，"一师一优课、一课一名师"活动平台报名教师达562万人，晒课总数302万堂。

国家教育信息化政策对教师专业发展中的培训目标、新技术的构成、内容标准、机构、活动组织形式和专家组织提出要求，成为推动教师专业发展事业的动力。

二、教师专业发展途径与策略的影响

（一）现代信息技术背景下教师专业发展的途径

Web2.0技术的发展使人们由传统的人机对话逐渐转变为人人对话，为教师专业发展提供了良好的平台。基于Web2.0技术形成虚拟社区更为"教师学习共同体"构建提供了条件。教师学习共同体是教师基于共同的目标以及对所属团体的归属感而组织起来的学习团体。在团体中，教师打破孤立倾向，通过平等对话和讨论，分享专业意见以及各种学习资源，以探究的精神来共同完成一定的使命，形成教师专业发展的组织形式。如教师专业发展学校、教师网络联盟、教师网络研修平台、教师在线实践社区和免费在线大学公开课程、教师博客群等。

1. 教师专业发展学校

教师专业发展学校可以结合学校的实际情况采取教师专业发展工作小组、教研组、备课组、学习小组等促进教师专业发展的组织形式，以教师专业发展坊、名师工作室、教师专业发展日为运作载体，通过教师论坛、学术沙龙、课题研究、观摩研讨、自修交流等运作策略促进教师专业发展。

2. 教师网络联盟

通过搭建某个学科的教学网站，以各种教学资源为依托，吸引同类学科的任课教师共同参与组织形式。通过网站，教师们不仅可以看到优秀的教学资源，还可以学习到优秀的教学设计，重要的是通过网站还可以与来自全国各地教授同一门课程的教师交流教学经验。

3. 教师网络研修平台

构建网络交流平台，技术人员将课程专家、优秀教师等的一些先进课例、精彩讲座等以视频、文本等方式上传至平台，教师凭借自己的账号和密码登录网站进行学习的组织形式。在研修平台中专家团队和指导教师做指导，教师通过观看课例视频、学习课程文本、在线研讨、提交作业或发表评论、接受专家与指导教师点评、制作研修简报等方式进行学习。网络研修平台集专家引领、同伴研讨、自主提升为一体，促进教师专业化成长。

4. 教师在线实践社区

教师在线实践社区是由中小学教师、大学专家及助学者所组成的一种正式学习与非正式学习相混合的学习环境，是一种基于课堂教学行为为大数据，促进教师实践性知识增长和专业能力发展的组织形式。教师实践社区采用面对面培训与在线研修相结合的方式，活动以"交互式电子白板＋课堂教学录播系统"自动记录下来的课堂录像作为教师专业学习的基础情境，采用基于信息技术的定性和定量相结合的课堂绩效分析方法进行课堂观察与诊断，帮助教师改进课堂教学的实践行为。

5. 免费在线大学公开课程

由斯坦福大学教授 Andrew Ng 和 Daphne Koller 创建，该网站同顶尖的大学合作构建以计算机科学为主的在线免费课程。学员通过注册上课，有固定的授课时间以及家庭作业等，任何人都无需付费便可以收听到顶尖的计算机科学课程。

慕课（Massive Open Online Courses，简称 MOOC）大型开放式网络课程。主要通过课堂演讲视频进行学习。通常将视频的长度限定为 8～12 分钟。视频可能会中途暂停数次，以测试学习者对知识的掌握程度。注册同一课程的学员可以通过加入当地的学习小组或者在在线论坛上讨论等方式，来互相促进、学习。该课程的助教可能会查看、管理在线论坛，有些课程也会有作业和考试。教师通过注册进行慕课学习获得教育的机会。

6. 教师博客群

博客或网络日志（Blog）是一种由个人管理、不定期张贴新的文章、图片或影片的网页或联机日记，用来抒发情感或分享信息。教师通过网络超链接技术将每个人的博客链接在一起形成教师博客群，推动同一类型文章的展示或某一主题讨论。

(二)现代信息技术背景下教师专业发展的策略

1. 自主学习策略

教师基于专业成长需求进行主动学习的方式。基本环节为：阅读—写作—实践—反思。教师通过网络阅览优秀视频课例、同行的教学设计、课件、专题讨论、教学反思等学习材料形成自己新的知识经验；个人获得的经验和能力等隐性知识通过读书笔记、札记、教育叙事、学术论文以及专著等形式在网络上表达出来，使其转为显性知识；教师结合理论知识的学习、典型案例的研究分析来设计实施自己的教学活动，并对教学实践进行反思，不断地优化调整，形成自己的教学模式。

2. "基于问题学习"的协作学习策略

以处于不同专业发展阶段的教师面临的问题为起点，通过小组合作学习，促进教师批判性思维和解决问题的能力的发展，实现对知识深层次的理解的学习方式。基本环节为：问题选择设计—小组合作研究—反馈评价。问题的选择设计是以教师专业发展中遇到的一些错综复杂的问题为对象；小组合作通过小组成员之间相互影响相互协作，共同寻求解决问题的方法。在信息技术支持下，教师在组成了基于问题的小组后，可以利用"E-mail"或"BBS"把自己的资料发到小组其他成员的信箱里或小组的 BBS 板块上让大家共同浏览。根据自己在小组中的担任的角色不同主动地去获取资源信息，查阅相关的电子资料，访问专家等，对问题进行分析探索，尝试解决问题。同时又不时地通过网络汇报讨论各自获取的信息，实现资源信息共享；反馈评价包括个人评价、小组成员、网络系统甚至学生及家长、指导教师及校长的评价，帮助教师深入的思考问题。

3. 基于行为研究的诊断学习策略

教师专业发展关键是专业素养和能力的提升与发展，核心是教师实践知识的关注与获得。基于行为研究的诊断学习，是在专家和学习伙伴的帮助下，通过对课程教学过程的数据分析，了解自己实践教学行为的优点与不足，不断优化自己教学行为的学习方式。基本环节为：课堂录像—课堂绩效分析—反思—教学行为改善。教师将自己的课程录像传到网络平台，得到专家和同伴的课例分析与评价。再基于大数据的课堂诊断报告基础上，教师反思自己的教学行为，重新设计教学过程，不断改善自己的教学过程和教学行为。

4. 档案袋评价策略

教师档案袋是收集教师专业成长中的学习成就，展示教师的进步表现、专业成果和个人培训成果、学习伙伴的评价结果以及其他记录和资料的汇集。教师借助校园局域网，建立自己的博客和 QQ 空间以及个人工作室，将自己的成长经历按时间顺序记录其中，形成个人学习的网络化电子档案袋。通过网络化电子档案袋，教师不仅可以结合多媒体手段来表现和展示教师个人成就，而且通过档案袋制作过程，实现一种具有主体能动参与、积极自我反思、主动和谐发展特征的全新评价。经过"实践—反思—发展"的过程，既实现对自己发展的纵向考量，又进行与别人的横向比较，最终促进自身的持续发展。

三、教师专业发展案例分析

本案例选自《信息技术教育》杂志刊载的江苏省张家港市东莱小学黄利锋老师的教师专业成长故事。

一位信息化研究型教师成长之路

1. 黄利锋老师成长经历

1998 年，黄利锋开始学习使用计算机，并通过了苏州办公自动化考试。2000 年，做兼职计算机教师，自学课件制作和网站设计。2001 年，全校第一个开展多媒体辅助教学，课题为"圆的面积"。开始上网，用邮箱、QQ、申请免费空间等。2002 年，参加市第一届信息技术与学科整合评优课活动。专题学习网站《战争与和平》获得了"首届全国中小学特色教育专题网站展评"特色网站奖，课堂实录《信息化环境下〈战争与和平〉的教学设计》发表在《网络科技时代》杂志上。2003 年，岗位转为信息技术专职教师、学校网站管理员，开始开发学校网站。2004 年，负责学校新教育数码社区项目建设，6 月，学校顺利通过苏州市教育信息化先进学校的验收，他被评为张家港市小学信息技术教学能手。2005 年，参加张家港市信息化研究型教师培训班。被评为张家港市教育科研学术带头人。2006 年，岗位转为综合实践活动专职教师，开发基于博客的综合实践课程平台。申请的中国教育技术协会"十一五"课题《博客在教与学中的应用研究》批准为青年课题。2007 年，被聘为国家基础教育课程教材发展中心春季远程研修小学综合实践课程指导教师。

评析：从黄利锋老师的成长经历看体现了专业新手发展成为专家型教师的专业成长过程。并且黄老师的发展是一年上一个台阶。说明他具有明确的教师专业成长的信念，能通过实践探索和参加培训不断充实自己的教育信息化知识，发展自己的信息化教育教学能力。

2. 黄利锋老师自主学习经历

黄老师每天打开电脑时，第一个动作是用 Foxmail 收邮件，第二个动作是登录 QQ，第三个动作是打开浏览器，进入教育在线数码社区论坛，第四个动作是更新博客。

2000 年，学校通过 ISDN 专线上网，把他带进了神奇的网络世界。第一件事就是在网上注册了好几个免费邮箱，在网上，他发现有的教师把网络用于平常的教学，并对此产生了强烈的兴趣，收集了不少教学案例进行研究学习。自此，他把注意力从技术转向了教学，开始研究如何更好地利用信息技术应用于学科教学。2002 年，他在《中国教师报》(当时的《中国教育资讯报》)上发表了一篇《"电灌"——多媒体教学的目标？》论文。他通过仔细研究了报纸，发现每个栏目的编辑都有 E-mail，于是又投了一篇教学随笔，也被录用了。这让他信心倍增，不仅自己不断投稿，还把电子邮件投稿的方法教给了一些平时喜欢写作的教师。2003 年，他专职教信息技术后，开始在教育在线的数码社区论坛做版主，和全国的同行共同讨论信息技术课堂教学，也经常在空余时，和教研员、信息技术教育类杂志的编辑、各地的同行们探讨教学工作。为了促进论坛的发展，他开始和现代教育报IT版编辑顾超雄合作，在IT版开设了一个"焦点众说"专栏，每周一个话题，专门讨论信息技术课堂教学方面的难点和热点，选择优秀新颖的观点在报纸上发表。在学校校园网站上，他还推出了"随笔专栏"和"成长日记"栏目，引导师生在网上进行交流。2005年4月，在姜堰市举行的"新教育实验数码社区项目组研讨会"上，他做了题为"没有最好，只有用好"的经验交流报告，介绍了该校在新教育实验理论的指导下，依靠校园网络，为全校师生搭建了一个基于网络的"数码校园"，结合"书香校园"和"师生共写随笔"，让师生在网络中体验到书写的快乐，促进了教师的专业发展和学生的快乐成长的做法。2006年年初，学校网站进行重新改版，他根据当时教育信息化发展趋势，在网站上重点推出了博客服务，分为教研博客和学生博客两大部分。在学校领导的支持下，利用博客进行网络化的校本教研。经过一年的积累，教研博客内容已经是非常丰富。2006年年底，博客还参展了"2006中国苍南·长三角教育博客文化论坛"。2007年年初，在武汉市武昌区综合实践教研员沈妮老师的推荐下，他作为指导老师参与了国家基础教育课程教材发展中心举办的春季远程研修活动。工作主要是点评学员在培训平台上发布的作业，并把优秀作业推荐给课程专家团队。

评价：黄立峰老师能够不断学习新的信息技术，并及时尝试利用信息技术解决自己和学校在教学、研究中出现的问题，不断提高自己用信息技术解决问题的意识和能力，扩大信息技术在教育教学中的作用。

3. 黄利锋老师善于教学反思

他教六年级的数学"圆"时，犯了难。因为圆面积计算公式的推导过程是个难点，教师难以讲清，学生也不易去理解，更多学生只是死记计算公式。他开始尝试着用Flash做课件，把圆平均分，再拼成一个近似长方形的过程展现给学生看，把难点形象化，帮助学生去理解知识。"圆的面积"课件得了市数学课件比赛一等奖。经过多次实践，他发现应用信息技术应该是突破教学难点，没有必要把整堂课的教学内容做到课件中去，要从课件转变到积件，节省教学准备的时间和精力。他后来制作的课件"圆柱的认识"就是一个动画，演示圆柱的侧面展开图。

他在教学实践中经常思考，整合评优课的目的是什么？信息技术应用的作用是什么？如何成为一个信息化研究型教师？一线教师应该掌握多少技术？

2007年，他参加了张家港市信息化研究型教师培训班，培训由黎加厚教授和其研究生负责主讲，学习内容有质的研究、信息化教学设计、概念图、信息化教学策略、教育创新和网上叙事、反思与交流等。经过几个多月的教育博客实践，他有了每天想写的冲动，当坐到电脑前时尽量做到有感就写。他认为"也许文字还显得'稚嫩'，但说明我一直没有停止思考"，思考是他不断前进的动力。

评价：教育信息化需要教师不断创新课堂教学实践活动。通过学习—实践—反思，促进信息技术与课程的深度融合。

4. 黄利锋成为专家型（研究型）教师

2004 年 6 月，黄利锋还参加了"视像中国"计划。"视像中国"是香港优质教育基金会资助，由香港中文大学连同香港圣文德书院负责推动实施。通过网络视频电话，将中国内地与香港近百所学校连接成为网络姊妹学校的计划。这些学校以远程实时互动的形式开展教学活动、专题学习活动及文化交流活动等。

2005 年 10 月，他参加易语言中小学推广项目在苏州的技术培训班。学校在五六年级信息技术课中全面开设易语言小学版易乐谷的教学工作，以积极培养学生的创新实践能力。

他还参加华南师范大学附属小学的科学特级教师吴向东承担的广东省"十一五"规划课题《校际联合的数字化综合实践活动课程实验研究》，他所带的校六（2）班作为实验班参与研究活动，研究课题是"食物链与生态环境保护"。

评价：黄利锋是一所农村小学老师，通过自主学习、教师培训、网络协作研究，从一个教师新手成长为专家型教师。他的思想与行为符合当代信息社会的要求，他的进步立足于岗位和课堂教学实践，他的教师专业成长故事具有教育意义。

拓展阅读

1. 周跃良，等. 信息化环境中的教师专业发展. 北京：科学出版社，2008.

该书能够针对目前教师专业发展中主要以个体方式来设计和实施的现状，提出了一些基于信息技术环境和条件的教师群体专业发展的模式和方法。

2. 樊文芳. 教育信息化环境下的教师专业发展与培训. 北京：科学出版社，2015.

该书探讨了教师信息化教学能力的发展问题和绩效干预措施，论证了教师信息化知识及其改善途径。

3. 张敏霞，栾学东，宋灵青. 教师专业成长新途径——教师在线实践社区案例精选. 北京：北京大学出版社，2015.

该书探讨了教师实践性知识的基本理论及教师在线实践社区中实践。

4. 中国教育信息化网：http://www.ict.edu.cn.

5. 教师专业发展与教育信息化：http://www.etkeylab.com.

本章小结

本章概述了信息技术发展历程、现代信息技术的发展状况，概述说明了教育信息化的内涵、特征、建设要素以及中外教育信息化发展状态，分析了信息社会教育的特征，说明了教育信息化对教师专业素养的要求、教师信息素养结构、教师教育技术能力结构以及教育信息化背景下教师专业发展途径和策略。

思 考 与 讨 论

1. 简述五次信息技术革命对人类社会发展的作用。
2. 简述现代信息技术发展的现状。
3. 简述教育信息化的特征以及建设要素。
4. 我国在推进教育信息化方面有哪些大的举措？效果如何？
5. 教师的信息素养包括哪些内容？
6. 你认为教师应对教育信息化应具备哪些素质？

综合实践项目

1. 结合《中小学教师教育技术能力标准（试行）》，对你身边的教师进行教师教育技术能力的调查。
2. 建立自己的博客，按照教师专业发展要求建立自己教师专业发展的档案袋。

第三章　信息化教学设计

学习目标 ▶

1. 了解信息化教学设计的内涵。
2. 掌握信息化教学设计的基本流程。
3. 运用信息化教学设计原理独立进行信息技术环境下的教学设计。
4. 设计出网络、交互式电子白板环境下的教学课例。
5. 能够设计微课和翻转课堂。

内容概览 ▶

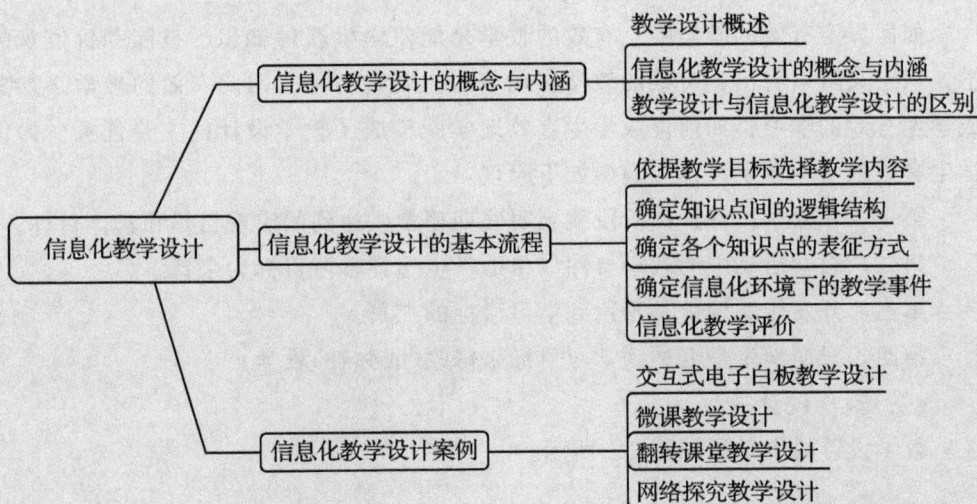

第一节　信息化教学设计的概念与内涵

一、教学设计概述

当人们想到教师时，第一印象总是把他们和课堂联系在一起的：要么是在讲课，要么是在指导学生。当然这些活动是教师的重要工作。然而，教师还有一项非常重要的工作是在课堂外进行的，那就是教学设计活动。

(一)什么是教学设计

教学设计是教师在教学活动正式展开之前对教学的整体规划。教师在进行教学设计时要回答如下三个主要问题：

第一，教什么？（教学的目标是什么？）

第二，如何教？（教学活动如何进行？）

第三，教得如何？（教学测验应该是什么样的？如何评价和修改教学？）

这三个问题，构成教师在设计教学中要完成的三项主要活动：

第一，确定教学目标，以确定"教什么"。

第二，开发教学活动，以确定"如何教"。

第三，开发和实施评价，以确定"教得如何"。

这三项活动构成了本章所描述的教学设计方法的基础。

(二)为有效的教学而设计

教学设计在教学之前进行，主要计划教师和学生在课堂上（有时也在课堂外）做什么，其主要意图是促进有效的教学。

如何界定有效的教学呢？有效的教学是能使学生获得知识、技能和价值观的教学。从定义可以看出，有效的教学实现与否主要看学生。因此有效的教学必须要促成学生有效的学习。如何促成学生有效地学就构成了教学设计的主要任务。为促成学生有效地学，教学设计应遵循如下原理：

第一，在教学设计开始阶段就要明确期望学生达到的宏观目标和具体目标。

第二，教学活动中的教学事件以帮助学生达到学习目标为宗旨。

第三，开发能够评价是否达到学习目标的工具。

第四，根据学生是否达到学习目标来修改（或弥补）教学。

(三)教学设计过程

教学设计的全过程如图 3-1 所示。

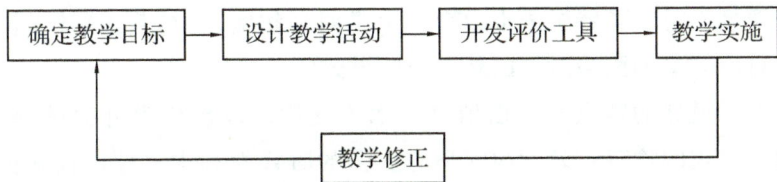

图 3-1 教学设计过程

教学设计过程包括五个环节：确定教学目标、设计教学活动、开发评价工具、教学实施和教学修正。严格地讲，教学实施和教学修正不是教学前的计划活动，因此不属于教学设计的范畴。但是如果教学设计的方案不付诸实施，其效果就不能确定，所以为确保逻辑的完整性，把教学实施和教学修正也列入了教学设计的过程。

教学目标包括宏观目标和具体目标。宏观目标是指相对较长一段时间的学习目标，是学习者在经过这段学习后应该掌握的东西。为实现宏观目标，学习者必须学习某些具体的教学内容，即课堂教学的知识点。具体目标就是教师针对课堂教学的单个知识点向学生提出学习要求。确定教学目标的环节主要包括：确定宏观目标、选择教学内容、书写每个知识点的具体学习目标。

教学活动指课堂教学的整个过程，教学活动由具体的教学事件组成。这些教学事件包括：激发学生动机、告诉学生学习目标、帮助学生回忆预备知识、呈现学习内容和实例、提供练习和反馈、总结。教学活动设计就是设计课堂教学的各个事件并把这些事件组成一定的序列。

开发评价工具环节的主要工作是开发出一套评价学生学习的测试。这些测试假定在教学后进行，直接测量学习目标中所描述的各种作业，以此来评估学生的学习。通过这种行为测量，便有可能推断出所要预期形成的能力实际上是否为学生所掌握。

教学实施是教学设计方案在课堂教学中的应用。只有通过教学实施，教学设计方案的优劣才能得到检验。针对教学实施中存在的问题，需通过教学修正进行弥补。

二、信息化教学设计的概念与内涵

教育信息化环境下的教学设计简称为"信息化教学设计"，以区别于没有使用计算机和网络等信息技术的教学设计。具体地说，信息化教学设计是运用系统方法，促进以学为中心的学习方式的转变，充分、恰当地利用现代信息技术和信息资源，科学地安排教学过程的各个环节和要素，以实现教学过程的优化。

教育信息化环境下的教学设计是在传统的教学设计基础上的发展，这是由于信息技术的发展引起教学环境变化，从而引起教学活动的变化。信息化教学设计的目标是帮助全体教师在自己的日常课堂教学中充分利用信息技术和信息资源，培养学生的信息素养、创新精神和问题解决能力，从而增强学生的学习能力，提高他们的学业成就。

信息化教学设计的教学模式很多，如目前各地探索试验的基于信息技术的研究性学习、资源型学习、英特尔未来教育、苹果明日教室、"拾荒式"教学设计以及许多一线教师自己创造的网络时代的新型教学方式等。

信息化教学设计的特点是：以信息技术为支撑；以现代教育教学理论为指导；强调新型教学模式的构建；教学内容具有更强的时代性和丰富性；教学更适合学生的学习需要和特点。信息化教学不仅仅是在传统教学的基础上对教学媒体和手段的改变，而且是以现代信息技术为基础的整体的教学体系的一系列的改革和变化。

信息化教学设计的基本原则是：

第一，以学为中心，注重学习者学习能力的培养。教师是作为学习的促进者，引导、监控和评价学生的学习进程。

第二，充分利用各种信息资源来支持学。

第三，以"任务驱动"和"问题解决"作为学习和研究活动的主线，在相关的有具体意义的情境中确定和教授学习策略与技能。

第四，强调"协作学习"。这种协作学习不仅是指学生之间、师生之间的协作，也包括教师之间的协作，如实施跨年级和跨学科的基于资源的学习等。

第五，强调针对学习过程和学习资源的评价。

三、教学设计与信息化教学设计的区别

传统的教学与信息化教学的主要区别是教学环境的变化。传统的教学以教科书和黑板为主要的教学媒体，而信息化教学则将现代的信息技术引入教学，使传统的教学环境得以扩展。新的信息技术进入教学领域必然会对传统教学产生影响，而新环境下的教学设计也必然会发生变化。信息化教学设计与传统的教学设计相比，在教学内容表征、教学策略、教学评价等方面发生了显著的变化。

(一)教学内容表征的不同

在传统的教学设计中，教学内容以教师口语、板书、挂图、实物、模型等形式表征。在信息化教学设计中，教学内容的表征发生了两大变化：一是表征形式的多媒体化；二是表征过程的自动化。虽然教材没有改变，但传统的教学内容只是单纯的课本知识。利用信息手段后，可对教材进行加工。利用多媒体技术将过去静态的、二维的教材转变为由声音、文字、动画、图像构成的动态的、三维的甚至四维的教材。网络教学的运用，又将教学内容从书本扩展到社会的方方面面。这样，丰富和扩展了书本的知识，学生在规定的教学时间内可以学得更多、更快、更好。

图 3-2 是探索正弦函数图形和函数表达式关系的教学课件。学生可以通过向三个文本框输入不同的数字改变函数表达式，课件自动生成改变后的函数图形，学生通过观察函数图形的变化，探究函数表达式和函数图形的关系。同时，教师也可以给学生特定的任务让学生探索。例如，如果让图形向右平移 90°，函数表达式应是什么。

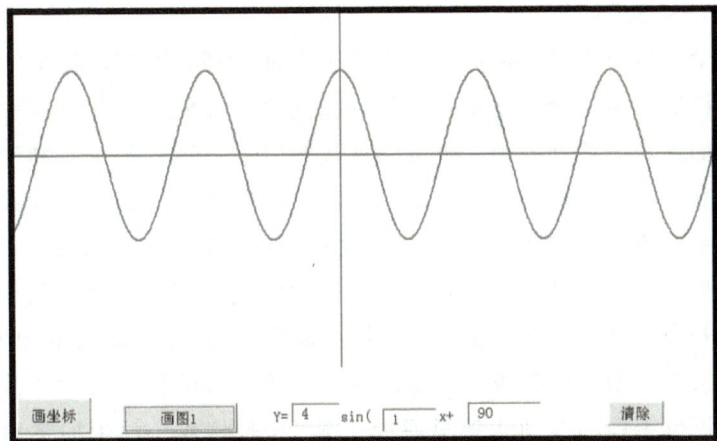

图 3-2 正弦函数探索课件

(二)教学策略的不同

传统的教学，教学过程基本上就是教师讲，学生听。整个课堂由教师主导，学生只是被动地接受。很少或没有自己思考的时间。而信息化教学中，教学过程从知识以定论的形式由教师传递给学生的传统的过程转变为创设情境、协作学习、自主学习、讨论学习等新的教学过程。学生由被动地接受知识，转变为主动地学习知识，通过信息技术，利用各种学习资源，去主动建构知识。学生不仅要学习知识，还要掌握"如何学"的能力。学生将成为知识的探索者和学习过程中真正的认知主体。而在传统的教学中，学生只是充当忠实的听众角色。很少或者没有发挥自己主动性的机会。学到的也只是课本内容的复述。

图 3-3 是红磷和白磷在空气中燃烧的仿真实验，学生利用课件可以进行自主探索。

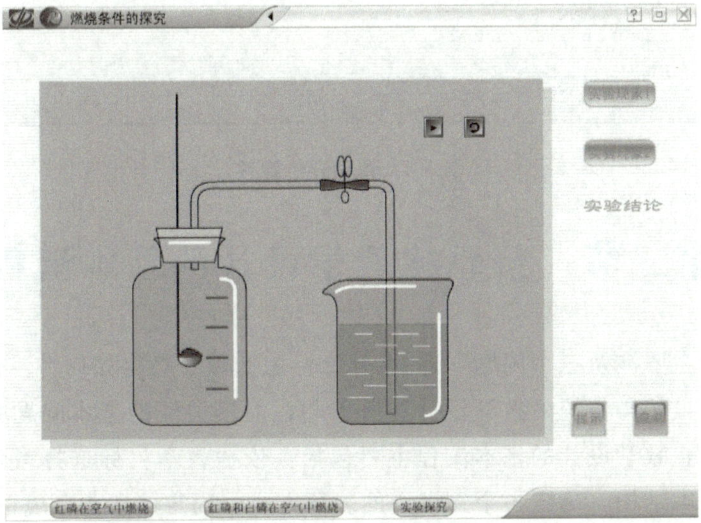

图 3-3 燃烧条件的探究课件

（三）教学评价的不同

信息化教学评价应着眼于促进学生素质的全面发展，改变以往只注重终结性评价的方式，坚持形成性评价和终结性评价并重的原则，使教学评价成为学生认识自己、激励自己的教育方式和教师改进教学的反馈方式。这样不仅有利于学生综合素质的发展，尤其是学生分析问题、解决问题的能力的发展，而且倡导灵活多样、开放的、动态的考试方式，注重给予学生更大的自主选择空间，以减轻学生的压力，以此来激励学生学习，帮助学生有效调控自己的学习过程，使学生获得成就感，增强自信心，培养合作精神，使学生从被动接受评价转变为评价的主体和积极参与者。

信息技术渗入教学评价领域，使得以人工方式进行的传统教学评价转变为以智能教学机器为评价手段的自动化教学评价。图 3-4 是培养小学生加减运算的自动化教学课件，该课件能够自动生成学生测试题，当学生开始运算时自动计时，当学生完成运算时自动评价学生的练习。基于信息技术的智能类课件由于能够自动生成题目，自动评价学生的学习结果，从而将教师从传统教学繁杂的作业批改中解放出来。

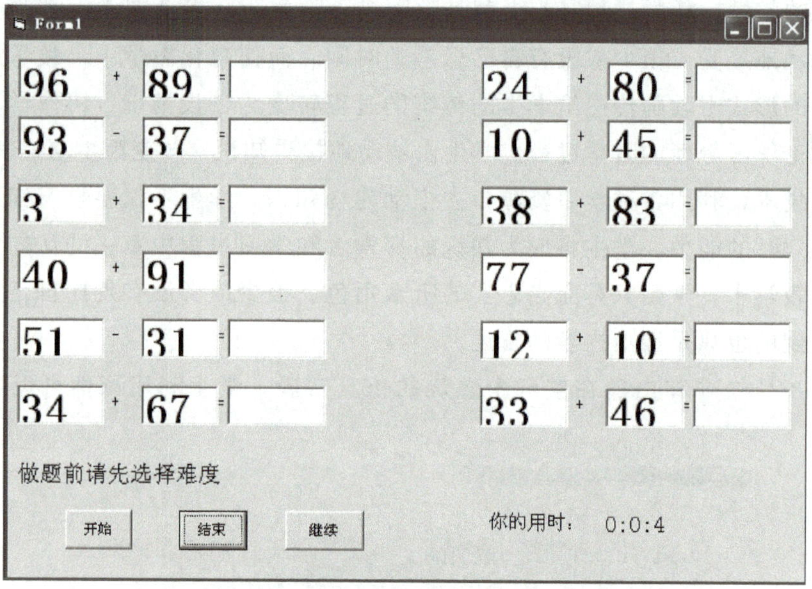

图 3-4　自动评价课件

第二节　信息化教学设计的基本流程

教学设计主要涉及三个问题，即"教什么？怎么教？教得如何？"。信息技术环境下的教学设计虽然与传统的教学设计有所不同，但其关注的基本问题并无两样。信息技术环境下，教学设计的基本流程主要包括：依据教学目标选择教学内容、确定知识点间的逻辑结构、确定各个知识点的表征方式、确定信息化环境下的教学事件、信息化教学评价五个环节。

一、依据教学目标选择教学内容

教学目标由宏观目标、使能目标和具体目标三个层级组成。宏观目标是对期望学生达到的学习结果(学生在教学后应该掌握知识和技能)的概述,通常情况下,这种概述要在后续的教学中进一步分化为更明确的学习任务。宏观目标对短期教学的规定往往是粗线条的,即只规定其总体方向,而不确定具体的目的。使能目标是希望学生在教学结束后能掌握的知识和技能。具体目标是使能目标的子目标,是能让学生掌握使能目标的知识和技能。从宏观目标到使能目标再到具体目标就是依据教学目标选择教学内容的过程。

宏观目标一般由国家的教学大纲给出,通常教师要把这些宏观目标进一步分解为使能目标,确定一系列的教学任务来实现这些宏观目标,然后将这些教学任务落实到课堂教学中去,产生每节课的具体的学习目标和为实现学习目标要学习的具体教学内容。图 3-5 是教学目标的层级图。

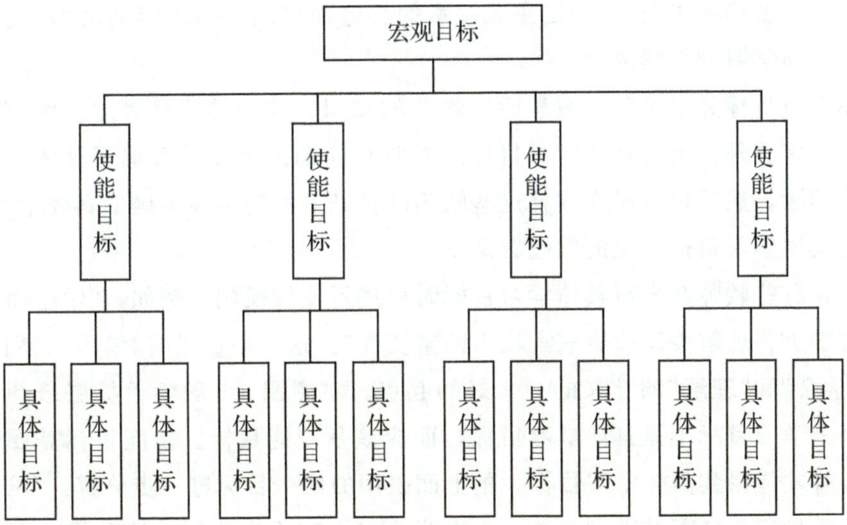

图 3-5　教学目标层级图

下面以网络搜索教学为例进行分析。假定网络搜索教学的宏观目标已经确定,为"当给定教学领域的一个主题时,学生能够通过互联网找到与该主题相关的资料"。为实现此宏观目标,教师要考虑"学生要达到这个目标必须知道什么?"。对此问题的探究,教师可得到如下结果。

学生应该能够:

①确定主题搜索的关键词以及搜索内容的类型。

②选定搜索引擎。

③确定搜索策略。

④运用搜索策略使用搜索引擎对主题关键词进行搜索。

⑤分析搜索结果。

⑥保存搜索结果。

这些结果构成了学生的使能目标。

接下来对使能目标进行分析。分析时教师要对每个使能目标进行反思和询问："学生要达到这个步骤必须知道什么？"例如，对"确定主题搜索的关键词以及搜索内容的类型"这一环节进行分析时，教师要首先考虑达到这个目标学生应该知道什么。学生能确定主题搜索的关键词必须知道：什么是关键词？如何选择关键词？学生能确定网络搜索内容的类型必须知道：网络资源包括哪些类型？自己网络搜索想要得到哪种类型的资源？通过以上分析可以确定，学生要完成"确定主题搜索的关键词以及搜索内容的类型"这一使能目标必须知道：

①什么是关键词、如何选择关键词。

②网络资源包括哪些类型。

③确定自己搜索内容的类型。

以上三点便构成了完成"确定主题搜索的关键词以及搜索内容的类型"这一使能目标学生必须学习的教学内容。

具体学习目标是学生完成教学后应掌握的知识、技能的明确表述。然而比较遗憾的是，许多教师在书写具体学习目标时常常有问题。首先看看编写具体学习目标时存在的问题，然后再探讨在弥补这些缺陷的基础上如何编写准确的具体学习目标。

编写具体学习目标常见的问题有两个。

第一，有些教师在书写具体学习目标时表述得比较模糊。例如，"学生将学会公制计量""学生将理解美国政府三大权力的重要性"。这种表述没有"错"，它们是进一步反思"学会"和"理解"的意义的一个好的起点。对照图 3-5 教学目标层级图，刚才引用的两个学习目标不是具体学习目标，而应该是使能目标。使能目标需要进一步分析和分解才能得到具体学习目标。把上面引用的两个目标进一步分解："给定一系列长度、重量或者体积的市制单位，学生能将它们转化为公制单位""学生要能总结美国政府的三大功能机构的功能，并解释这些机构间的相互制衡"。这样，表述得比较模糊的使能目标就分解为具体学习目标。

第二，有时教师用学习目标来描述学生应参与的活动而不是在完成这些活动后应该会做的事情。例如，在有关生态学的一个单元，教师把具体学习目标表述为："学习者玩一个模拟游戏，在游戏中体验生态系统中各种变量的交互作用"。这个目标要把对活动的描述转化成对学生具体能做什么的描述，才能成为合适的具体学习目标。可以考虑改为："当给学生一个生态系统的描述时，他们能够辨认出污染的可能来源并提出控制或者减少污染的方法。"

现在探讨如何弥补编写具体学习目标常见的问题，书写合适的具体学习目标。为了对学习结果进行非常精确而具体地描述，具体学习目标中至少要包括三个部分：

①对说明学习的最终行为或动作的描述。

②对动作表现的条件的描述。

③对达成标准的描述。

一般情况下，一个合适的具体学习目标都应该包括这三个部分。如果缺失某个部分，学习目标的表述就会出现问题。例如，"学生能查找并修复故障"这一具体目标就是只有最终行为，显然读后让人不知所云。要修正这个目标需要加上条件和标准，先加上条件部分把目标变为"给定一个有开机故障的电脑台式机，学生能找出并修复故障"。这时候有一个问题，如何判断已经修复好了故障，这就是学习目标对达成标准的要求。一般情况下，修复好的机器能正常运行是修复好的常见标准。因此，再加上标准后，就可以得到一个完整的、准确的具体学习目标"给定一个有开机故障的电脑台式机，学生能找出并修复故障，使电脑能正常开机"。

需要注意的是并不是在所有情况下一个完整的具体学习目标都一定要包括"最终行为""条件"和"标准"三部分。通常，有关言语信息的具体学习目标不需要"条件"描述。

下面就具体谈谈各种教学内容的具体学习目标的编写。

加涅在他的《学习的条件》一书中，把教学内容分为言语信息、智力技能、认知策略、动作技能和态度五类。

1. 言语信息

言语信息作为一种学习结果，是指学习者通过学习以后，能记忆诸如事物的名称、符号、地点、时间、定义、对事物的描述等具体的事实，能够在需要时将这些事实陈述出来。言语信息是知道"是什么"的知识。他们所陈述的信息是基于一种或多种形式的句子(或命题)，是被言语化了的，所以称"言语信息"。虽然言语信息的学习主要涉及的心理过程是记忆，但并不能就此轻视这类学习结果，它同样是一种重要的能力。因为它是其他类型的学习结果习得的基础。例如，学生在进行经济学原理的研究时，必须充分利用有组织的生产、产品销路、金融等多方面的宽厚的基础知识；一个受过训练的化学家，除了懂得如何应用化学原理外，还需知道大量的有关该学科的信息；要学习某一认知策略，学生必须首先获得有关策略的言语信息。在学校教学情境中，学生对信息的习得通常是教师以口头(口头语言)或以文字方式(书面语言)进行传授的学习结果。判断学生是否获得信息主要看他们是否能把所获得的信息表述出来。

言语信息的目标需要反映的学习结果是能否再认或者回忆、逐字逐句地复述、列举或总结。

下面是言语信息具体学习目标的例子：

· 学生能够将化学元素符号和它们的名字进行匹配。

· 学生能够列举抗日战争胜利的原因。

· 学生能用自己的话来定义多媒体。

2. 智力技能

智力技能作为一类学习结果，是指学习者通过学习获得了使用符号与环境相互作用的能力。智力技能与言语信息不同，言语信息与知道"是什么"有关，而智力技能则与知道"怎样做"有关。

智力技能的结果是教学和培训情境中的主要教学目标。智力技能最重要的是将规则应用于之前没有遇到过的例子中。这种类型的学习结果和言语信息的学习结果不同，因为学生是学习如何去做而不仅仅是回忆，同时也将知识应用到教学中没有遇到的例子中。智力技能可以细分为若干小类，较简单的是辨别技能，进一步是形成概念。在形成概念的基础上学会使用规则。智力技能的最高形式是高级规则的获得，这与解决问题的能力有关。学校教学中涉及智力技能教学目标的学习结果主要包括：辨别、概念、程序、原理和问题解决。

辨别是将刺激物的一个特征和另一个特征或者将一个符号与另一个符号加以区别的一种习得能力，包括视觉、听觉、嗅觉、触觉、味觉等方面的辨别。例如，学习地质学的大学生能区别不同性质的岩石标本。学习辨别技能的重要性在于它是学习其他技能的必要前提。

概念是对同类事物的共同的本质特征的反映。概念的学习可以帮助学生简化真实的世界，将概念抽象为一种容器。这样学生就不需要对世界上的每一件事情都做出区分，只要把它们归属于不同的概念即可。概念分为两类：具体概念和定义性概念。在一系列事物中找出共同属性并给同类事物赋予同一名称，这类概念被称为具体概念；以定义的方式习得的概念叫作定义性概念。当考查学生是否掌握了定义性概念时，不仅仅要他陈述出概念的定义，还要对这个概念之前没有出现过的正例和反例进行归类。在学校里学习的概念大多是定义性概念。

概念目标应该反映学习者归类和标示出观点、物体和事件的正反例的能力。它们或许还要求学生陈述如何或者为何做出这种分类。

概念目标的例子如下：

- 学生能辨别多媒体课件设计和开发的不同。
- 学生能辨别多边形并解释他们的答案。
- 学生能举例说明何为多媒体课件。

规则是揭示两个或两个以上概念之间关系的一种言语表述，它可以是一个定律、一条原理或一套已确定的程序。例如，"句子的第一个词的词首字母必须大写"是英语语法的一条规则；"长方形的面积等于长乘宽"是一条数学定律。运用规则与陈述规则是不同的，后者仅是言语信息的学习结果。规则使学习者能对某一类事物做出同一类的反应。涉及规则的学习结果是程序、原理和问题解决。

程序告诉特定的步骤和应遵循的顺序。许多教学就直接是这种程序性规则的学习。比如，计算平均数的过程就是一个程序：首先要算出数字的个数，接着计算所有数字的总和，最后用总和除以个数。在教学和培训中经常有程序性学习。

程序目标描述了学生能够通过做什么来说明他们能成功地完成一个程序性规则限定的程序。

程序目标的例子如下：

- 给定一张中国地图，学生能够确定地图上两座城市之间的距离。
- 给定一个 Windows 7 操作系统的台式机，学生能弹出插在电脑上的 U 盘。

原理通常以"如果……那么……"形式来表达。例如，"如果需求上升，那么供给就会增长""如果主语是复数的，那么就要用动词的复数形式"等。这些都是有关规则的。所以原理的学习是规则的习得。

原理目标应该反映的意图是学生能使用原理来预测、解释或控制一些事情。这个目标或许要求学生解释他们对原理的应用。有时候，目标或许要求学生识别一个规则是否正确地应用并解释为什么。

原理目标的例子如下：

- 学生能识别传播、推广中存在的问题并解释如何消除这些问题。
- 通过操纵光圈和快门，学生能完成相机的相应设置。

最后一种智力技能是问题解决，涉及习得对多种规则的选择和应用的能力。许多时候，学生必须从许多可能的规则中选出特定的规则，然后以独特的顺序和组合应用这些规则来解决之前没有遇到的问题，这种学习为问题解决。一旦学生掌握了解决某个特定领域问题的能力，他们就能将这种能力应用于相同类型的问题中去。

3. 认知策略

随着学生不断地学习和发展智力技能及其他性能，他们也发展了用以自我调控其内部学习过程的方式，这便是认知策略的习得。所谓认知策略是学习者借以调节他们自己的注意、感知、记忆和思维等内部心理过程的技能。认知策略和智力技能一样也是涉及"怎么做"的知识，但两者之间却有着本质的不同。智力技能是运用符号处理问题的能力，即处理外部世界的能力，而认知策略是自我控制与调节的能力，即处理内部世界的能力。认知策略不指向具体的外部内容，如言语或数字，而是普遍地适合于各种各样的知识内容。例如，如果学习者的注意策略得到改善，那么这种策略将会被应用于任何学科的学习，而不管其内容如何。认知策略的习得使学习者学会了如何进行导致更多学习的反省思维和分析思维，学会了如何学习。

常见的认知策略包括：复述策略、精致策略、组织策略、理解监控策略和情感策略。复述策略是在学习任务中使用的辅助学习者选择所要回忆的信息以及加强对这些信息记忆的策略。精致策略是在学习任务中将新知识和先前的知识联结起来的策略。组织策略是在学习任务中选择要保持的信息和限定这些信息的关系以达到整合记忆的策略。理解监控策略是"学生关于他们认知过程的知识和通过组织、监控和修正来控制这些认知过程的作为一种学习结果的能力"。情感策略是学生用以"集中注意力、维持注意力、控制考试焦虑、建立和维持动机和有效管理时间的策略"。

认知策略学习目标要求学生能够：评估学习任务、选择（或创造）适用于任何任务的一个策略、应用这个策略、评估策略是否成功，假如策略无效，修改策略。

认知策略学习目标的例子如下：

- 学生能够使用一个视觉化技术用于课堂笔记。
- 学生能应用记忆术来记忆中国历史朝代的顺序。

4. 动作技能

虽然在有些课程的学习中，动作技能常常没有被放在中心位置，但学校的学习中总是包含各种各样的动作技能，从入学儿童学习使用铅笔和纸写字到学习绘画、唱歌、舞蹈、打球、竞走、跨栏，从学习实验操作到学习语言的发音等。对人毕生有用的各种基本的动作技能，在个体的早期的生活中就被学会，成为个人全部技能中的一个"极少需要意识控制的部分"，然而它们却是个体日常生活和生存必不可少的。学习者获得某种动作技能，不仅仅指他完成某种规定的动作，而且指这些动作组织起来，构成连贯的、准确的、合规则的整体行为。动作技能操作的流畅与时间的精确性能够反映行为表现的内部组织程度。

动作技能的学习往往与认知学习交织在一起，因为动作技能通常由一套序列步骤或动作构成，学生在学习某个动作技能时，必须知道或掌握动作技能组成的程序及相应的规则，以便随着练习的继续，动作的水平有所提高。

动作技能目标应该反映的是需要何种"新"的肌肉活动。这个标准通常反映学生必须正确执行动作的时间、速度、结果或次数。

动作技能学习目标的例子如下：

- 学生能平行泊靠一辆手动挡汽车。
- 学生能每分钟打 40 个字。

5. 态度

除了动作技能之外，学习还会导致影响个体行为选择的内部状态的建立。这便是加涅所谓的学习的第三类结果——态度。态度是习得的、影响个人对特定对象做出行为选择的有组织的内部准备状态。影响个体行为选择的内部状态既有认知成分，又有情感成分。同智慧技能、动作技能相比，态度与个人行为的关系不那么直接，态度并不决定特定的行为，它以行为的倾向或准备状态对行为产生间接影响。态度的习得有多种形式，有些可能是源于个别的事件，或源于个体对某种事物的成功与欢乐的体验，有些则可能是常常模仿或观察他人的行为而获得对事物的态度。虽然个体的很多态度是在家庭、社会中获得的，但学校在个体的态度培养上仍有非常重要的作用。

态度学习目标必须反映学生做出哪些行为才表明习得了态度。它们或许要求学生解释为何这个行为表现很重要。目标中可能会较少要求直接表现态度，而是要求学生通过模拟来表现某种预求的态度。

态度目标的例子如下：

- 学生能决定非暴力方式解决问题。
- 学生能决定定期参加话剧排演。

二、确定知识点间的逻辑结构

信息技术环境下，教学内容的组织打破了传统教学中线性的组织方式，形成了非线性组织结构。知识点之间有三种逻辑结构：顺序结构、分支结构和循环结构。

顺序结构是知识点之间最简单的结构，各知识点依次排列，教学时只要按照顺序讲授或者让学生探究即可。图3-6四个知识点构成顺序关系，教学时按照知识点1、2、3、4的顺序进行。顺序结构的知识点之间可以有逻辑上的先后关系也可以没有。当各知识点有逻辑上的先后关系时，靠前的知识点是靠后知识点的基础，各知识点是一种递进关系。在这种情况下，各个知识点的位置不能变换。当知识点之间没有逻辑上的先后关系时，各知识点的顺序可以变换。例如，在《食物的消化与吸收》教学中，食物的营养成分的三个知识点蛋白质、脂肪、淀粉之间就没逻辑上的先后关系，教学时可以从任何一个知识点开始。消化道的口腔、咽、食道、胃、小肠和大肠六个知识点之间就有先后关系，教学时的先后顺序一定是：口腔—咽—食道—胃—小肠—大肠。

图 3-6　顺序结构

分支结构是指各知识点由一个条件判断连接起来，教学时根据不同的条件进入不同的知识点。下图是一个分支结构的教学单元。例如，根据不同的云层高度，云分为三类：2000米以下的云为低云族，2000米到6000米之间的云叫中云族，6000米以上的云是高云族。教学时，根据不同云层的高度进入不同知识点的学习。在以学为中心的教学中，分支结构是很常见的教学内容组织形式，如图3-7所示。

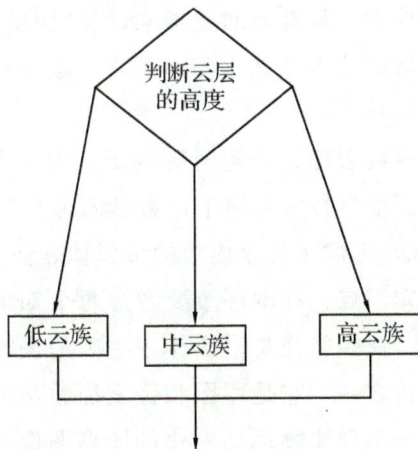

图 3-7　分支结构

循环结构是指顺序结构或分支结构的知识点学习结束后进行测试，如果达到测试要求则进入下一个结构的学习，如果没有达到要求则从本结构的第一个知识点开始重新学习。下图是循环结构的教学单元。信息技术环境下的教学中，循环结构经常用于程序性知识、技能类知识的习得，如图 3-8 所示。

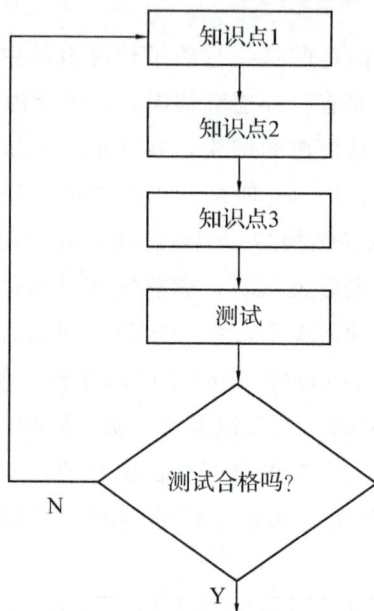

图 3-8　循环结构

三、确定各个知识点的表征方式

传统的教学主要依赖教师和黑板，教学效果主要看教师的一张嘴和一支笔（粉笔）。教师的一张嘴和一支笔是否能顺利完成所有的教学工作呢？答案是否定的，单凭教师口语和板书有些教学内容很难讲清楚。教师在讲授一些变化过快或者过慢的过程、很大或者很小的物体时，只有借助技术来延伸"眼睛"才能进行观察。现代学科中有许多教学内容只有借助技术才能学习。总之，教师在教学内容的表征、处理时的缺陷可以通过技术来弥补。

教师教学时在教学内容的表征、处理时有困难。为了克服困难，教师需要借助信息技术来表征教学内容。信息技术环境下，教学内容的表征也打破了单一的"以文字为主、图片为辅"的形式，形成了教学内容的多媒体表征方式。

在前两个环节确定的知识点，在本环节要考虑每个知识点采用哪种表征方式来表征。图像、动画、声音、视频影像是多媒体中主要的表征形式。图像是多媒体软件中最重要的信息表现形式之一，它是用图和像表征教学内容的。动画是利用人的视觉暂留特性，快速播放一系列连续运动变化的图形图像，也包括画面的缩放、旋转、变换、淡入淡出等特殊效果。通过动画可以把抽象的内容形象化，使许多难以理解的教学内容变得生动有趣。合理使用动画可以达到事半功倍的效果。声音是人们用来传递信息、交流感情最方便、最熟悉的方式之一。在多媒体课件中，按其表达形式，可将声音分为讲解、音乐、效果三类。视频影像具有时序性与丰富的信息内涵，常用于交代事物的发展过程。视频非常类似于电影和电视，有声有色，在多媒体中充当着重要的角色。

四、确定信息化环境下的教学事件

在课堂上，不管是选用一种教学方法，还是综合运用多种方法，教师要想取得好的教学效果就必须把教学活动融入教学方法中去。教学活动主要包括下列教学事件：激发学生动机、确定学习目标、回忆预备知识、呈现学习内容和实例、提供练习和反馈、总结。接下来对每个教学事件一一介绍。

(一)激发学生动机

如果学生的注意力没有在学习内容上，学习效果自然会很差。因此，教学活动的第一件事情就是激发学生的学习动机。然而遗憾的是，有些教师经常忽视这一活动。他们想当然地认为学生在学习之前会自动地形成学习动机，而不需要教师刻意去激发和保持。这些假设是站不住脚的，缺失学习动机是教学中常见的现象。因此，教师必须要设计一些活动来激发学生的学习动机。

激发学生的学习动机是教师很重要的一项活动。如何把学生的注意力吸引到学习内容上来？下面介绍一些常用的策略。

①唤起学生的好奇心。例如，向学生呈现有意思的图片、展示不同寻常的事件。

②将教学内容与学生的兴趣联系起来。例如，将学习内容与学生的日常生活、学生个性结合在一起。

③创造活跃、愉快的气氛。例如，在课堂上讲一些幽默故事，让学生参与游戏活动、模拟真实的事件等。

④让学生获得成就感。例如，提难度适当的问题让学生回答。

⑤教师要有激情。不管是讲授，还是回答学生问题，教师要有激情，对学生热情。教师的激情和热情会影响学生，使他们对学习充满激情。

⑥给予学生奖励。不时给予学生一些奖励，不管是物质的还是精神的都会激发学生的学习动机。

(二)明确学习目标

在学习的开始阶段，教师应该明确地告诉学生学习完成后他们能学会什么、能做什么。如果学生将要学习的内容是他们期望学习的，学生会学得更好。有研究显示，教师在教学前明确告诉学生学习目标，学生的学习成绩会显著提高。

在学习目标一节中，已经详细讨论过学习目标的表述。在这里要提醒一下，告诉学生学习目标并不是把教学的三维目标向学生展示一下就完事了。教师要确保学生了解了学习完成后能够具体学会什么。有时，教师还要通过例子告诉学生他们能学到的技能。研究显示，通过例子向学生展示目标更能激发学生的学习动力。例如，学习 Flash 动画课程时，教师可针对某些学生喜爱的动画片，告诉学生他们学完课程后也能够做出同样质量的动画。

(三)回忆预备知识

所谓预备知识是指学生进行新的学习时所用到的知识、技能，这些知识是学生前期学习过的。教育心理学的研究成果显示，如果教学能把新知识和学生头脑中的原有知识联系起来，教学会取得更好的效果。

如何帮助学生回忆预备知识呢？

教师可以直接向学生呈现他们学过的预备知识。例如，讲授新知识前，教师直接这样讲述："我们已经学习过……"但是最好地帮助学生回忆预备知识的方法是让学生自己回忆预备知识。例如，教师通过提问："谁能回忆一下……的主要内容"。如果预备知识是技能方面的，教师可以让学生在课堂上展示预备技能。例如，教师可以这样说："现在请某某某同学来示范一下……"

如果学生不能回忆出预备知识，教师在教学之前要进行补救活动。若是大多数学生缺乏预备知识，教师要在课堂上重新讲授一遍预备知识。如果是少数学生缺乏，教师应对少数学生进行有针对性的教学，以便他们能顺利地学习新知识。

(四)呈现学习内容和实例

不同类型的知识呈现和讲授方式千差万别。为了让学生实现认知学习目标，教师可以直接向学生讲授学习内容，也可以向学生呈现学习材料，让学生自己发现学习材料中隐藏的规律。例如，在经济学课堂上，教师在讲授"经济大萧条"时，可以直接向学生呈现"经济大萧条"产生的原因，亦可以通过向学生展示当时世界的经济条件，让学生自己去发现"经济大萧条"产生的原因。

就动作技能学习目标而言，教师应向学生用语言或者视觉材料展示动作过程，然后再进一步训练学生的动作技能。

除了向学生展示学习材料外，教师还必须向学生呈现实例。这样才能把理论和实践结合起来。另外，在介绍实例时，一定要把正例和反例结合起来，让学生通过比较更深刻地理解新学习的知识。

(五)提供练习和反馈

学生学会某一知识或技能后必须进行练习才能巩固。因此，教师在讲完新知识后，一定要提供练习。需要注意的是，这一环节不是评估学生的得分，而是查看学生能否运用新学习的知识。学生练习结束后，教师如果不给他们反馈，学生就不知道他们是否实现了学习目标。如果不对学生的错误及时纠正，学生就会在认知结构里形成错误的知识，不仅本次学习的目标达不到，还会影响以后的学习。

教师可以通过下列方式向学生提供反馈：

①简单地告诉学生对错。

②如果学生出错，提供正确答案。

③向学生提供正确信息并告知原因。

④不直接告诉对错，提供恰当的解题策略。

(六)总结

总结的目的是确保学习者对课堂所学习的重要内容进行回忆和综合，使其成为一个可回忆的，可应用的整体。

五、信息化教学评价

很少有真正喜欢考试的学生。几乎没有学生喜欢在教师的监视下进行考试。然而，不管学生喜欢与否，考试作为评价的手段在传统教学中一直起着很大的作用。随着信息技术走进教育教学领域，传统的以笔试为主的评价方法正在发生变化。

(一)教学评价的原则

首先来看一下教学评价的原则。

1. 依据教学目标进行评价

从有效教学的角度看，教师更关心的是学生是否完成了学习目标，而不是学生的排名。区分学生的优劣不是评价的唯一目的，也不是评价的主要目的。评价的主要目的是考查学生是否实现了学习目标。例如，在某次单元测试中，所有的学生都没有达到及格分数，这说明所有学生都没有达到学习目标的要求。即便在整个班级分数排名第一，没完成学习要求，从这个角度讲第一和倒数第一两者中没有成功者。比较所有失败者中谁更失败一些，显然是没有多大意义的。那么这次评价有什么用呢？可以通过分析学生的错误，分析学生没有达到学习目标的原因，从而改进教学，帮助学生完成教学目标。好的评价应该考察教学目标中要求学生达到的行为。例如，在 Flash 动画制作课程中，有一个学习目标是"学生能使用两个图层制作 Flash 电影"。如果在测试中要求学生使用两个图层创作一个特定内容的 Flash 电影，那么这个测试题目就是合适的题目。如果考试题目是让学生利用三个图层创作一个 Flash 电影，则这个测试题目就是不合适的。

教学目标由宏观目标、使能目标、具体目标三级目标组成。宏观目标是较长一段时间的终极目标，使能目标是宏观目标的子目标，具体目标是使能目标的子目标。学生的学习从具体目标开始，一个具体目标系列完成后便实现了使能目标，所有的使能目标完成后，宏观目标才能最终实现。在不同的教学目标表述中，要选择一个精确的动词来表述不同层级的目标，这个动词代表的行为是教师期望学生在学习完成后能够完成的行为。例如，在某个教学中，学生的学习目标是能够"列举出"某些事实，那么在出考试题目时，就可以让学生"列举出"某些东西。当然并不是所有考试题目都是直接挪用目标中的动词，但是，这至少给了一个思路，考试题目要考查目标中的动词的行为。除了考查教学目标中的动词部分，还可以考察目标中的条件部分。

具体学习目标包括三部分：行为、条件和标准。可以针对行为和条件开发考试题目。

2. 针对不同教学内容进行评价

教学中，教学目标被分为五类学习结果：言语信息、智力技能、认知策略、动作技能和态度。下面针对不同的学习结果，探讨各类结果评价题目的编写。

（1）言语信息

言语信息的教学目标是要求学生能够再认或者回忆某些信息。在编写言语信息考试题目时可以让学生自己写出答案，如说明题、描述题、列举题，也可以让学生从呈现的答案中选出正确的答案，如单项选择题和多项选择题。下面是言语信息测试题中的两个例子，"请列举出心理学的三个流派""从下列选项中，选择出卡路里含量最高的食品：(A)羊肉(B)牛肉(C)猪肉(D)鸡肉"。第一个题目，要求学生自己给出答案，属于测试回忆；第二题目，仅仅要求学生能够从众多答案中找到正确的，属于测试再认。在这两个题目中，编写的测试题的前提是学生已经学习过相关言语信息类知识并能再认或者回忆出学习过的知识。

（2）智力技能

与言语信息类测试相似，智力技能类学习结果的评价也是要求学生能够再认或者自己写出答案。当测试有关概念的学习时，可以使用多项选择题，让学生选择出概念的正例。例如，在生物学中，如果某一学习目标是"学生能够从给出的动物中找出属于猫科动物的动物"，编写评价题目考查这一目标时，可以考虑用多项选择题，给出某些动物的名称，让学生找出其中属于猫科动物的。

编写涉及规则（如程序、原理）学习结果的评价题目时，让学生自己写出答案比让学生从答案中选出正确答案更合适些。例如，某学习目标是"在阴天、雪天、雨天、晴天等不同环境下，学生在拍摄照片时能够正确地调节光圈和快门速度"。编写此目标的测试题目时，可以考虑使用让学生自己写出答案的题型。例如，"请说明在雪天拍摄时，如何设置光圈和快门速度"。

如果涉及高级规则（如问题解决）学习结果的评价时，让学生自己生成答案的效果比让学生选择答案的效果要好很多。例如，某学习目标是"学生能够设计出环球旅行的方案"，可以编写这样的测试题目，"假如给你一艘动力船、足够的能量和食品，请找出最短的环球旅行路线"。

（3）认知策略

与智力技能的测试相比，认知策略的测试稍显间接，常要做更多的推断。例如，假设学习目标是"学生能够利用想象技术记忆大量信息"，如果测试题目是"利用对美国地图的想象，回忆各州的名字"。其测验成绩将是各州名字的名单。但是，这样一张名单可能是学生使用了其他认知策略的结果。因此，成绩本身不能表明某种策略是否被采用了。所以认知策略类教学结果用笔试的测试效果不太好，可以考虑非笔试方式进行测试，如"大声思维"。

（4）动作技能

多年来，测试动作技能一直是通过与标准相比较的方式进行的。动作技能的标准通常指行为的精确性，有时也指行为的速度。所以，动作技能的测试很难用笔试进行。可以考虑用实际测试方式进行。

（5）态度

态度的测试通常采用行为可能性的自我报告，而不是直接观察行为本身。但是使用这一方法有很大的局限性，即学生在试图回答问题时，为了赢得别人的满意而不真实地回答问题，就可能出现偏差。当向学生保证，所要做的测评不是为了竞争，他们不必只报告他们令人满意的东西时，就可能得到较好的结果。

（二）教学评价的类型

评价题目可以用三种不同的形式来编写：再认、回忆和建构性回答。再认测试题要求学生从提供的答案中找到正确答案。回忆和建构性测试题要求学生自己写出答案，不同的是回忆测试题要求学生回忆出现成的答案，建构性测试题则要求学生自己提出或者构建一个答案。

1. 再认型测试题

再认型测试要求学生从一组选择中辨别或确定出正确的答案。这种类型的测试可以用来直接考查学生已经记住的陈述性知识，比如下面的测试：

下面哪个选项属于交互媒体？

（A）幻灯类媒体

（B）录音类媒体

（C）视频类媒体

（D）计算机媒体

再认型测试题还可以考察智力技能学习结果的习得情况，比如，通过要求学生应用已经掌握的概念和原理来再认正确的答案。下面的测试题目，要求学生运用快门速度、光圈大小和曝光度之间的关系原理来找出正确答案，而不是仅靠记忆找出答案。

下面哪个选项与 1/125 秒、f/8 具有相同的曝光度？

（A）f/11，1/125 秒

（B）f/4，1/60 秒

（C）f/8，1/250 秒

（D）f/11，1/60 秒

常见的再认型测试题有：单项选择题、多项选择题、配对题、判断题。

2. 回忆类测试题

通常用回忆类测试题来评价言语信息的目标，或者其他学习结果的陈述性知识部分，比如，支持动作技能的陈述性知识。回忆类测试题要求学生逐字逐句，或者逐段，或者以总结的形式简单复述他们在教学中习得的知识。这种测试题对记忆有很高的要求，但对高级的推理过程的要求很少。

回忆类测试题主要包括：简答题、填空题或者完形填空题。

3. 建构性测试题

建构性测试题要求学生真正提出或者构造一个答案。与回忆类测试题相比，建构性测试题要求学生有更高的推理能力。建构性测试题与再认型测试题之间的区别是对记忆和认知策略要求更高，学生做题时线索更少、选择的限制更少。下面是一个建构性测试题：

快门速度和光圈大小之间的什么联系会导致 1/125 秒、f/8 和 1/60 秒、f/11 具有相同的曝光度？

一般地，建构性测试题比再认型测试题和回忆类测试题有更高的认知要求。它们需要更多的时间来回答，因此，针对单个教学目标编写的建构性试题的数目要少些。另外，建构性测试题和目标中描述的现实生活的情形更加一致，因此，它们或许是更有效的评估。

建构性测试题目有：简单题、应用题、论述题、设计题等。

（三）编写测试题

前面介绍了适合不同学习结果的测试题以及测试题的类型，现在探讨如何具体编写测试题目。学习目标包括学生行为、学习条件和达成标准三个部分。测试题目主要是考查学生的行为。

当在学习目标中，要求学生的行为是"能够确定"或"能够选出"时，可以考虑选用单项选择题、多项选择题、配对题等题型来测试学生是否"能够确定"或"能够选出"某些行为。编写单项选择题、多项选择题时要注意两点。第一点是，在编写测试题时，要尽量把大量信息放在题干部分，而备选答案应尽量简单。下面是一个编写得比较好的测试题：

飞机顺风飞行时，飞行速度会提高。如果飞机在我国飞行，飞向下面哪个方向会增加飞机的速度？

（A）东

（B）南

（C）西

（D）北

而下面的测试题是不好的：

当飞机飞行时，

(A)向东飞行会增大飞机的飞行速度

(B)向西飞行会增大飞机的飞行速度

(C)向北飞行会减小飞机的飞行速度

(D)不论飞向哪个方向速度都不会发生变化

第二点是，在编写选择题时，各个备选答案应该字数大致相同，并且各个备选答案不含有助于学生找到正确答案的线索。下面是一个编写得比较好的选择题：

在小说 *Mrs. Smith Went to Arizona* 中，Mrs. Smith 开始最关心的是：

(A)她的财产的安全

(B)她的儿子和女儿

(C)她的事业前程

(D)她的家庭和邻居

下面的测试题编写得不好：

小龙以每小时 15 千米的速度骑自行车 2.5 小时，他骑车走了多远？

(A)30 分钟

(B)37.5 千米

(C)3 个街道

(D)40 小时

这道题中，备选答案中有明显的提示信息，只有公里是长度的单位，所以不用计算就可以选出 B 项为正确答案。

当在学习目标中，要求学生的行为是"能够命名"或"能够说出"时，可以考虑选用填空题。编写填空题时，可以通过提问让学生确定填空的任务是什么，学生答题时就不会迷惑。如果只是给出一个有空位的句子让学生填空，学生有时会不知所云，而不能判断如何答题。例如，下面的填空试题："第二次世界大战末期盟军与德军坦克大战(The Battle of the Bulge)发生在_____。"就会让学生不知如何作答，因为试题本身有问题，导致答案既可以填战争发生的时间也可以填地点。如果把题目改为下面形式的试题就不会有疑义了："第二次世界大战末期盟军与德军坦克大战(The Battle of the Bulge)发生在哪一年？"

当在学习目标中，要求学生的行为是"能够描述"或"能够解释"时，用简答题和论述题测试学生行为比较合适。例如，如果学习目标是"学生能够运用生态学原理描述如何保持某地的沼泽生态"，可以考虑使用论述题或简答题测试学生。例如，"试运用生态学原理论述如何保持某地的沼泽生态"。在运用简答题或者论述题时，试题编写者最好同时给出试题的答案要点，以便给分时有评分标准。

(四)信息化教学评价

1. 传统评价的自动化测试

传统教学评价中的客观性测试题，都可以放到信息技术环境下由计算机自动评价。这种测试分为单题测试和单元测试。单题测试就是每回答一道题，计算机就对学生的反应进行评价。图 3-9 就是一道单项选择题的自动测试结果，学生回答完试题单击确定，计算机针对学生的答案给予不同的反馈。单元测试是当学生做完一个单元(有时是一张试卷)时，计算机对学生的反应进行评价，并告诉学生答对答错的题目，有些时候学生还可以向计算机索要错题的正确答案。目前许多考试采用计算机自动测试方式。

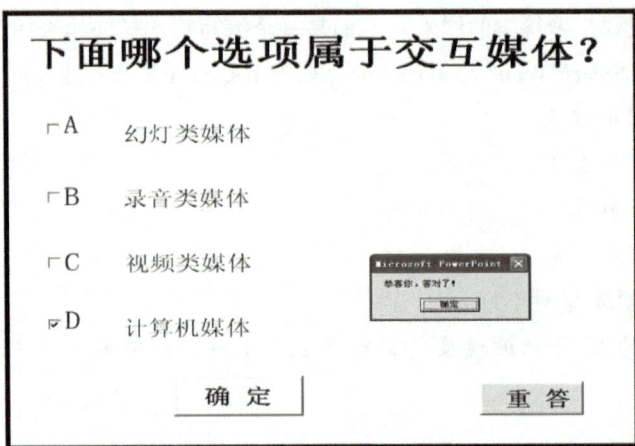

图 3-9 自动化测试

2. 基于信息技术表征、处理的评价

基于信息技术的教学与传统教学相比最大的优势是对教学内容的多媒体表征和智能化处理。计算机的多媒体技术和智能技术用于教学评价使信息化教学评价和传统评价相比有了质的飞跃。图 3-10 是生物教学中多肽形成的评价，教师给出三种基本氨基酸，要求学生通过 R 基替换生成指定的氨基酸，随后让学生通过脱水缩合形成指定的三肽。图 3-10 就是一个学生的测试结果。将多媒体技术和处理技术用于学习评价，使学生能针对学习内容进行自己的表征和操作，能够测试出教学目标是否真正实现。而传统测试中，由于教师看不到学生处理加工信息的过程，不能确定教学目标的达成是机械记忆的结果还是有意义处理教学内容的结果。

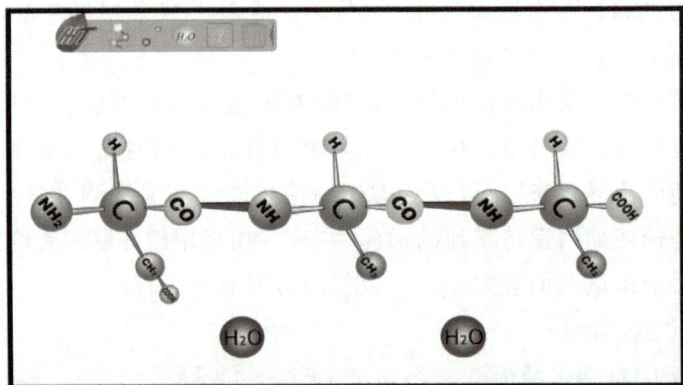

图 3-10 多媒体表征和智能化处理

具体学习目标包括三部分：行为、条件和标准。可以针对行为、条件和标准开发基于信息技术的评价。信息技术环境下，学生行为可以通过多种形式进行模拟，测试时学生可以通过对计算机符号的操作来模拟目标行为。例如，通过对学生操作"模拟摄像机"软件来评价学生摄像机操作教学目标是否达成。对条件的测试主要体现在对教学内容的多媒体表征。例如，摄影教学中，什么情况下使用小光圈拍摄？标准在信息化教学评价中主要是为信息技术环境提供智能评价的标准。

3. 学生成长记录

信息化评价关注的重点不再是学到了什么知识，而是在学习过程中获得了什么技能。评价通常是不正式的，建议性的。信息技术环境下，有许多技术用于记录学生的成长，为评价学生的进步提供素材。

电子档案袋是一种把评估和谐融入教学目标的有效途径，有关电子档案袋的内容将在第八章信息化教学评价一章中详细介绍。

第三节 信息化教学设计案例

一、交互式电子白板教学设计

下面以唐山市祥荣外国语实验小学陈艳老师小学 6 年级 Lesson13：Exercise 的教学为例，看看交互式电子白板教学设计。[①]

(一)教学目标

知识与技能：The students can describe their habit of doing exercise，keeping healthy as well.

情感态度：We love doing exercise to keep healthy！

文化及学习策略：Learning English is easy and fun！

(二)教学重点

词汇：exercise，minute，hour.

句型：_____ ing is exercise.

Sixty minutes make an hour.

How many minutes _____?

About _____ minutes a _____.

(三)教学难点

exercise 的发音；问答句的操练和使用。

---

① 2011 第 4 届全国中小学交互式电子白板：学科教学大赛精品课例（小学英语）（3DVD-ROM）. 电化教育电子音像出版社出版发行.

(四)措施

充分利用电子白板的功能进行直观具体的呈现，教学环节由易到难，层层递进，充分调动学生的学习积极性，发挥学生在课堂上的主体作用，通过教师、学生和白板之间的互动实现教学重点和难点的突破。

(五)学习者分析

六年级的学生活泼好动、有好奇心、对事物的认识和理解以直观和具体为主，教学环节要紧紧围绕学生的天性展开；本单元的主题是"Have a Good Health"，通过前4课的学习学生已经掌握了拥有健康的几个常见因素。

基于以上两点，本课教学可以做到自然导入，教学的开展也将试图让学生在轻松的状态下学到知识、掌握知识，并且运用知识。

(六)教学事件设计

1. 激发学生动机、回忆预备知识

交互式电子白板呈现背景图片和背景音乐，教师与学生玩 Simon Says 游戏。学生听到"Simon Says"之后才根据指令做动作，做错的学生坐下。

通过游戏复习以往的动词短语，并创设轻松活泼的课堂氛围。

2. 呈现学习内容

在交互式电子白板上，呈现一些有关运动的照片并排成一排，用有"What are they doing?"文字的图片将那些运动图片遮挡住。教师逐个出示图片，引出动名词，进而导入课题。通过图片进行 free talk，导入课题。

3. 提供练习和反馈

电子白板上有一些属于和不属于"exercise"的图片，让学生将属于"exercise"的图片挑选出来。教师设置问题"What else is exercise?" 学生通过拖拽图片来完成匹配任务。通过学生边选择边表达的方式，操练了句式。

4. 呈现学习内容

通过电子白板播放音频，学生将句子补充完整（填时间）。选取一个学生在电子白板上书写答案。通过听的输入，对上一个环节的知识进行了巩固，同时锻炼了学生在听的过程提取有效信息的能力。

5. 提供练习和反馈

使用钟表功能，教师和学生拨动指针表达不同的时间。通过用白板的钟表功能对练习中的时间进行直观和具体的展示，学生掌握单词的意义和使用，为课本第2部分的呈现进行铺垫。

6. 呈现学习内容

电子白板播放视频教材让学生学习。对课文进行初步了解，并根据自己的理解完成连线题目。

7. 提供练习和反馈

以小沈阳记者招待会的形式进行这一环节，之后学生4人一组，进行问题的设

置和回答，并且推选出每一个组的 superstar。在这一环节中，电子白板提供背景和音乐，同时也提供倒计时工具，倒计时为课堂创设了紧张的气氛，激发了学生迅速思维并将所学尽可能进行运用的热情。聚光灯寻找 superstar，让每个学生都参与进来，营造了良好的课堂气氛，使学生成为自己学习的主人。

8. 总结

以制作表格的形式完成重难点的使用。通过电子白板的拖拽和书写功能将作业进行了示范。

二、微课教学设计

(一)微课的内涵

在国外，微课程(Micro-lecture)的雏形最早见于美国北爱荷华大学 LeRoy A. McGrew 教授所提出的 60 秒课程(60-Second Course)以及英国纳皮尔大学 T. P. Kee 提出的一分钟演讲 (The One Minute Lecture，简称 OML)。2008 年，美国新墨西哥州圣胡安学院的高级教学设计师(David Penrose)提出的"微课程"(Micro-lecture)与现今中小学的微课契合度更高。

在国内，微课的最早的雏形是微型教学视频(课例片段)。2011 年，针对传统 40 或 45 分钟的、全程实录式的教学课例制作成本高、交互性差、评审难度大、应用率低下的现状，佛山市教育局在全国率先开展首届全市中小学优秀微型教学视频课例征集活动，要求教师只针对某个知识点或教学环节进行教学设计和拍摄录制课例(同时要求提供相应知识点的教学设计、课件、练习、反思等支持学习资源)，参赛的作品同步发布在网上供广大师生家长随时点播、交流和评论，活动的效果出乎意料，广大教师对这种"内容短小、教学价值大、针对性强、数量众多、使用灵活"的微型课例好评如潮。此后，佛山市连续组织了三届微课作品大赛，并率先开展了基于微课的教学改革研究(如微课与班级教学的整合、翻转课堂、自主学习、小组合作学习、移动学习等)，取得了一定的成果，引领了全国微课建设与应用研究的热潮。

微课是微型课程的简称，它是以微型教学视频为主要载体，教师针对某个学科知识点(如重点、难点、疑点、考点等)或教学环节(如学习活动、主题、实验、任务等)而设计开发的一种情境化、支持多种学习方式的新型在线网络视频课程。微课既不同于传统单一的课件、教案、课例、试题等资源类型，又是在传统教学资源基础上继续和发展的一种新的资源类型和应用方式。

微课(程)的资源基本构成可以用"非常 4＋1"来概括。"1"是微课的最核心资源：一段精彩的教学视频(一般为 5 分钟左右，最长不宜超过 10 分钟)，这段视频应能集中反映教师针对某个知识点、具体问题或教学环节而开展的精彩的教与学活动过程，教学形式和教学活动地点可以多样化(不一定局限在教室或课堂上)。"4"是要提供四个与这段教学视频(知识点)相配套的、密切相关的教与学辅助资源，即微教案(或微学案)、微课件(或微学件)、微练习(或微思考)、微反思(或微反馈),这些资源以一定的结构关系和网页的呈现方式,"营造"了一个半开放的、相对完整的、交互性良好的教与学应用生态环境。

(二)微课的教学设计方法

良好的教学设计有助于更好地指导微课程教学资源的开发。微课程的设计关键是要从教学目标制定、学习者分析、内容需求分析、教学媒体选择等方面进行设计,这样才能产生符合"让教师在较短的时间内运用最恰当的教学方法和策略讲清讲透一个知识点,让学生在最短的时间内按自己的学习完全掌握和理解一个有价值的知识点"的微课设计制作理念,确保微课程能够适应满足学习者的实用、易用和想用的直接需求。下面以著名童话故事《灰姑娘》为例,谈谈微课教学设计的主要环节和注意事项。

1. 内容设计——知识点的微型化处理

第一,教学内容的选择。微课的设计,教学内容的选择是第一步,也是最关键的一步。它反映了微课是要集中表现或传递给学习对象什么样的内容(并不是什么内容都适合制成微课)。教学内容应该尽量选取那些学生通过自学理解不了、具有较大教育教学价值且相对简短又完整的知识内容。必要时教师可对教学内容进行适当地加工、修改和重组,使其教学内容更精简又完整、教学目标聚集又单一、教学形式策略多元、表现方式多样化,使其更适合微课的方式来表达。以世界最著名的童话故事《灰姑娘》为例,探讨由于中西方文化的差异性,看看美国教师对该童话故事的讲解中运用的独特的教学理念和教学风格。

第二,教学内容的微处理。在选定教学内容的基础上,继而要对其进行微处理。根据微课时长短、知识粒度小的特点,在内容分割上,把课程分割为不同的教学过程。它们分别是:一揭题设问,激趣导入;二切入主题,逐步推进,引发思考。美国教师给学生看了《灰姑娘》的故事后,并不是关注于故事情节的惊险与复杂,而是依次提出了五个问题(假设性问题及故事中出现的事实性问题),然后引导孩子们对故事情节的回味、展开讨论(合理想象、发散思维)、启发引导、概括提升;并多次向学习者提问"这样讲故事,老师又在关注什么?""这个故事,老师还能怎么讲?",让学习者在观看微课时既能身临其境又能触动身心,引发同步思考。《灰姑娘》微课的录制脚本,如表 3-1 所示。

表 3-1　微课的录制脚本设计

微课结构	教学环节	设计思路
一、片头 (5~10 秒)	呈现微课信息	展示微课主题;主讲教师姓名、单位、职称等信息,提供舒缓的背景音乐,营造轻松愉快的学习氛围。
二、导入 (10~20 秒)	揭题设问 激趣导入	您一定给孩子讲过故事吧?"从前有个女孩……后来她和王子幸福地生活在一起"。这个故事还能怎么讲?(产生认知冲突,引发思考)

续表

微课结构	教学环节	设计思路
三、正文讲解（4分钟）	围绕目标	问题1：如果辛黛瑞拉在午夜12点前没有来得及跳上她的南瓜马车，可能会出现什么情况？引导：要做守时的人。
	提出问题	问题2：如果你是辛黛瑞拉的后妈，你会不会阻止辛黛瑞拉去参加王子的舞会？引导：后妈不是坏人，只是不能像爱自己的孩子一样去爱其他人的孩子。
	逐步引导	问题3：辛黛瑞拉为什么能够参加王子的舞会，而且成为舞会上最美丽的姑娘呢？引导：无论走到哪里，我们都需要朋友（的帮助）。
	引发思考	问题4：如果辛黛瑞拉因为后妈不愿意她参加舞会就放弃了机会，她可能成为王子的新娘吗？引导：要更加爱自己，为自己找到自己所需要的东西。
	概括提升	问题5：这个故事有什么不合理的地方？引导：善于观察，伟大作家也会有出错的时候，你将来会成为更伟大的作家。
四、小结（1分钟）	教学回顾与小结，提出新的问题，引发新思考和行动。	表格小结：五次提问，五次引导。 设问：讲故事仅仅是照本宣科，老师又在关注什么？ 行动：不是结束，仅是开始。这个故事还能怎么讲？请老师换个新角度为自己的学生和孩子再讲一遍这个故事。

2. 媒体设计——合理运用视听媒体技术

媒体设计决定微课最终的表现形式，其优劣性直接决定了微课的质量。目前微课视频的媒体呈现形式多样，分别有摄制型微课、录屏型微课、软件合成式微课以及混合式微课。笔者认为，该微课更倾向于视听演示，择优选用了软件合成式，即"屏幕录制软件（Camtasia Studio）＋PPT"的制作组合。用屏幕录制软件可以完整地录制PPT课件的内容（包括教师的同步讲解、操作过程、背景音乐等），在准备精心设计的PPT课件后，并进行设置好音频和摄像头、屏幕像素、灯光设计、环境调适、熟悉讲稿、厘清思路等准备工作后，教师只需要按一下"录制键"就可以完成微课视频的自动录制。对部分细节，如间隔太长，时间太短，字幕标题、声音处理、画面镜头变化等问题，可以在该软件中编辑修改，最后合成输出教学视频。

3. 可用性设计——加强艺术表现力和情境感染力

可用性设计源于设计学领域的研究成果，本指企业为客户提供Web及Web-based产品情绪情感体验设计的流程和方法。在国内，顾小清（2009）等人也提出了微型移动学习的可用性设计研究，他们认为，"对于微型移动学习的设计，除了考虑内容、媒体的设计之外，还需要从用户的角度，对其可用性进行设计"。

微课作为在线教学视频，也需要满足在线学习者为达到学习目标、完成学习任务的积极情感体验。尤其是现今信息时代，数字化教育资源已颇为丰富，要提高微课的应用程度，必然要从学习者的角度出发，提高重视可用性设计的意识。一是巧妙设计情境性的教学活动，为学习者创设良好的学习情境。例如，在本微课开始，精心选用了几幅美国电影动画片《灰姑娘》里的经典彩色插图，加上一段轻松的背景音乐，构建一个给学习者视听觉带来唯美效果的童话情境，引人入胜，并为下文提问与讲解做铺垫。二是注重PPT的排版，提高微课的视觉效果。如注重动静结合、图文并茂、字体和字号搭配、颜色搭配以及字行、段距错落有致等PPT制作的原则与要求。值得说明的是，图片的排版率在50%～90%，不宜过于花哨；继而，充分利用PPT的动作效果，对所添加的图片设置了不同的动作，增强动态感；在字幕的文字方面，主要采用微软雅黑和宋体的字体搭配，颜色要协调搭配。三是注重教师的讲解的专业性和艺术性，结合教学需要，选择适当的讲解节奏，语速流利，尽量避免口头禅的出现等(本部分内容选自胡铁生－微课追梦人的博客 http：//blog. sina. com. cn/u/1941326822)。

微课网站(http：//dasai. cnweike. cn)有大量微课制作、微课优秀作品等方面的资源，感兴趣的读者可以去浏览学习。

三、翻转课堂教学设计

翻转课堂是一种将传统学习过程翻转过来的新兴教学模式，其基本要义是教学视频的应用及教学流程的颠倒。但是，并不能因此就认为翻转课堂仅仅是利用教学视频来颠倒课堂教学。事实上，随着现代信息技术的发展及其在教育领域的广泛应用，技术与教学的融合更为深入，课堂学习过程中的各个要素、各个环节也随之发生了改变，整个教学模式、教学理念发生了颠覆性的变化，学校教育教学面临深刻的变革。这场变革的核心要素是技术因素，表现形式是课堂教学的应用。

(一)翻转课堂的概念：基于技术视角的分析

所谓"翻转课堂"，是把传统学习过程翻转过来的一种教学模式，即学生在课前通过观看教学视频完成知识的自主学习，到了课堂上是师生面对面互动的场所，主要用于解答疑惑、讨论交流，从而提高课堂教学的效率和效果。可见，翻转课堂颠覆了传统的教学流程，它将"知识传递"的过程放在课前，从"先教后学"转变为"先学后教"，实现了知识内化的提前。

教学视频通常被认为是翻转方式的关键要素，翻转课堂的实现需要教师事先制作好教学课件或视频并对其进行加工处理后上传到网络。学生在家观看教学视频，并借助互联网获取其他优质教学资源进行学习，来完成知识的传递过程，而到了学校将课堂变成师生之间互动的场所，通过课堂探究、讨论引导学生完成"知识的内化"。这就是基于教学视频实现教学流程的翻转。

但是，教学视频的使用只是翻转课堂技术应用的形式之一，技术对课堂教学的支持不仅限于教学视频的使用，随着翻转课堂的实践探索不断深入和各种新技术的广泛应用，翻转课堂对技术的依赖程度不断加强，对包括视频在内的信息技术应用的要求也越来越高。"技术支持学习"体现在教学系统的各个要素、教学活动的各个环节，体现在技术支持和应用的各个方面。翻转课堂教学模式是以包括互联网、计算机等信息技术在教育领域的广泛应用为基础的，它打破了传统教学方式对学习时间和空间的限制，能把所有有价值的学习资料都随时随地提供给学习者，真正使教育走向了一个充满信息流通的开放环境。国内有学者把"翻转课堂"定位为：它是将数字化校园的建设、信息技术的整合以及新课程改革相融合的一次意义重大的大胆尝试。因此，正确、有效地进行翻转课堂的改革实践，必须树立基于技术学习的观念，也是正确的技术应用观念。仅就翻转课堂技术平台的开发应用来说，随着人们对翻转教学的认识不断提高，信息技术与教学的融合不断深化，技术对翻转课堂的支撑作用和翻转课堂对技术的依赖程度都在不断加强，翻转课堂技术平台呈现出互动化、社区化、泛在化、智能化等新的特点，翻转课堂正随着技术的发展进入新的阶段。

(二)翻转课堂的技术动因和依据

翻转课堂的出现和发展，既是现代信息技术在学校教育领域广泛应用的产物，也是技术支持下教育和教学不断探索与实践的结果，基于技术学习是翻转课堂得到迅速发展的根本动因和依据。

1. 基于技术学习是现代教育技术的本质要求

教育技术的本质特征是运用技术去促进学习过程。所谓促进学习，就是利用技术帮助学习者学得更快、学得更有效、学得更容易、学得更经济。信息时代，新的教学理论要求学生由外部刺激的被动接受者转变为能积极进行信息处理的主动学习者，而教师要提供能帮助和促进学生学习的信息资源和学习环境，利用信息技术建造一个能支持全面学习、自主学习、协作学习、创造学习、终身学习的信息化教育环境。因此，技术对学习的支持表现为通过技术能为学习者提供全面的人力支持、技术支持、资源支持等，让学生主动地获取、吸收和内化知识，最终掌握知识。

2. 现代信息技术融入教育和学习的具体过程

数字化时代信息技术的飞速发展和广泛应用，尤其是新世纪以来，网络通信技术、计算机技术的发展及多媒体数字设备的普及，数字摄像机、数码相机、高性能计算机进入了各行各业，笔记本电脑、iPad、智能手机等也成为普通民众工作生活不可缺少的一部分。当今时代已经逐步转变为互联网、移动互联、云计算、大数据、微视频等多重技术融合的新时代，网络、云终端、移动设备、教学系统平台等的发展为现代教育教学提供了媒体技术支持。根据现代教学技术理论，不同的技术对课堂教学提供的支持能力是不一样的，这是由技术本身具有的教学功能所决定的。在教学媒体技术中，不同的教学媒体展现出不同的特性，在教学教研活动中得到不同的应用，得到了广大教育工作者的青睐。

3. 翻转课堂的实施离不开信息技术的支持

翻转课堂的实施需要信息技术的支持，教学视频的制作从前期的拍摄到后期的剪辑都离不开专业化的技术保障。学生在家观看教学视频需要网络、终端硬件设备及应用软件平台，师生、生生之间的交流也需要利用信息技术构建个性化与协作化的学习环境。

(三)目前常用的翻转课堂技术平台分析

在翻转课堂的实施中，通常借助于一定的技术手段搭建支持教学和学习的技术平台，如教学资源类平台、网络学习类平台、移动学习类平台等。通过调查研究看到，国内各级各类学校在课堂教学实践中积极进行了平台的开发和应用，目前比较常用的翻转课堂技术平台有以下几种模式。

1. 微课教学平台

微课教学平台是为教师教学全新打造的集"上课、辅导、教研与微课制作"于一体的移动教学平台，是应用于移动终端(Pad、手机)的在线教学工具和微课制作工具。教师通过电脑、Pad、手机等录制工具，实现对微课的教学应用与管理功能，将围绕某一特定内容(知识点、习题、重难点内容等)的讲解电子化，由此形成短小、但内容完整的微课。微课是网络化教学和学习的基础，为学习者提供内容短小、主题突出、观看便捷的学习内容。基于微课教学平台，可实现多种灵活方便的教学形式，针对学生的接受和理解情况，围绕知识点或某一教学环节展开针对性的教学，真正实现个性化教学。

2. 智慧学习平台

智慧学习平台是针对传统网络学习系统存在的不足，基于云计算、大数据、智能管理和自适应测验等新的技术，构建的新一代网络学习平台。智慧学习平台着眼于解决校本学习资源开发、教学交互、适应性学习和学习评测等问题，通过教学资源开发、数据挖掘、智能推送和学习评价反馈，为教师教学和学生学习的全过程提供智能化的技术支持，实现互动式、个性化、适应性学习，是大数据时代的新型网络学习平台。平台在应用设计上体现了基于动态学习数据分析的特点，对教学过程中生成的海量数据，用现代化的分析工具和方法对数据进行加工、挖掘和分析，基于数据分析的教学决策区别于传统的教学评价模型和方法，为实现技术支持下的智慧学习提供了关键的技术手段。

3. 个性化网络空间

个性化网络空间，是基于 Internet/Intranet，为每个学习者用户提供一个个性化、实名制的个人学习门户，学习者在这个网络空间中主动构建高度个性化和私密性的个人学习中心，围绕学习和学习事务处理等需要，把分离的、有利于学习的资源、资讯、工具和服务等聚合起来，方便管理和使用。同时，这个环境又是开放和共享的，学习者可以总结、反思学习经验，搜集和分析学习资源，与他人进行交流及进行学习实践活动。个性化网络学习空间以灵活多样的学习模式、动态开放的平台、丰富生动的学习内容，能有效地补充课堂教学中对学生主动性、创造性、积极性培养的不足，克服传统自学方式资源缺乏、学习方式单一的弊端，为互动式、多样化学习创造方便的条件。

4. 网络学习社区

网络学习社区是以建构主义学习理论为理论基础，基于计算机信息处理技术、网络通信技术和多媒体技术建立的新型网络学习支撑平台。网络学习社区利用跨时空的、开放的、自由的网络虚拟环境，借助统一的软件平台，由各种不同类型的学习者及其助学者（包括教师、专家、辅导者等）共同构成一个交互的、协作的学习团体，其成员之间以网络和通信工具，最终形成具有共同社区文化心理的、生态式的社会关系共同体。网络学习社区创造了一个生态式的学习环境，社区的每个成员都有共同的利益，每一个人都有参与创建和维护社区的权利和责任，他们在社区内通过共享信息、资源和彼此的思想观点、情感认知和经历来促进自身的学习与发展。

5. 云端智慧教室

云端智慧教室是在传统智能教室的基础上，利用云计算、移动互联等现代信息技术构建的新一代智能教室。传统智能教室是依靠计算机和物联网技术，实现对教室所装备的视听、计算机、投影、交互白板等声、光、电设备进行智能控制和操作，有利于师生无缝地接入和使用多种媒体教学资源。云端智慧教室基于传统智能教室，依靠云计算、移动互联网、智能推送等新的技术，通过"云加端"的应用，实现了教室内多种终端设备的无缝连接和智能化运用，实现了教与学的立体沟通与交流，打破传统意义教室的时空概念，并重新定义了黑板、讲台等一系列传统意义上的教室应用，进而改变课堂结构，实现教与学的革命。

6. 电子书包

电子书包是一个以学生为主体，以个人电子终端设备（如 iPad 等）和数字化教育资源为载体，利用多媒体计算机、网络服务、云计算等技术开发的移动学习平台，是一个由计算机支持的数字化协作学习空间。电子书包可以随身携带，承载着丰富的数字化教育资源，具有网络支持与服务功能，支持学校、家庭、社会教育系统中各要素之间的协同互动，贯穿于学生预习、上课、作业、辅导、评测等各个环节，覆盖课前、课中、课后全过程，支持师生、生生间的同步或异步交流与资源共享。基于电子书包，可以方便地开展移动学习、交互学习和泛在学习，满足学习者的个性化学习。电子书包在学习领域中的应用，是学习现代化的一个重要标志，并因此引发了全球范围内的学习变革。

(四)翻转课堂教学设计

翻转课堂将新知识的呈现与新知识的内化、应用分开处理,新知识的呈现放在了课下进行,新知识的内化、应用放在课堂上。翻转课堂教学设计的主要工作是对课堂教学事件的计划。当然课下的新知识的呈现也不能忽视,不然翻转课堂就会变成没有"内容"的"形式"。

翻转课堂由下列教学事件组成:学生利用合适的教学资源进行新知识的课下学习、教师在课堂上帮助学生回忆课下学习内容并检查学习效果、组织学生以小组形式应用新知识解决问题、组织小组成果展示、总结复习、知识迁移。对以上教学环节的事先计划和安排便构成了翻转课堂教学设计的主要内容。

1. 学生利用合适的教学资源进行新知识的课下学习

这一环节教师的主要工作就是帮助学生选择合适的教学资源,让学生在课下自主学习新知识。在上一部分目前常用的翻转课堂技术平台中我们介绍了微课教学平台、智慧学习平台、个性化网络空间、网络学习社区、云端智慧教室、电子书包等,教师可针对自己的教学目标从中选择符合要求的教学资源。如果教师不能找到合适的教学资源,就要针对课程教学目标自己设计开发教学资源。合适的教学资源在翻转课堂中极为重要,教师一定不要因为其不在课堂使用而忽视,以免翻转课堂成为无"源"之水。

2. 课堂回忆课下学习内容并检查学习效果

由于翻转课堂教学新知识的学习在课下进行,学生的学习效果教师上课之前很难了解,因此,在课堂上教师的首要工作就是帮助学生回忆新学知识、检查学生课下的学习效果。在本章第二节第一部分依据教学目标选择教学内容中,我们把教学内容分为言语信息、智力技能、认知策略、动作技能和态度五类。学生新学习的知识一定至少是其中一类。教师可针对不同的教学内容对学生的自学效果进行检查。本环节以言语信息类教学内容的回忆和学习效果检查为主。针对言语信息类的教学内容,教师需要检查学生是否能够再认或者回忆、逐字逐句地复述、列举或总结等方式呈现新学知识。智力技能作为一类学习结果,是指学习者通过学习获得了使用符号与环境相互作用的能力。对智力技能类教学内容的检查,教师需要让学生运用所学知识解决新问题。这一部分内容是翻转课堂教学的核心内容,由于有些问题对个体学生来说难度较大,对这些问题的解决我们考虑用小组协作的方式进行,成为下一环节的主要内容。认知策略的习得使学习者学会如何学习。教师在课堂回忆时尽量多给学生讲授复述策略、精致策略、组织策略、理解监控策略和情感策略新知识学习时的应用方法。动作技能的学习往往与认知学习交织在一起,因此动作技能类知识的学习效果检查要做到既考查有关"肌肉动作"的技能习得又要考查和认知相关的"智力技能"的习得。态度类教学内容虽然在考试题目中所占比重不大,但是却直接影响学生的价值观、世界观的形成,教师对此不应忽视。

总之，本环节教师的主要职责是帮助学生回忆自学内容并主要检查陈述性知识的习得情况。教师在教学设计时要想好以何种方式帮助学生回忆并详细列出学生需要回答的所有问题。

3. 组织学生以小组形式应用新知识解决问题

本环节主要是让学生运用智力技能类学习内容解决问题。智力技能是学校教学中的主要内容，也是各种考试测验的重点。学校教学中涉及智力技能的学习结果主要包括：辨别、概念、程序、原理和问题解决。这些知识如果不能用于问题解决，就只停留在陈述性知识的习得水平。为了让陈述性知识内化为学生的能力，教师要设计出基于真实（或者是模拟真实）的问题让学生解决，同时为了提高问题解决的效率教师需将班内的学生分成若干小组，以小组协作的方式探讨问题的解决方案。我们在第二节中已经详细讨论过智力技能中辨别、概念、程序、原理和问题解决的具体教学方法和评价方法，这里不再赘述。现以原理教学为例简单谈谈如何设计基于真实的问题。例如初中几何中学生学完相似三角形的相关定理后，教师为了帮助学生进一步理解，需要设计一些真实的问题让学生小组讨论解决。例如，让学生分组讨论如何不测量求出学校校园内的一颗高树的高度，如何只在河的一岸测量算出河的宽度等等问题。

为了让学生能顺利的解决问题，教师在设计问题时要将问题设计成从易到难的一系列问题，并针对学生的回答情况展示相应的问题。问题可以分成三个等级，第一等级的问题基本与第一环节学生利用教学资源进行新知识的学习时资源引用的问题相同，也就是说这类问题和学生学习时看到的例子基本相似。第二等级的问题比第一类问题略难一些，问题情境和学习时的问题情境有部分相似。第三等级的问题最难，问题情境完全脱离学习时的例子，是全新的情境中的问题解决。真正考查学生是否将陈述性知识内化为智力能力的问题是第三等级的问题。

翻转课堂教学的第三个环节是以小组协作的形式解决教师提出的问题。教师针对这一环节进行教学设计时要考虑如何分组和提出什么样的问题。

4. 小组成果展示

通过小组协作，学习者解决了比较困难的问题，他们解决问题的喜悦可以通过小组成果展示与其他小组共享，其他小组也会从汇报展示的小组那里获得认知体验，间接增加了认知经验。在这一环节教师要安排好如何进行小组展示。

5. 总结复习，知识迁移

小组成果展示之后，教师要对教学任务进行总结，让学习者有机会将他们的学习整合为一种形式，这种形式能够使学生方便地将新学知识应用到各种不同情境中去，并且能够迁移到更高级的学习任务中去。

这一环节教师要考虑如何通过总结复习将学生的知识整合，并且鼓励学生将本次课学到的新知识和新方法应用到以后的自主学习中去。

(五)"圆的面积"翻转课堂设计①

教学内容：人民教育出版社出版的小学数学六年级上册67—68页圆的面积公式及推导、例1、例2及相应练习。

1. 教学目标

(1)使学生理解圆面积公式的推导过程，掌握求圆面积的方法并能正确计算；并能运用公式解答一些简单的实际问题

(2)通过操作、小组合作等数学活动，培养学生的动手实践能力，分析、观察和概括能力，发展学生的空间观念

(3)渗透转化的数学思想和极限思想

2. 教学重点

正确计算圆的面积。

3. 教学难点

圆面积公式的推导。

4. 教具学具

课件、课本附页中的圆片。

5. 教学事件设计

(1)学生利用合适的教学资源进行新知识的课下学习

教师为学生选择《圆的面积》一课的微视频让学生在家自主学习。

(2)课堂回忆课下学习内容并检查学习效果

在这一环节教师首先要帮助学生回忆微视频的主要内容。可通过下列问题帮助学生复习微视频的内容："观看了关于'圆的面积'一课的微视频，你有什么收获吗？""通过什么方法可以求出没有学过的图形的面积？""怎样才能把圆形转化成已学过的图形？""圆形可以转化成哪些已知形状？"通过上面问题，引导学习者回忆自主学习的微视频内容。

帮助学生回忆了自主学习的新知识后，教师要对学生的学习效果进行检查。在这一环节，教师主要检查学生本节课陈述性知识的掌握情况。教师可以通过下列问题检查学生的学习情况："圆的面积的计算公式是什么？""圆的面积公式是如何推导出来的？"

(3)组织学生以小组形式应用新知识解决问题

在第三环节主要考察学生是否能够新学到的知识应用的新的问题解决中。这一环节需要教师设计出问题让学生小组讨论，进行协作学习。可以让学生小组思考下面问题："圆能不能转化成三角形，从而推导出圆的面积计算公式？"回答这个问题需要学生掌握转化的数学思想和极限思想。如果学生能够顺利解决上面的问题则说明学生已经学会了图形转化并初步具有了极限的思想。

(4)小组成果展示

让成功解决"圆能不能转化成三角形，从而推导出圆的面积计算公式？"这一问题

---

① 本案例选自王亚楠工作室 http://blog.163.com/yanan _ w/.2016-03-11.

的小组展示他们是如何思考、如何解决问题的。

(5)总结复习，知识迁移

根据半径计算圆的面积：πr^2。

根据直径计算圆的面积：$\pi (d/2)^2$。

为了促进迁移，向学生提出下列难度较大问题："街心花园中圆形花坛的周长是18.84 米，花坛的面积是多少平方米?""光盘的银色部分是一个圆环，内圆半径是2 cm，外圆的半径是 6 cm，它的面积是多少?"。

四、网络探究教学设计

网络环境下的教学设计在信息化教学设计中有很重的地位，有关内容详见第七章信息化教学工具的使用第三节网络探究教学。

拓展阅读

1.［美］罗伯特·D. 坦尼森，等. 教学设计的国际观. 任友群，等，译. 北京：教育科学出版社.

此书共两册，第 1 册论述了教学的理论和研究，第 2 册描述和讨论了解决教学设计问题的方法，是教学设计理论与模型的最权威的国际前沿研究作品。

2.［美］R·M·加涅，等. 教学设计原理. 上海：华东师范大学出版社.

此书由加涅主编，是教学设计领域最经典的图书。

3. 盛群力，等. 现代教学设计应用模式. 杭州：浙江教育出版社.

我国学者编著的比较经典的教学设计著作。

4. 李克东，等. 多媒体组合教学设计. 北京：科学出版社.

此书是一本操作性极强的教学设计作品。

5. Robert M. Gagne et al. The Conditions of Learning.

第一部对教学设计进行理论思考的作品。

6. David H. Jonassen，William S. Pfeiffer，Brent G. Wilson. Learning With Technology：A Constructivist Perspective.

探讨教育技术环境下的教学设计，是信息技术与课程整合领域的佳作。

本章小结

信息化教学设计就是在信息技术环境下的教学设计，其环节主要包括：依据教学目标选择教学内容、确定知识点间的逻辑结构、确定各个知识点的表征方式、确定信息化环境的教学事件、信息化教学评价。

思 考 与 讨 论

    1. 信息化教学设计与传统教学设计有哪些异同？

    2. 请你谈谈在信息技术环境下如何进行教学设计。

    3. 结合你的专业设计一个微课。

    4. 谈谈你对翻转课堂的认识。

综合实践项目

    小陈毕业后到某师范大学教育技术中心工作。中心领导看小王是学计算机的，就鼓励他面向全校开设《多媒体课件设计与制作》选修课。由于以前学校从未开设过类似课程，小王感觉压力很大。他问中心领导《多媒体课件设计与制作》的课程目标是什么时，领导只是笼统地说让学生学会制作多媒体课件就行了。于是小王很困惑，《多媒体课件设计与制作》的教学目标应是什么呢？他如何确定课程目标和课程内容呢？

第四章 教学媒体

学习目标 ▶ ┈┈┈┈┈┈┈┈┈┈┈┈┈┈┈┈┈┈┈┈┈┈┈┈┈┈┈┈┈┈┈┈┈┈┈┈┈┈

1. 了解教学媒体的概念、特性、作用和分类。
2. 掌握教学媒体选择的基本原则。
3. 掌握媒体教学应用方法。

内容概览 ▶ ┈┈┈┈┈┈┈┈┈┈┈┈┈┈┈┈┈┈┈┈┈┈┈┈┈┈┈┈┈┈┈┈┈┈┈┈┈┈

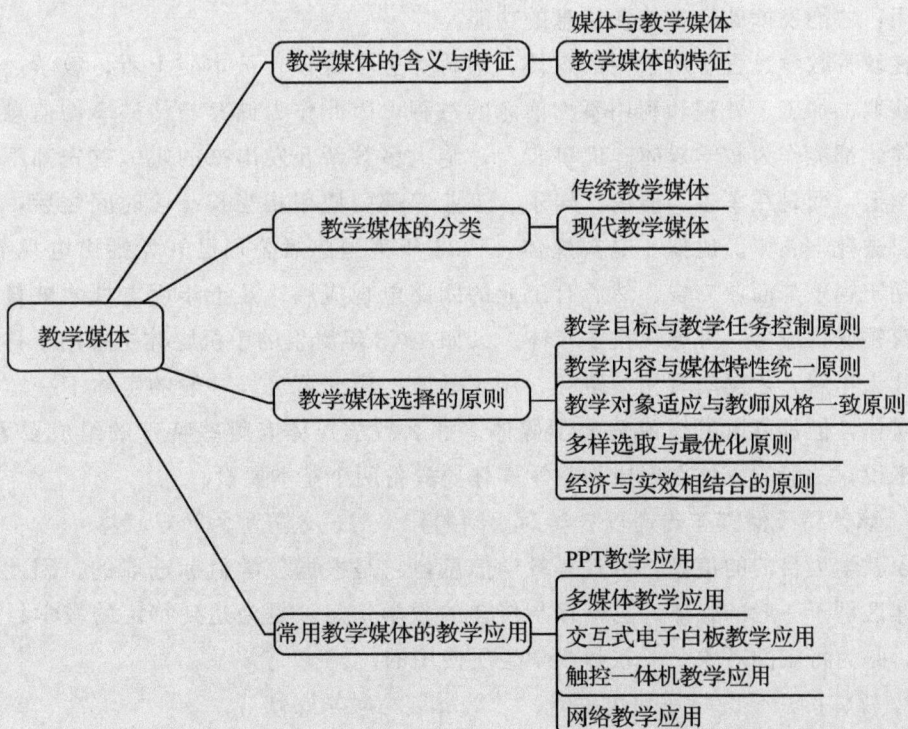

第一节　教学媒体的含义与特征

一、媒体与教学媒体

媒体一词来源于拉丁语"Medium"，音译为媒介，意为两者之间。它是指信息在传递过程中，从信源到受传者之间承载并传递信息的载体或工具。也可以把媒体看作为实现信息从信源传递到受传者的一切技术手段。媒体有两层含义：一是承载信息的载体，二是指储存和传递信息的实体。

媒体是指载有信息的物体。没有承载信息的物体，例如，一个没有存储内容的U盘，一张空白的光盘，或一块没有内容的硬盘、纸张，都不能说是媒体，而只能说是存储、印刷用的材料。载有信息的U盘、光盘、硬盘，才能称为媒体。白纸印上教学用文字和图片成为课本，光盘存上文件资料，才称为媒体。

习惯上把媒体分为硬件和软件两大类：硬件是指那些储存、传递信息的机器和设备，如照相机、投影机、录音机、录像机、电视机和计算机等。软件是指那些能储存与传递信息的纸张、U盘、硬盘和光盘等，如记录有信息的书本、幻灯片、硬盘、录像带、光盘、iPad和计算机软件等。硬件与软件是不可分的统一体，只有配套使用，才能发挥储存与传递信息的功能。

在教育教学过程中所采用的媒体，被称为教学媒体。从本质上看，教学过程是一种获取、加工、处理和利用事物信息的过程，因此作为储存与传递事物信息的任何媒体，都能作为教学媒体。但事实上，绝大多数新开发出来的媒体首先都不是用在教学上，而是在军事、通信、娱乐、工业等部门使用相当长一段时间之后，才逐步被引进教学领域。比如，电视媒体，1936年美国广播公司已开始播出电视节目，首先用于娱乐与商业广告，然后有工业的闭路电视应用，几十年后电视才被普遍引进教育领域，成为一种电视教学媒体。又如1973年诞生的手机媒体主要用于移动通信，几十年后，才逐渐有相关研究，用于教育。由此可见，一般的媒体不一定都是教学媒体，但都可以发展成为教学媒体。那么教学媒体有哪些特殊的组成要素呢？概括来说，一般的媒体发展成为教学媒体要具备两个基本要素。

1. 媒体用于储存与传递以教学为目的的信息时，才可称为教学媒体

以教学为目的的信息，也就是教学信息，它是根据教学目标选取的。因此，教学媒体区别于一般的媒体，它储存与传递的教学信息，是为达到特定的教学目标服务的；是为特定的对象——教师或学生所使用的。

2. 媒体能用于教学活动过程时，才能发展为教学媒体

任何媒体都能用来储存与传送教学信息，如电影、电视甚至计算机等，它们都

具有储存或传送教育信息的功能。但这些媒体诞生的初期，只在人们活动的通信与娱乐领域中获得应用，在教学活动中没派上用场，因此，它们只是一般的媒体，不是教学媒体。只有当它们经过改进，符合教学要求，用于教学活动时，才成为真正的教学媒体。

一般的媒体经过改进演变成教学媒体，往往要经过复杂甚至是漫长的历程。如广播电视从开始播放新闻、娱乐节目到近年用于播放教学节目进行远程教学，历经几十年时间。闭路电视早期只用于工业，成为工业电视，近年才被引进教育领域成为学校的教育闭路电视系统或微格教学系统，并用于进行教学技能训练。目前得到迅速发展的计算机媒体及计算机网络系统，首先也是用于通信与工商业，近年才逐步被引进教育教学领域。

一般的媒体要演变为教学媒体，往往要解决两大关键问题：一是改造硬件使其能满足教学活动要求，方便教师与学生使用；同时要使硬件的价格降下来，能被教育部门所采用。二是编制软件使其所储存与传递的信息是教学信息，并且编制的原则与方法要符合教学活动的要求。解决上述两大关键问题是一个重大的教育研究项目。但一旦这些关键问题解决了，一种新型的、有效的教学媒体就出现了，教育教学领域也将引发一场变革。

二、教学媒体的特征

1. 教学媒体的共同特性

（1）固定性

媒体可以记录和储存信息，以供需要时再现。如印刷媒体直接将文字符号固定在书本上；电子媒体将语言、文字、图像转换成声、光、电信号，固定在照片、磁盘或光盘上。媒体的这一特性使人类的知识体系、思想信念、生活习俗和丰富的实践经验逐渐积累，并传授给后代。

（2）扩散性

媒体能够将各种符号形态的信息跨越时间和空间的限制进行传播，这是人力所不能及的。古代的"秀才不出门，全知天下事"依靠的就是媒体的这一特性。媒体的扩散性使得人类的知识体系不断地壮大，学习的概念不再局限于学校和课本。

（3）重复性

媒体不论硬件还是软件都可以重复使用。如果保存得好，这些媒体可以根据需要，一次次地被使用，而其呈示信息的质量稳定不变。另外，它还可以生成许多复制品，在不同的地点同时使用。教学媒体的这一特性很好地适应了教学过程中逐渐领会、温故而知新的需要。

（4）组合性

若干种媒体能够组合使用。这种组合可以是简单组合，如在某一活动中，几种媒体适当编排、轮流使用或同时呈示各自的信息；也可以是把各种媒体的功能结合起来，组成多媒体系统，如声画同步幻灯、交互视频系统等；还可以指一种媒体包含的信息可以借助另一种媒体来传递，如图片、文字、模型、图表等可以通过电影、录像等媒体呈现在屏幕上。多媒体计算机更是这一特性的集中的反映。

（5）工具性

媒体与人相比处于从属的地位，即使功能先进的现代化媒体，它还是由人所创造，受人控制的。媒体只能是延伸或代替人的部分作用，而且适用的教学媒体还需要教师或设计人员精心编制或置备。正如事实已经证明的，即使具有某种智能的计算机辅助教学，也不能完全取代教师的作用，而只是促进了教学设计者对于人机功能合理分配的思考。

（6）能动性

媒体在特定的时空条件下，可以离开人的活动独立起作用。比如，优秀的电视教材或多媒体课件的确可以单独使用以代替教师上课。精心编制的教学媒体一般都比较符合教学设计原理，采用的是最佳教学方案，尤其是由经验丰富的教师参与设计、编制的教学媒体，教学效果也会很好。

2. 教学媒体的个别特性

教学媒体除了具备上述媒体的共同特性以外，还有自己独有的个别特性。

（1）表现力

表现力，指教学媒体表现事物的空间、时间和运动特征的能力。例如，言语、文字材料以时间因素组织信息，它们的表现形式受到时间先后顺序的影响，借助语义、语调及音响的抑扬顿挫、轻重缓急来表现事物的特征。电影、录像能够以活动的图像呈现正在变化中的过程和动向，采用接近于实物的形态，逼真地表现事物的运动方式、相对关系及状态变化；又能够借助低速和高速摄影技术，调节事物和现象所包含的时间因素；还能够通过镜头的选择，从各个角度表现事物的形状、方位、距离等空间特征。幻灯和图片在表现事物的空间特征方面类似影视，然而因为它们是以静止方式反映事物的瞬息特征，所以便于学生观察。

（2）重现力

重现力，指教学媒体不受时间、空间限制，把储存的信息内容重新再现的能力。比如，教科书是最便于重现的媒体，无线电广播和电视是受时间性限制的媒体。但自从出现了录音和录像之后，这种限制已被打破，并以其生动的形象而令言语、文字望尘莫及；但言语在重现信息时的调控能力又是独一无二的。

（3）接触面

接触面，指教学媒体把信息同时传递到学生的范围。例如，电视和无线电广播的接触面最广，能跨越空间限制，将教学信息传递给学生，而板书、投影、录像的接触面只能限制在一定的空间范围内，如教室，而且还受环境条件的限制。

（4）参与性

参与性指教学媒体在发挥作用时学生参与活动的机会。模型、录音、录像、计算机等媒体提供学生自己动手操作的可能，使学生可能随时中断使用而进行提问、思考、讨论等其他学习活动，行为参与的机会较多；电影、电视、无线电广播、多媒体计算机等媒体有较强的感染力，刺激学生的情绪反应较为强烈，容易诱发学生在感情上的参与。

（5）受控性

受控性指教学媒体接受使用者操纵的难易程度。言语、板书、教科书当然由教师随心所欲使用；录音机、幻灯机、录像机、VCD 机也较容易操作和控制；网络和计算机需接受一定的训练；无线电和电视的播出则掌握在专门机构手中，学校教师无法支配它们的内容和时机。

3. 教学媒体的新特性

（1）自主性

由于网络技术的飞速发展，如今各种教学媒体已能为学生提供各种各样丰富多彩、图文并茂而且又形声兼备的学习资源，学生从各种教学媒体获得的学习资源不仅是数量大，而且还是多角度、多层次、多形态的。在网络环境下，学生可以不再被那些仅有的信息源牵着走，可以自主地从网络广泛的信息源中选择他们所需要的学习材料；学生完全可以自主设计和安排学习，这样一来就使学生成了学习的主体，学习自主性提高，学习兴趣自然也相应地提高，由要我学转变为了我要学。

（2）个性化

传统教学形式在很大程度上束缚了学生的创造力，各种教学活动都是把学生置于共同的影响之下，读同样的教材，听同样的讲授，看同样的资料。教学媒体尤其是网络的介入使学生可以进行异步的交流与学习，可以根据教师的安排和自己的实际情况进行学习，使传统教学中"一刀切"的现象得以改观。

（3）交互性

传统教学，虽然教师与学生、学生与学生同在一个空间，同时同步进行教学，但在教学中相互之间的交互活动却极为有限，网络教学则可以使教师与学生之间在教学中以一种交互的方式呈现信息，教师可以根据学生反馈的情况来调整教学，学生不仅可以和自己的任课教师进行相互交流，而且还可以向提供网络服务的专家请求指导、提出问题、发表自己的看法；学生之间的交流也可以通过电子邮件、BBS、即时通信工具等网络技术实现，可以在网络上讨论任何问题，学生还可以根据网络提供的反馈信息，在学习过程中不断调整学习的内容和进度，自由进退。

（4）共享性

在传统教学中，教师在授课中只是针对某一教室的学生，即便是通过闭路电视系统，受益的也只是小范围内的学生，因此教师的授课内容不可能为多数人所掌握，网络教学的出现则改变了这一状况，由于网络是基于共享这一思想建立的，因此基于网络的教学自然就打上了共享的烙印，在网络教学中，教师、学习资源、甚至教学设备都是共享的，任何一个上网学习的人都可以使用它们。坐在电脑旁，你就能聆听到优秀教师甚至可能是专家教授的精彩讲授，在第一时间拿到最新的学习资料，这在传统教学中是不可能做到的。

建立在网络基础上的多媒体系统，更重要的是实现了网上多媒体信息传递和多媒体信息资源的共享，从而改变了传统教学中信息资源利用率低的局面。网络上的多媒体教学信息可以集先进的教育思想、成功的教学经验与现代的多媒体技术为一体，教师和学生可以根据需要随时调用有关的信息资源进行教学和学习，对内网络中遇到的各种问题，充分发挥其主动性和创造性。

（5）实时性

所谓实时就是在人的感官系统允许的情况下进行多媒体交互，就好像面对面一样。图像和声音都是连续的，实时多媒体分布系统是把计算机的交互性、通信的分布性和电视的真实性有机地结合在一起。

通过网络可以进行现场直播式授课，使学生能及时掌握教学内容，完成教学进度，也可以通过先进的通信设备，使不同地点的学生和教师之间实现面对面交流，进行提问、答疑和讨论。

（6）虚拟性

虚拟性是指人的实践活动转移到以网络为基础的虚拟的电子空间。网络信息传播技术把真实世界和虚拟世界变得界限模糊了，它把实体的现实和创造的现实连接起来，这就从根本上改变了人的认识方式。

教师根据教学的需要，利用网络向学生演示各种教学信息，它们可以是教师装载的 CAI 课件，也可以是来自校园网或是因特网上的教学信息。由于网络能够传递和演示声音、图形、视频、动画、文字等多媒体教学信息，教师可以将有关的板书内容、教学挂图、实物模型等通过电脑处理后传递给学生。

第二节　教学媒体的分类

由于着眼点不同，现代教学媒体的分类方法有多种，通常有以下四种分类方法。按媒体的表达手段分类，可分为：口语媒体、媒体、电子媒体；按媒体作用于人体器官和信息的流向分类，可分为：视觉媒体、听觉媒体、综合媒体；按媒体的物理性能分类，可分为：光学投影媒体、电声媒体、电视类媒体、计算机类媒体；按历史发展，可分为：传统媒体、现代媒体。如上所述教学媒体发展至今，种类很多。本书主要从教学媒体发展的历史将其分为：传统教学媒体和现代教学媒体。

一、传统教学媒体

传统教学中常用的媒体称为传统教学媒体。例如，教师语言、黑板、粉笔、挂图、标本、模型、实验演示装置等。

1. 语言媒体

语言媒体是人类历史上既古老又原始的一种信息传播媒体，语言作为一种符号代表事物与现象成为人类最早使用和交流的媒体。语言的产生使得人们可以把自己掌握的知识有效地传授给其他人。通过语言，人们能更好地进行交流合作、组织和安排生产。从开始描述简单的事物现象开始，发展到描述复杂的事物与现象，语言越来越丰富，使得信息量更大，因此被称为教学的主要媒体。

2. 实物媒体

实物媒体包括教师课堂使用的挂图、标本、模型、实验演示装置等。

3. 印刷媒体

印刷型教学媒体是指各种印刷的教学资料。例如，教科书、挂图以及辞典、杂志、报纸和教学指导书等。

传统教学媒体的优势与劣势如下。

优势：传统教学媒体使用历史悠久，是无数教育工作者通过开发、实验、积累研究出来的一系列行之有效的工具。具有简便易行，经济实惠的特点。在科学中仍然保持着旺盛的生命力，具有重大的使用价值，加涅说过："形象性并不一定是教学的优点，抽象的东西往往才是教学的核心。"传统教学媒体正恰恰体现了这一特点：它以语言的形式，传达教学信息，有利于提高学生抽象的思维能力；学生通过语言和口头语言接受信息，既用耳又动眼，使媒体与教学目标更易灵活匹配，由于教师的教学经验，对教材、板书等的操作得心应手，这也体现了传统教学媒体简便易行的优点。传统教学媒体还具有对学生潜移默化的熏陶作用。例如，优美的板书，不但有利于集中学生注意，还给学生以美的视觉感觉；教师的眼神、表情、手势等无声语言不仅对学生发出导控信息，激发学生动机，打通学生思路，更能默默交流师生情感，创造良好的"现场效应"。许多优秀教师常常凭借自己丰富的教学经验将随手拈来的材料制成最佳的教学媒体，学校中各种各样的自制教具，其经济实惠更是不言而喻。

劣势：传统教学媒体在形象性和信息显示方面却存在着明显的劣势。受技术程度的限制，传统教学媒体存在无法为课堂营造出形象生动的情境教学的劣势；再有传统教学媒体受时空的限制，能在课堂教学中传播的信息是有限的。语言描述、挂图、板书、图表等这类传统教学媒体，虽然在一定程度上也能显示事物的空间、时间、运动等特性，但其表现力往往不足，从而影响了学生的感受性，特别是针对小学生，感性认识、形象思维仍是其主要的认知思维方式，形象性的缺乏和表现力的不足，甚至能直接导致认知和思维的缺陷。传统教学媒体所传达的信息是静止的，无法准确地让学生感受到相遇运动的特点。学生可能只从这些媒体中了解到所演示的解题方法，但却缺乏一个完整的感性认识。

二、现代教学媒体

现代教学媒体是指近一个世纪以来利用现代科技成果发展起来并被引入教学领域的电子传播媒体，在我国也称为电化教育媒体，主要包括幻灯、投影、录音、电影、电视、录像、计算机以及由它们组合成的教学媒体系统，如语言实验室、多媒体综合教室、计算机网络教室、视听阅览室、微格教学训练系统、闭路电视系统、校园计算机网络系统等。一般地，人们习惯于按作用于人体的感官及交互性方面来对现代教学媒体进行分类，可把现代教学媒体分为视觉教学媒体、听觉教学媒体、视听教学媒体、交互型媒体、综合媒体和新媒体。

1. 视觉教学媒体

提供图像类教育信息的媒体，学习者主要通过视觉感官来接收信息。常用的视觉媒体有投影型视觉媒体和非投影型视觉媒体。投影型视觉媒体有幻灯机、投影仪等，非投影型视觉媒体有黑板、印刷材料、图示材料、模型与实物教具等。

视觉教学媒体适合于呈现静态内容的画面，它能提供形式多样、质量较高的视觉画面，供师生详细观察研究画面内容，而且呈现节奏可以由教师自由控制，十分有利于教学。教师可以根据教学要求，选择不同的投影型视觉媒体，设计制作或选购各种形式的投影型视觉材料，充分利用投影型视觉媒体的表现力，在提供信息、发展思维、增强记忆、激发情感等多方面发挥其功能优势。

2. 听觉教学媒体

提供声音类教育信息的媒体，学习者主要通过听觉感官来接收信息。例如，录音机、磁带、语音复读机、无线电广播等。

听觉教学媒体可提供声音的真实感受，创设教学气氛。在语言和音乐等教学与训练中，可利用听觉媒体提供典型示范，同时，录制播放文学、音乐作品，可以提高学生的鉴赏能力。学生可利用听觉媒体自录、读、唱、奏、说，重放时可获得及时反馈，有利于自我鉴别，及时矫正存在的问题。教师也可利用听觉媒体录制多种学习材料提供给不同水平的学生，进行因材施教，这有利于个别化学习。

3. 视听觉教学媒体

能够同时提供图像、声音两方面教育信息的媒体，学习者可以同时通过视觉和听觉感官来接收信息。例如，电视机、录像机等。

视听媒体具有同时发挥视觉与听觉感官接收信息的功能。在课堂教学中运用电视辅助教学，可以帮助学生理解教学内容。特别是一些比较抽象的教学内容，由于学生缺乏与之相关的直接经验，在理解这些教学内容时会产生困难，电视可以用很直观的方式来表现这些抽象的教学内容，便于学生理解。采用电视媒体可使教学过程更加生动，更容易吸引学生的注意力。在教学过程中，电视以其丰富的色彩、清晰的画面、真切的伴音，生动、具体地把许多教学内容展现在学生面前，这要比单纯依靠教师口述或挂图讲解更加易于激发学生的学习兴趣。

4. 交互型媒体

交互型媒体是以计算机为核心、能提供相关教育信息的设备，具有表现信息内容丰富多彩和实现人机对话的功能。可存储丰富的教学信息，而且能快速地进行处理、检索和提取，大大提高了教师与学生对学习资源的利用效率。利用其强大的交互特性，可以创设供学生进行自主学习的环境。还可以记录和分析学生的学习进程，并利用这些信息来调整教学顺序以满足学习者需要。

5. 综合媒体

语言实验室、多媒体教室、计算机网络教室和微格教室等，都属于综合媒体。综合媒体是将多种媒体组合起来使用，能更充分地发挥各种媒体的教学功能，提高教学效率。

6. 新媒体

美国《连线》杂志对新媒体的定义："所有人对所有人的传播。"中国传媒大学新媒体研究院院长赵子忠教授认为："新媒体可以从三方面来理解。一是新出现的媒体形态，如互联网上的很多媒体业务都是新出现的媒体。二是非传统媒体由于新的技术手段而进入媒体，如手机从通信工具成为媒体。三是传统媒体领域新的机构、新的重组。传统媒体数字化以后导致运营理念、运营方式和运营对象的改变，如广电的数字化。"新媒体是新的技术支撑体系下出现的媒体形态，主要有数字杂志、数字报纸、数字广播、手机短信、移动电视、网络、桌面视窗、数字电视、数字电影、触摸媒体等。

新媒体的特点主要有：①高交互性。新媒体具有很高的交互性，反馈迅速、及时，学习者观点多元化呈现，不同国家不同领域的思想在同一平台汇聚。②渗透性。新媒体突破时空界限，学习者通过手机、网络、楼宇电视等无处不在的新媒体，随时可以主动或被动地参与到传播的过程中。③多媒化。新媒体是一种多媒体的全传播，它运用文字、图片、声音、图像等手段，全方位多角度为受众呈现事物原貌。④个性化。新媒体实现"个性化"和"一对一"的传播，根据特定学习者需求而制定满足其使用的策略以及使用方式。⑤碎片化。由于工作与生活节奏的加快，人们的休闲时间呈现出碎片化倾向，新媒体迎合了人们休闲娱乐时间碎片化的需求。

数字媒体：主要包括数字杂志、数字报纸、数字广播、数字电视、数字电影、数字(电子)课本。

网络媒体：网络电视、微课、慕课、网络课程、资源共享课等。

触摸媒体：手机媒体、平板电脑、平板电视、电子书包、云书包等。

可穿戴媒体：智能眼镜、健康手环、智能鞋、头盔显示器、可佩戴式多点触控投影机等。

第三节　教学媒体选择的原则

一、教学目标与教学任务控制原则

教学目标与教学任务是贯穿教学活动全过程的指导思想，控制媒体类型和媒体内容的选择。要根据课堂教学目标和教学任务选择教学媒体。比如，一堂物理课，如果教学目标是着重培养学生的逻辑推理，就应考虑选用粉笔、黑板；如果教学目标是通过实验现象让学生提高观察能力，那就应选择实物投影或计算机课件。不管选用哪种教学媒体，都是为达到课堂教学目标服务的，都是服从于教学任务这个大局，绝不能想用哪种媒体就用哪种媒体。

二、教学内容与媒体特性统一原则

每种教学媒体各具不同的特性和功能，因而，每一种教学媒体呈现教学信息的功能和能力也不尽相同，在选用教学媒体时，要根据教学内容选择最有效的媒体。如对不容易看清楚的实物进行展示或演示实验最有效的是选择投影。

三、教学对象适应与教师风格一致原则

一方面，同年龄阶段的学生对事物的接受能力不一样，选用教学媒体时必须顾及他们的年龄特征。教学媒体对经验的传递作用，取决于经验接收者对信息接收及加工能力。例如，感知、接受能力、知识状况、知识水平、认知风格、先前的经验、兴趣爱好等。当学习者为小学生时，教学媒体应该优先选择对学习者感官刺激高和直观性强的媒体。例如，选择视听觉媒体或交互媒体等，以符合低年龄段学生的特点实现有效的教与学。而当学习者为高中生时，则可以优先选择对学习者感官刺激适当，且抽象性和实践性都比较强的媒体，如多媒体教学系统等双向媒体，以适应高学段学生的特征而开展教与学活动。另一方面，教学媒体的选择还要与教师风格相一致。教师在选择教学媒体时，应当考虑自身的教师风格，如对教学媒体的认知和掌握情况等。选择黑板、粉笔等传统教学媒体时对教师因素考虑较少，而现代教学媒体，特别是计算机多媒体的使用，对教师因素考虑较多。

四、多样选取与最优化原则

在教学中单一使用一种教学媒体的教学效果往往并不理想，这是因为对某一个

感官长时间连续刺激很容易使学习者产生疲劳。因此，为实现教学媒体效益最大化，在实际教学中，往往需要根据教学目标、教学内容、学习者特征和教学媒体的特征等因素，选择两种或两种以上的教学媒体，合理地优化组合多种教学媒体来支持教与学的过程。

多种媒体的组合应用，应根据多感官的配合原则来设计，使之协调统一，交替轮换，相互补充。例如，视觉媒体与听觉媒体的组合、视听媒体与实物媒体的组合、传统媒体与交互计算机媒体的组合等，但并不是说媒体用得越多越好，还要考虑教师的操控能力、学生的接受能力，因此，在考虑多感官媒体组合时，还要注意媒体运用的适度性。

传输大信息量现代教学媒体的组合必须有利于增加教学信息量，这是现代教学媒体内容组合的基本原则。如果所组合的两个媒体的教学信息是等值的，就不应将之组合在一起使用。一般来说，把在信息表达特性方面互补的媒体组合在一起应用，可提高教学信息量。

五、经济与实效相结合的原则

一般来说，媒体组合不宜过于复杂，而以简洁实用、少而精、省时省力、易于操控为佳。要讲究教育经济学原理，以较小的代价取得较大的效果。能用传统教学媒体讲清楚的则不用现代教学媒体，能用简单媒体的则不用复杂媒体，能用低成本媒体的则不用高成本媒体。现代教学媒体操作总要占用一定的教学时间和资源，因此教师课前要熟练掌握所使用媒体的功能和操作方法，各种附件和软件要准备齐全。就我国目前国情来说，经济实效尤为重要，要提倡因陋就简，勤俭节约，就地取材，用有限的经费达到最大的教学效果。

第四节　常用教学媒体的教学应用

一、PPT 教学应用

PPT 是微软 Office 办公软件中演示文稿制作工具 PowerPoint 的默认文件保存格式。现在人们都把演示文稿简称为 PPT，又称幻灯片。作为一种现代化的多媒体技术，PPT 在课堂教学中的运用日益普及，顺应潮流，技术在进步，PPT 作为教学的载体没有变，在应用中就要不断地更新观念，更新思路。新的理念不能只是口号，而应体现在选择教材的价值取向上。由于理念的创新，近年来在 PPT 应用中有了很多新的形式。例如，数字故事、电子相册、VCT、微课、MV、动画、电子杂志等，其中数字故事当属 PPT 应用中最有代表性，成果最显著的。

1. 数字故事

数字故事是通过一系列的图片、视频和讲述者的声音来讲述故事的方式，将数字故事作为一种新型的教与学的方式引入教育领域，体现了新课程的理念。黎加厚的学生在制作数字故事时曾这样写道："我选定了表现人物的思想情感作为制作此次素质拓展活动数字故事的主题，人物情感的丰富多样性，也决定了选材的多样性，这无疑增加了选材的难度，而选材我花了好几个小时才完成，怎么把这些材料很好地组织起来，要选什么作为背景音乐？我询问了几个同学，在音乐的选择上我与杨烨取得了共识，用《青春的纪念册》作为背景音乐，确定了这些后就剩下具体的制作过程了。收获，就在不远的前方，我的第一个数字故事就这样诞生了。"可见，数字故事的创作需要你对故事、音乐、图片都有一个清晰的把握。而故事则是其中的重中之重。

制作数字故事，可以从以下几个方面入手。

第一，故事编写。所发现的故事是生活中感人的故事，不在于大与小，而在于一个情字，发现故事要做一个有心人，要善于思考与发现身边那些感人的事情。通常写作的材料是来源于工作、生活中的情节和体会，经过写作和反复修改形成一个2～3分钟的精彩文本故事。这是形成一个优秀数字故事的基础与关键。

第二，设计脚本。脚本是在文本写作完成后，把故事中的主要情节提炼出来，并用多媒体元素重建故事情节。其间需要标注出所用到的媒体元素及其呈现的时间长度。

第三，故事版设计。这个步骤，要求用情节串联图板来组织故事呈现的流程。即是把脚本和可视化材料连接起来，供最后创作作品时使用。也就是预设数字故事中每一页的内容，哪一页呈现哪些文字，需要什么图片，如何出示，设计成什么效果等。

第四，收集编辑素材资源。根据故事的结构安排和写作的要求，选择与主题密切相关的图片、文字、视频、音频，为制作做好充分的准备。

第五，制作与分享。把选择好的各类素材运用数字化故事制作工具制作成完整的数字化故事，把制作好的数字化故事通过网络跟同学、教师、家人或其他人进行分享。

2. VCT

VCT，即虚拟教室漫游（The Virtual Classroom Tour）是由微软公司"携手助学"创新教师项目提供的一个 PowerPoint 教学设计与教学经验分享模板，其目标是提高教师的教育技术能力，促进应用 ICT（Information and Communication Technology）进行创新教学的知识分享。VCT 主要通过使用统一、简洁、易用的 PPT 模版，从多个角度介绍激发教师产生教学创新思想的缘由和思维过程，与介绍具体教学内容的教案相比，VCT 更强调探索与创新。

VCT 强调所有阐述的教学创新思想都是教师已经在教学实践过程中经历过的，而不是一个教学设计方案，或者一个准备实施的教学思想。撰写 VCT 案例时，要带着教学创新思想，并非仅仅是对教学内容和过程做简单的陈述。VCT 案例的优势体现在以下两个方面。

内容方面：它体现的是真实的教学案例，教学案例是连接理论与实践的最佳纽带，是教师成长的阶梯。VCT 作为一种教师思考和交流的工具，呈现了教师最需要的教学案例资源，有助于教师信息技术能力的提高和专业发展。

表现形式方面：体现了创造性的功能和别致的组织方式，它集国内的教案、教学反思日记、案例视频等案例形式的功能于一身，同时凸显了创新性特征，在项目中教师有机会向专家和同行请教，可以创造他们自己的实践知识并与同事分享，并通过实践过程理解自己在学校发展中的作用。

3. 微课

微课，即以阐释某一知识点为目标，以短小精悍的在线视频为表现形式，以学习或教学应用为目的的在线教学视频。这些知识点，可以是教材解读、题型精讲、考点归纳；也可以是方法传授、教学经验等技能方面的知识讲解和展示。

使用 PPT 制作微课，技术门槛低，使学科教师能够把大部分精力聚焦在微课内容的设计上，从而避免时间和精力的无故损耗。微课并不是"Show 技术"和"Show 美貌"的"花瓶"，微课的价值和贡献一方面在于它能在短时间内高质量地传递精华内容，另一方面在于它能引发学习者的深度思考。而微课的深度也就体现在它能否引起学生对内容进行螺旋上升式的提问和思考，即一个问题或一种回答能否使学生延伸想到另一个问题或另一种回答。因此，优秀的微课应是"智慧""美貌"与"技术"的兼容体。

以"录屏软件＋PPT"是制作微课最常用的方法，主要有以下三个步骤。

第一步，根据教学内容进行选题和教学设计，撰写微教案，准备教学素材，并在此基础上制作 PPT 课件。

第二步，运行录屏软件和 PPT 课件，将屏幕演示过程和讲解过程录制为视频。

第三步，进行后期编辑处理，并添加解说、音乐及字幕。

二、多媒体教学应用

多媒体技术使知识内容可以通过文本、图形、图像、动画、声音、影像等各种单一形式或者是几种形式的组合来表现，几乎所有的具体学科都可以用多媒体技术生动地展示出来。在课堂教学中，教师可利用计算机多媒体进行活泼的课堂教学，激发学生的学习热情，发挥学生的想象力和创造力，以达到最优的教学效果。在教学中引入多媒体技术，拓展了学生的思维想象力，也使得教师的课堂更加生动、形象。

与传统教学相比较，多媒体教学具有很强的优势，主要体现在以下几个方面。

第一，多媒体应用于教学，具有很强的表现力，它集文字、图形、图像、声音、动画、影视等各种信息传输手段为一体，同时调动学生的眼、耳、口、手、脑等多种感官，促使学生主动记忆、认真思考、努力探索、积极参与教学，学生的主体作用得以充分发挥，学得轻松活泼、愉快，对新知识学得快，掌握得快。

第二，利用多媒体教学，调动学生学习的主动性、积极性，增强学生的求知欲和自信心。学生学习更加刻苦，其探索欲、创造欲更加强烈，学习效果更佳，教学过程也更完善。良好的教学过程保证了课堂的教学效率。

第三，利用多媒体进行教学可增大课堂容量，激发学习兴趣，优化教学过程。如果用传统的教学手段，有时光板书和画图就占课堂大部分时间。现在运用多媒体技术，节省了大量的板书和画图时间，保持了学生在学习中思维的连贯性，把节省的时间用于学生学习新知识、巩固新知识，完成巩固性、检测性练习。学生可以在一节课的时间里学到更多的知识，起到了事半功倍的效果。

三、交互式电子白板教学应用

交互白板是电子感应白板与白板操作系统的集成。它融合了计算机技术、微电子技术与电子通信技术，成为计算机的一种输入输出设备，成为人与计算机进行交互的智能平台。简言之，交互白板是一个具有正常黑板尺寸、在计算机软硬件支持下工作的，既具有普通白板和联网多媒体计算机功能，又可以实现普通白板功能与计算机功能以及软硬件功能与教育资源、人机与人际多重交互的电子感应屏板。

交互式白板是当前课堂教学环境中技术（包括数字电子技术、计算机技术、网络技术、多媒体技术和视音频技术等）的最佳集成者。交互白板明显地比多媒体教室的装备更胜一筹。而且，交互白板可以安装在各类实验室、计算机网络教室、语音实验室、多媒体教室和电子图书馆等处，可以大大加强这类基础设施的教学功能。

交互式电子白板在多媒体教学中具有以下优势。

第一，操作简便。使用交互白板容易对材料展示过程进行控制，教师不必到主控台前操作，就可控制演示材料的播放，这使得课堂中教师的肢体语言得以充分发挥，也避免了课堂上由于教师往返于黑板与主控台间分散学生注意力的问题。

第二，使用灵活。使用交互白板技术能方便地引入多种类型的数字化信息资源，并可对多媒体材料进行灵活地编辑组织、展示和控制，它使得数字化资源的呈现更快捷，也解决了过去多媒体投影系统环境下，使用课件等教学材料结构高度固化的问题。

第三，存储方便。写画在白板上的任何文字、图形或插入的任何图片都可以被保存至硬盘或移动存储设备，供下节课、下学年或在其他班级使用，或与其他教师共享；也可以电子格式或打印出来以印刷品方式分发给学生，供课后温习或作为复习资料。

第四，功能强大。交互白板技术使得以前色彩单调、材料类型仅止于手写文字和手绘图形的黑板变得五彩缤纷，既可如以往一样自由板书，又可展示、编辑数字化的图片、视频，这将有利于提高学生学习兴趣，保持其注意力。

电子白板在课堂应用中存在的一些问题。

第一，对白板的使用方式单调，缺乏对白板功能的挖掘和利用。

电子白板最突出的功能是它的交互性，电子白板的使用对教学带来的最大变革是从预设到生成。所以电子白板的有效应用不应是"新瓶装旧酒"，要避免把它当作具有"写、擦"功能的高级黑板，或者像用 PPT 一样，只作为演示工具。

第二，对白板的使用时机不恰当。

有些教师在使用电子白板教学时喜欢使用大量的动画、视频、图片和声音，对学生的注意力造成干扰；还有些教师从头到尾都在进行屏幕的频繁切换，学生关注电子白板的时间过长，不但在眼花缭乱中容易引起视觉疲劳，而且很快从感觉新奇到感到单调乏味，并不利于教学效果的提高。因此在备课时，教师要认真分析教材，找到教学内容与教学素材的切入点，教学设计要力求简洁、清晰，对于一些可用可不用或根本就不适合用的内容，则大可不必使用，使电子白板的使用更具有针对性。

第三，教师操作不熟练，影响教学效果。

电子白板课件是用电子白板专用软件制作的，但要用好电子白板，首要的不是课件制作，而是基于白板的教学活动的设计。所以教师在进行教学设计前，应先充分熟悉电子白板的各种功能，这样才能有意识地将白板的交互能力融入自己的教学设计理念中。

四、触控一体机教学应用

"多媒体触控一体机系统"融合了电视功能、计算机功能、触控功能、电子通信功能、电子白板功能和投影仪功能等诸多功能为一体的多功能演示仪器，成为人与计算机进行交互的智能平台。多媒体触控一体机在课堂教学环境中的使用，有利于教师发挥导学和助学的作用，利于学生充分发挥学习主体的作用。它具有独特的交互性、趣味性和丰富的表现力、感染力。目前已经广泛应用于各个学校班级中，为形象教学、直观教学、多媒体教学提供了不少便利，也为课程整合的实施开拓了广阔的天地，为学生创设了良好的学习环境，改进了学生学习与教师教学的传统方式与方法，从而有效促进学生发展。

"多媒体触控一体机系统"可以通过手指代替鼠标在显示屏幕上进行点击操作，可以运行任何应用程序，可以对文件进行编辑、注释、保存、圈画等操作，同时也可以利用键盘及鼠标操作。它对黑板及电子白板两种教学方式取其精华(互动性、丰富性)，弃其糟粕(操作不变、定位不准等)。从根本上解决了现代化教学模式中存在的弊端和不足，真正实现了"教和学互动"，充分调动了学生的学习积极性，引起了学生对学习内容的兴趣，为培养学生的创新意识和探索精神提供了良好的环境。

1. 不惧环境光源视觉干扰

液晶显示技术，真实再现课件内容的色彩和层次；高对比度和可调节亮度，不惧室内外光源的影响，无需拉上窗帘，还教室一个明亮的授课环境。杜绝了投影阴影对学生视线的遮挡，教师也不用再受投影机刺眼灯光的影响，能潇洒自如地授课。

2. 一体化操控

融合了投影仪、音响、电视、黑板、屏幕、电脑等诸多设备功能。在屏幕上直接触摸操作即可手动书写、擦除、调用课件、使用教具。强大的系统处理能力让响应更加快捷，符合自然地使用习惯；一体化设备无需安装，没有复杂的接线，既可挂墙也可安装在支架上，方便设备的移动。

3. 多媒体教学

上课前，教师将文字文件、图表、照片、录像等加入到课件模板中，即可生成精彩生动的课件。上课时，通过在屏幕上直接触摸操作，精彩内容即时呈现。配合教师形象化的讲解表情，学生的专注度得到极大的增强，教学效率显著提高。

4. 互动教学，方便精彩

简单直观的屏幕操作，为课堂提问提供了一个全新的实现方式，无论是判断题还是论述题，学生都能够方便地在屏幕上书写作答，从而活跃了课堂的气氛，学生的积极性得到了提高。

五、网络教学应用

网络教学是媒体在教育领域中的重要应用。它极大地拓展了教育的时空范围，提高了学习的效率和能动性，同时也引起当前教育系统的重组和社会教育资源的重新分配。网络教学能够真正跨越时间、空间的约束，突破课堂 40 分钟的限制，将课件的应用价值从课内延伸到课外，让教师从整体上重新认识、思考。

网络应用于教育教学，我们可以从不同的角度进行探讨。

1. 微博

在信息迅速更新，生活、工作节奏加快的今天，学习者更倾向于简单发表想法、随时记录灵感，更倾向于一语中的、简单明了的学习内容，微博恰恰满足了人们的这一需求。微博开放、分享、平等的理念，为教学与学习提供了优越的交流共享平台。

微博应用体现在以下几个方面。

（1）师生有效的交流平台

微博的技术门槛低，以及信息发布的即时性和共享性，使得微博可以延伸课堂和丰富课堂，促进师生之间良性互动。无论课前、课后，教师和学习者都可以使用微博交流。课前教师也可以发布课堂讨论的话题要求学习者提前做准备，可以就预习过程中存在的问题进行交流；课后可以就课堂内容进行继续讨论，教师可就学习者的疑惑及时解答或延伸课堂。对于个别学习者的疑惑可采用一对一地交流，增强学习效果。目前智能手机的普及程度已非常高，为微博补充与参与课堂教学提供了有利条件。

（2）志同道合的学习圈

由于每个人的内在性格、气质的"差异性"，以及生活、工作阅历、教育知识背景的"差异性"，从而导致每个学习者的"学习风格"的"不一致"。正因为如此，在设计教育和培训项目时要考虑到这种差异的存在。微博不对称的交互方式，使用户可以自由选择跟随对象，跟随可以一点对多点，也可以点对点，打破了传统交往的界限。教师和学习者通过关注某类微博主题，进而关注博主，由此关注他所关注的其他博主。关注对象就像涟漪扩散开来，由点及面从而结识更多的志趣相投的人，形成志同道合的学习圈。在这里可以找到某类观点的同盟者，可以找到某个学习主题的同伴，也可以跟随某一领域的专家。教师可以引导学生根据所学专业、兴趣爱好以及课程内容等的不同加入相应的微群，在围观与参与交流过程中，学习者的相关知识也会得到增长。

（3）头脑风暴的最佳场所

微博的即时发布可以让每个人及时记录下瞬间的灵感与感悟，为日后深入地思考提供依据。微博是一个开放的人人都可以发言的平台，博友数量的广大与来源的多层次性，决定了不同的兴趣爱好、文化背景、职业特点的人会对同样的话题建构出不同的观点与理解，在评论、讨论等过程中言语的碰撞不免会产生思想的火花。利用评论功能进行评论与讨论时，会使人们形成明晰的观点或认识到同一事物的不同侧面，激烈的争论还会碰撞出思想的火花。可以利用微博进行头脑风暴，从而激发学习者的发散性思维。

（4）移动化学习新载体

微博的多种发布信息的方式，如手机短信、彩信、QQ、MSN、E-mail、Web、WAP，使得学习者可以随时随地查看学习内容，发布问题进行求助或随时关注话题的讨论并积极参与讨论。学习者在写微博时不必再为整篇文章的构思和文笔而伤脑筋，而是花很少的时间就可以完成微博的写作、阅读和转播等活动，可以充分利用排队等候、课间休息等零碎时间，提高交流的时效性和信息共享的效率。

2. 即时通讯工具

（1）即时通讯工具的功能

即时通讯工具作为教研工具。通过即时通讯软件，如QQ，可以将不同地方的教师连接起来，大家集思广益，对一个教学问题共同进行探讨。编辑或教师在群上发布要研讨的问题，然后大家共同对这个问题进行讨论，有结果后，再由编辑或教师总结。如果教师平时在教育教学中遇到了什么问题，也可以上QQ群提出来。

即时通讯工具作为学生管理工具。教师可以通过QQ和学生进行即时的交流，了解学生的思想动态，对学生在学习和生活中遇到的问题及时予以解决。教师还可以通过QQ单独和学生进行交流，这样更有利于针对学生的实际情况设计教学方案，真正实现因材施教。

即时通讯工具作为学校管理工具。学校创设一个 QQ 群，可以将学校的相关信息和政策实时发布给所有的教师，这样有利于学校管理的透明化，有利于提高学校教育教学管理的效率。

（2）即时通讯工具的特点

实时性，所有的即时通讯工具都能够在第一时间把相关信息发布到网上，并能保证所有的人都能收到这个信息，即使当时有人没上网，打开通讯工具之后也会在第一时间看到这条信息。因为发布的实时高效，即时通讯工具正被越来越多的教师所青睐。

多媒体性，即时通讯工具不仅能传递文字信息，还能够传递语音、图片以及视频等。通过这些多媒体信息，教师们可以更清晰、直观地了解讲话人所要表达的内容。通过多媒体的内容，也可以把一些抽象的东西具体化、生动化，从而让人们记忆更加深刻。

可扩展性，即时通讯工具以其可扩展性强的特点，正在人们的工作生活中占据越来越重要的位置。加个麦克风，就可以通过网络进行实时广播；加个摄像头，就可以进行网络的同步视频直播；通过移动网络，可以把相关信息发给不在电脑边的人，拓展了即时通讯的应用领域；通过 RSS 技术，即时通讯工具又成为个人的网络浏览集装箱及信息发布工具。

易保存性，在即时通讯工具里，所有的数据包括文字、图片、音频、视频都可以保存下来，这样方便以后整理，也方便进一步传播。

教师与学生的平等性，在网络上，教师不再是高高在上的知识权威，而和学生一样，成了知识的接受者。这个时候的教师，真正成了学生学习的指导者、帮助者。目前，通过 QQ 群进行联系的不同地方的教师和学生之间充分体现了这种平等关系，两者间不再有义务、责任等的约束，也不再有身份的差别，对同一个问题，两者的交流是本着共同探讨的态度进行的。

3. 在线学习资源

在线学习简单地说就是网络化学习，即在网上建立教育平台，学习者通过网络进行学习的一种全新方式。这种学习方式离不开由多媒体网络学习资源、网上学习社区及网络技术平台构成的全新的网络学习环境。在网络学习环境中，汇集了大量的多媒体数据、档案资料、程序、教学软件、兴趣讨论组等学习资源，形成了一个高度综合集成的资源库。一方面，这些学习资源可供成千上万的学习者同时使用，没有任何限制；另一方面，所有的成员都可以发表自己的看法，将自己的资源加入到网络资源库中，与大家共享。

目前各种在线学习都是建立在丰富、时效的信息资源的基础之上的。在线学习中信息资源具有如下特点。内容上数量的海量化、信息呈现多媒体性、分布开放，但内容之间关联程度强；形式上的非线性、动态性；效用上的共享性、时效性、强选择性。

（1）精品资源共享课

精品资源共享课是以高校教师和大学生为服务主体，同时面向社会学习者的基础课和专业课等各类网络共享课程。精品资源共享课旨在推动高等学校优质课程教学资源共建共享，着力促进教育教学观念转变、教学内容更新和教学方法改革，提高人才培养质量，服务学习型社会建设。

精品资源共享课是在精品课程的基础上建立起来的。精品课程的主要受众群体还是同行的教师，许多学校精品课程甚至不对外开放，公开性具有一定的局限性；而精品资源共享课的受众主要是学生，甚至辐射到社会人员，这对课程网站的开放程度和流畅度都有较高的要求和标准。相对于以往的精品课程，精品资源共享课具有更多功能，同时为了适应精品资源共享课视频比较多、在线交流要求高等特色，需结合教师的课程特色而制作。

（2）视频公开课

视频公开课是指以高校学生为服务主体，同时面向社会公众免费开放的科学、文化素质教育网络视频课程与学术讲座。教育部在 2011 年启动了精品视频公开课建设工作。几大流行的视频公开课平台：爱课程、网易公开课、中国大学视频公开课、中国教育在线——开放资源平台。精品视频公开课具有免费开放、受众广泛、名师课程、以视频资源为媒介、以素养类课程内容为主几个特点。

（3）慕课

慕课（MOOC），即大规模在线课程。它是自 2012 年开始的一种有参与、反馈、作业、讨论、评价、考试、证书的完整的教学模式。它以网络为载体，学习的学生可以通过在线论坛、学习小组、线下见面会等进行互动和交流。它有几个显著的特点：大规模、在线、开放。"大规模"指的是学习人数，一门 MOOC 可以有上万人同时在学习，而不是像传统的课堂那样一个班有几十个人或几百个人；"在线"指的是通过互联网完成学习，不受时空间隔的限制；"开放"指的是无论你来自哪里，只要有网络的地方，你就可以免费参与到你喜欢的课程中进行学习。目前它的三大主流机构是：斯坦福大学的 Udacity、Coursera 以及哈佛大学与麻省理工学院联手举办的 Edx。MOOC 最终将会实现的场景是：传统教室将会成为学生们自习的场所，大家聚在一块做作业，相互解决遇到的各方面的疑难问题；教室和学校均在云端；教师成为自习场所的辅导员，与学生直接交流讨论的时间增加；教师不再以教学为主，而是以研究为主，表现特别优秀的教师可能会成为自由职业者；学生根据感兴趣的学习内容进行自由选择，同时考试也由学生自主选择；网络课程题量小，可以分知识点学习，教师讲课非常精细，可重复进行学习。由此可见，慕课将撬动根深蒂固的传统课堂的组织管理模式。

MOOC 与精品视频公开课是不同的，区别在于：视频公开课的本质是课程资源的建设，课程提供者并不组织教学，不会给学习者以评价，学习者属于自学，除了自已，没有人能知道他学了什么，因此这是一种没有回音的学习过程，学习效果如何，完全靠自己把握。而 MOOC 不仅提供免费资源，而且会对教学课程全程参与。通过 MOOC 学习平台，学习者可以根据自身的需要进行学习、讨论、做作业、参加考试、得到分数、拿到证书，它是一个学习的全过程。在 MOOC 的学习中，不仅让别人看到学习者学了什么，还能评价其学习情况，评价学习程度、是否准确理解了课程内容等。所以相比较而言，MOOC 更符合学习的一般规律——学习之后进行社会检验进而认可学习者。

拓展阅读

1. 阅读新媒体蓝皮书《中国新媒体发展报告》，深入理解新媒体概念。
2. 浏览爱课程（http：//www.icourses.cn），体验在线教育资源应用。

本章小结

本章主要介绍了媒体、教学媒体的含义，总结了媒体发展成为教学媒体必需的两个条件；介绍了教学媒体的共同特性、个别特性和媒体具有的新特性；说明了常见教学媒体的分类方法，并依据教学媒体发展的历史对传统教学媒体、现代教学媒体进行介绍；阐述了教学过程中选择教学媒体的五个原则；最后列举了五种常见教学媒体的教学应用方法。

思 考 与 讨 论

1. 结合实际阐述现代教学媒体的选择与应用应遵循怎样的原则。
2. 选择自己熟悉的教学媒体，进行媒体资源的设计与制作。
3. 如何针对不同的教学对象、教学条件、教学内容选择合适的教学媒体。

综合实践项目

数字故事、微课、VCT 在教学中的应用。

要求：1. 以小组为单位，从上述三种表现形式中确定一种作为本组的实践项目。

2. 自主选题，并合理规划各种教学媒体。

3. 利用 PowerPoint 完成数字故事、微课、VCT 的设计与制作。

4. 成果展示，并相互质疑、评价。

第五章　网络教学资源的获取与利用

学习目标 ▶

1. 掌握通过搜索引擎检索资源的方法和技巧。
2. 掌握文本、图片和视频等常见素材的下载技巧。
3. 能够使用全文数据库，检索需要的文献资料。
4. 能够设计基于资源的学习活动（WebQuest）。
5. 了解相关法律法规，知道如何合理利用数字化学习资源。

内容概览 ▶

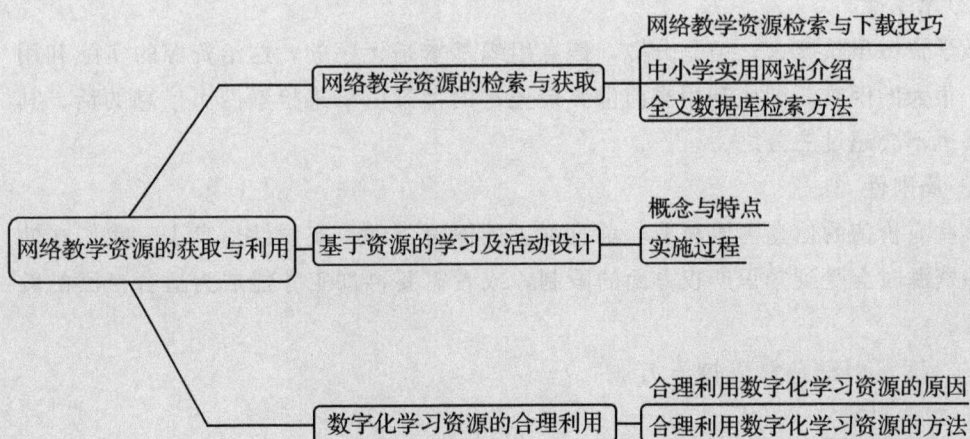

第一节　网络教学资源的检索与获取

随着信息技术和经济的发展，计算机和网络的使用变得越来越普遍，网络已逐步渗透到学校管理、教育、教学等各个方面，教师在日常教学中需要从网络获取满足教学需要的各种资源，但是，很多教师却不知道如何从网络上检索到适合自己的教学资源，以及如何将它们下载下来作为制作课件的素材，本节内容主要讲授通过互联网来获取教学所需要的常见教学资源的方法和技巧。

一、网络教学资源检索与下载技巧

（一）网络教学资源的种类和类型

1. 网络教学资源的种类

网络教学资源的种类很多，我们常见的主要有文本、图片、音频、视频、动画，以及多媒体课件、教案、课堂实录和学校自主开发的教育、教学资源（信息题库）等，可根据自己的需要加以选用。

2. 网络教学资源的类型

网络教学资源可按不同的标准进行划分，如根据搜索的类型，可将网络教学资源划分为文本类、图像类、音频类、视频类和应用软件；按照表现形式分，有教学模板、电子教案、学生作品、课件、教学设计方案等。

3. 网络教学资源的特点

（1）无限性

网络信息资源永远开放，教学资源数量庞大，给网络信息资源的教育利用带来了几乎无限的可能。

（2）无序性

教学资源虽然庞大，但是分散，信息组织基本是无序的，这给资源的实际利用带来了很大的困难。即使利用当前世界最先进的搜索引擎来检索网页信息的话，其覆盖率也不会超过三分之一。

（3）局限性

某些有价值的信息需要付费，信息加工的深度不够，实质性信息少。我们在使用这些资源时会受到知识产权方面的限制，或者需要再加工才能成为适合自己的教学资源。

（二）搜索引擎及常见搜索方法

1. 搜索引擎

搜索引擎使用自动索引软件来发现、收集并标引网页、建立数据库，然后以网页形式提供给用户一个检索界面，供用户输入检索关键词、词组或短语等检索项，自动在数据库中查找出与其提问匹配的记录并返回结果，且按其相关度排序输出。

一方面使用搜索引擎检索时，无需判断类目、归属，使用比较方便。另一方面，搜索引擎也存在一些缺陷。例如，由于人工干预过少，使其准确性较差，检索结果中可能会有很多冗余信息。

常用的搜索引擎有百度、谷歌、搜狗、必应、搜搜和好搜等。

其中占据中文搜索榜首的是百度，它是全球最大的中文搜索引擎、最大的中文网站。2000 年 1 月由李彦宏创立于北京中关村，致力于向人们提供"简单，可依赖"的信息获取方式。"百度"二字源于中国宋朝词人辛弃疾的《青玉案·元夕》词句"众里寻他千百度"，象征着百度对中文信息检索技术的执着追求。它提供新闻、网页、贴吧、知道、音乐、图片、视频和地图等分类搜索服务，具有关键词自动提取、中文自动纠错等功能，如图 5-1 所示。

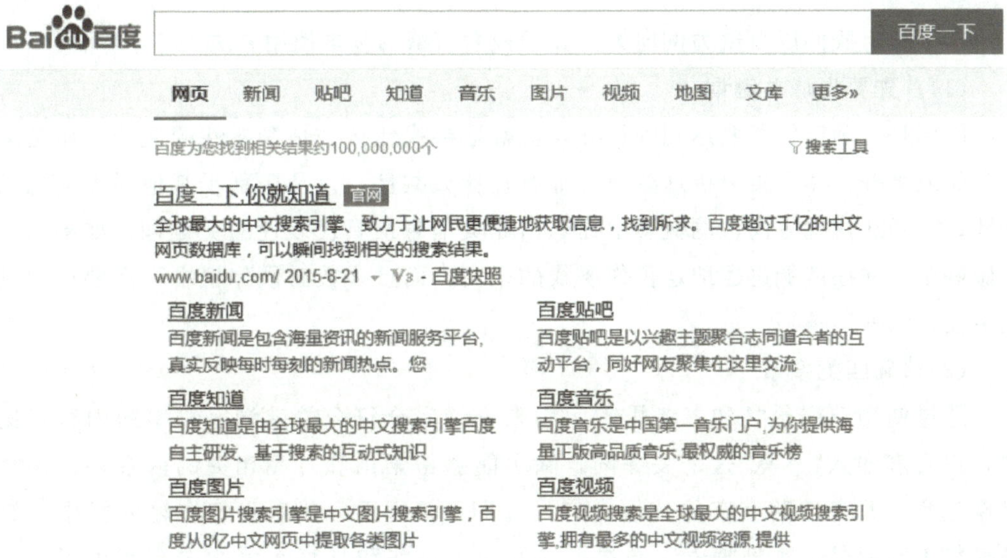

图 5-1　百度

另一家搜索服务的大公司是谷歌（Google），它是一家美国的跨国公司，专注于互联网搜索、云计算和广告技术等领域，开发并提供大量的互联网服务。Google 搜索引擎的搜索服务主要有网页、图片、音乐、视频、地图、新闻等。2010 年 3 月，谷歌将搜索服务由内地转至香港，所以在内地访问谷歌的搜索服务会受到影响，如图 5-2 所示。

Google

| Google 搜索 | 手气不错 |

google.com.hk

请收藏我们的网址

图 5-2　谷歌

2. 常用方法

本节中，我们以百度为例向大家介绍搜索引擎的基本使用方法。

（1）首先要提炼关键词

原则是，确定你所要达到的目标，也就是要找什么，是资料性的文档，还是某种产品或服务，然后再分析这些信息都有些什么共性，以及区别于其他同类信息的特性，最后从这些方向性的概念中提炼出此类信息最具代表性的关键词。如果这一步做好了，往往就能迅速地定位你要找的东西，而且多数时候你根本不需要用到其他更复杂的搜索技巧。

（2）精确匹配搜索

通过使用双引号""和书名号《》，用来查询完全符合关键词字符串的内容。比如，在百度输入"月亮"这个关键词，除了能够检索出和月亮相关的内容外，还会出现包含有月亮这两个字的其他内容，如图 5-3 所示。然后我们在输入框中，给月亮加上双引号，重新搜索，结果可以发现，一些和月亮无关的内容减少了，如图 5-4 所示。

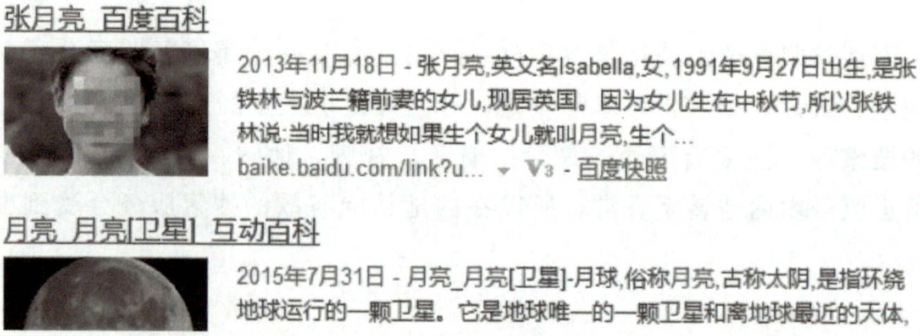

张月亮 百度百科

2013年11月18日 - 张月亮,英文名Isabella,女,1991年9月27日出生,是张铁林与波兰籍前妻的女儿,现居英国。因为女儿生在中秋节,所以张铁林说:当时我就想如果生个女儿就叫月亮,生个...
baike.baidu.com/link?u... ▾ V₃ - 百度快照

月亮 月亮[卫星] 互动百科

2015年7月31日 - 月亮_月亮[卫星]-月球,俗称月亮,古称太阴,是指环绕地球运行的一颗卫星。它是地球唯一的一颗卫星和离地球最近的天体,

图 5-3　搜索"月亮"

图 5-4 搜索"月亮"时加入双引号

关键词加上书名号《》，有两层特殊功能，一是书名号会出现在搜索结果中；二是被书名号扩起来的内容，不会被拆分。书名号在某些情况下特别有效。比如，查询词为大学，如果不加书名号在很多情况下出来的是和大学学校相关的内容，如图 5-5 所示，而加上书名号后，《大学》结果就都是关于《大学》这本书方面的内容了，如图 5-6 所示。

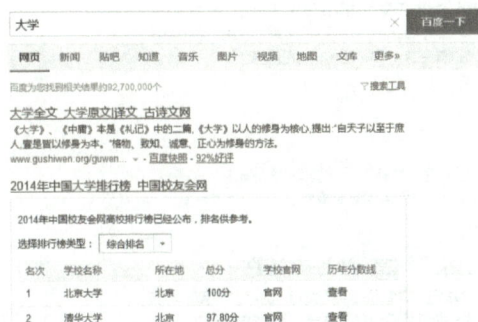

图 5-5 搜索"大学"

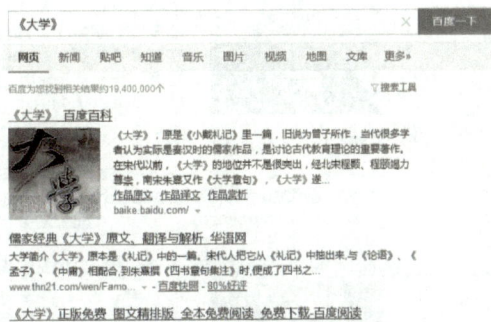

图 5-6 搜索"大学"时加上书名号

（3）使用好空格

如果不能够精炼出来合适的关键词，可以搜索多个关键词，中间用空格分割，那么包含这些关键词的网页都能够搜索出来，当然搜索出来的信息会比较庞杂，如图 5-7 所示。

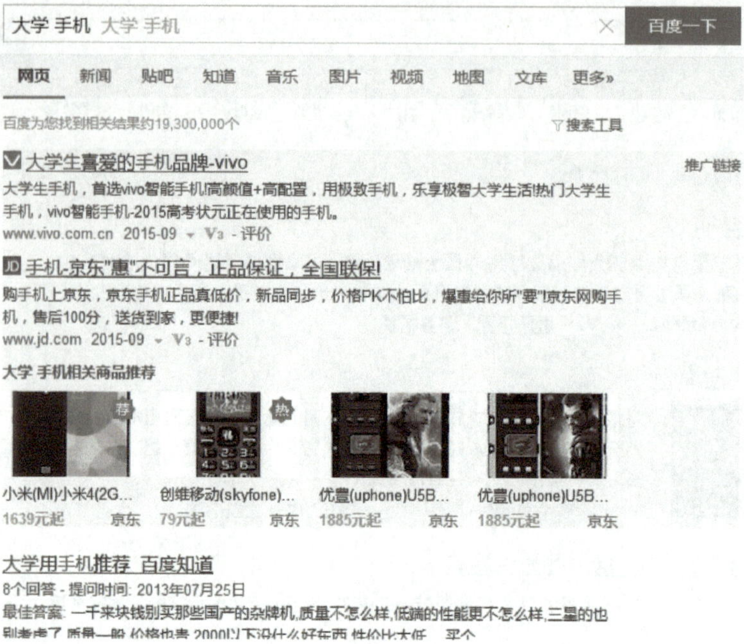

图 5-7　搜索时使用空格

（4）必要时可采用使用通配符"＊"

在输入框中输入"李＊龙"，可以检索出开头是李，结尾是龙的相关信息，如图 5-8 所示。

图 5-8　使用通配符搜索

(三)搜索特殊技巧

上面讲授的是常见的搜索方法，除此之外，还有一些特殊的搜索方法，在这里展现给读者。

1. "＋"号、"－"号和"｜"号的使用

"＋"号的作用是包括，且的意思，相当于逻辑运算符的 and；"－"号的作用是排除的意思，前面要加入空格。"｜"号的意思是或，搜索的网页包括一个关键词或另一个关键词。在百度的输入框中分别输入"大学＋手机"和"大学 －手机"，结果如图 5-9 和图 5-10 所示。

大学用什么手机好?_百度知道

17个回答 - 提问时间: 2013年07月24日

最佳答案: 一个简单点的就好,别要太大屏幕的,费电,时间长了你就知道了

zhidao.baidu.com/link?... ▾ - 80%好评

上大学带什么手机合适。。	7个回答	2009-07-10
大学手机很重要吗?	5个回答	2011-08-03
大学老师对大学生玩手机的看法有几种	3个回答	2015-04-14

更多知道相关问题>>

【学生手机推荐|大学生手机|学生手机大全】-手机中国

学生该买什么手机好?手机中国特色手机栏目为您提供学生手机大全,包括大学生手机以及不同年龄段的学生手机推荐,为您选购学生机提供最好的帮助。

product.cnmo.com/tese/... ▾ - 百度快照 - 80%好评

图 5-9　使用"＋"号来搜索

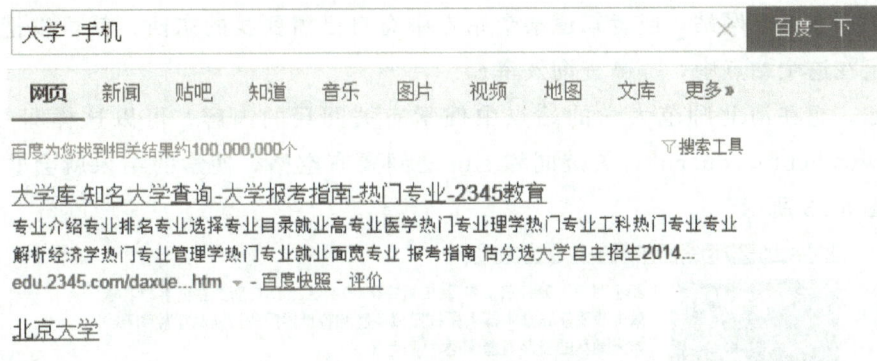

大学 -手机 　　　　　　　　　　　　　　　　　　　✕　　百度一下

网页　新闻　贴吧　知道　音乐　图片　视频　地图　文库　更多»

百度为您找到相关结果约100,000,000个　　　　　　　　　　▽搜索工具

大学库-知名大学查询-大学报考指南-热门专业-2345教育

专业介绍专业排名专业选择专业目录就业高专业医学热门专业理学热门专业工科热门专业专业解析经济学热门专业管理学热门专业就业面宽专业 报考指南 估分选大学自主招生2014...

edu.2345.com/daxue...htm ▾ - 百度快照 - 评价

北京大学

图 5-10　使用"－"号来搜索

2. 使用 intitle：将搜索范围限定在网页标题

注意 intitle：后面和关键词之间没有空格，都是搜索"阅兵"，全网页搜索的结果是 5470000 个页面，如图 5-11 所示，而加入将搜索范围限定在网页标题后，结果是 27600000 个，大约减少了一半的检出量，如图 5-12 所示。

图 5-11 未使用 intitle 搜索"阅兵"

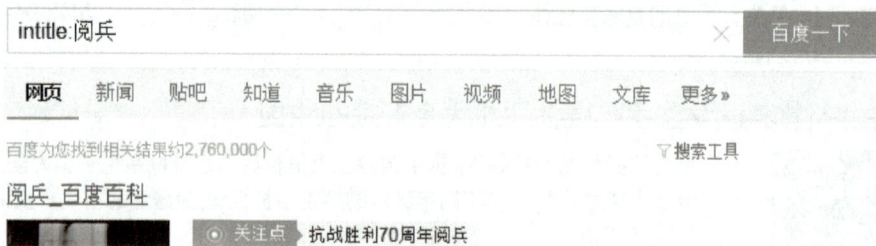

图 5-12 使用 intitle 搜索"阅兵"

3. 使用 site：将搜索范围限定在指定网站

如果想在某个网站，或者知道某个站点中有自己需要找的东西，就可以把搜索范围限定在这个站点中，提高查询效率。

比如，想在河北师范大学的站点中搜索有关阅兵的内容，可以这样写"阅兵 site：www. hebtu. edu. cn"，关键词和 site 之间要有空格。搜索的结果就会非常精确，如图 5-13 所示。

图 5-13 使用 site 限制搜索范围

4. 使用 inurl：将搜索范围限定在 url 链接中

我们使用"阅兵 inurl：video"来搜索，含义是"阅兵"可以出现在网页的任何位置，但是在网页的链接中，必须含有 video，如图 5-14 所示。

图 5-14　使用 inurl 限定搜索条件

5. 混合使用 intitle：，site：和 inurl：

这 3 种限定范围的修饰词可以同时使用，搜索的时候注意用空格分割。比如，搜索"阅兵 inurl：video site：tv. cntv. cn"，将限定的搜索站点范围限定在了 tv. cntv. cn，结果只搜索出大概 2000 多个链接，如图 5-15 所示。

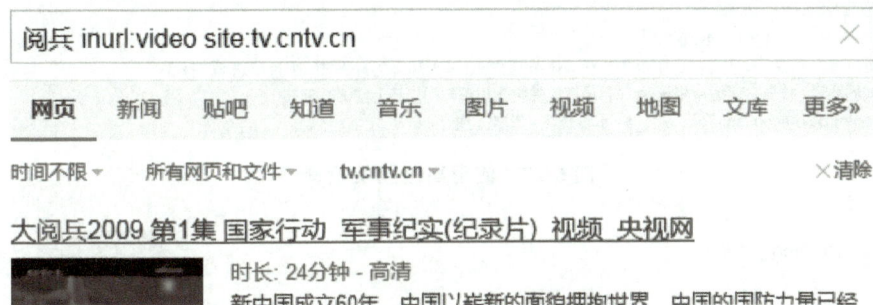

图 5-15　多种限制条件混合使用

6. 使用 filetype 限定搜索的文件类型

查询词用 filetype 语法可以限定查询词出现在指定的文档中，支持文档格式有 pdf，doc，xls，ppt，rtf，all(所有上面的文档格式)，对于找文档资料相当有帮助。

比如，我们输入"阅兵 filetype：doc"，搜索到的都是包含阅兵的 word 文档，如图 5-16 所示。

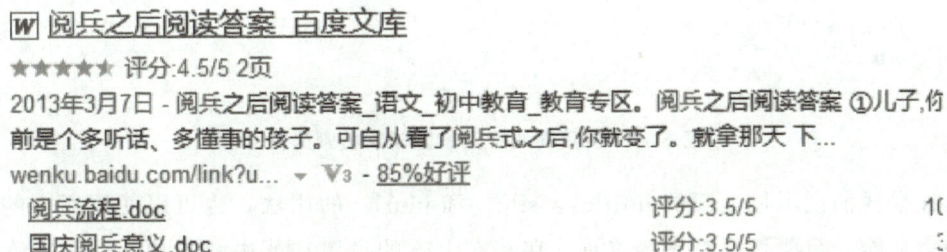

图 5-16　限定搜索的文件类型

7. 学会使用高级搜索设置

在搜索包含阅兵的文档时，我们发现，有关阅兵的文档时间跨度很大，可能有的不是我们所需要的，如图 5-17 所示，这时我们可以使用百度的高级搜索功能，设定搜索的时间，如图 5-18 所示。

图 5-17　使用高级搜索设置

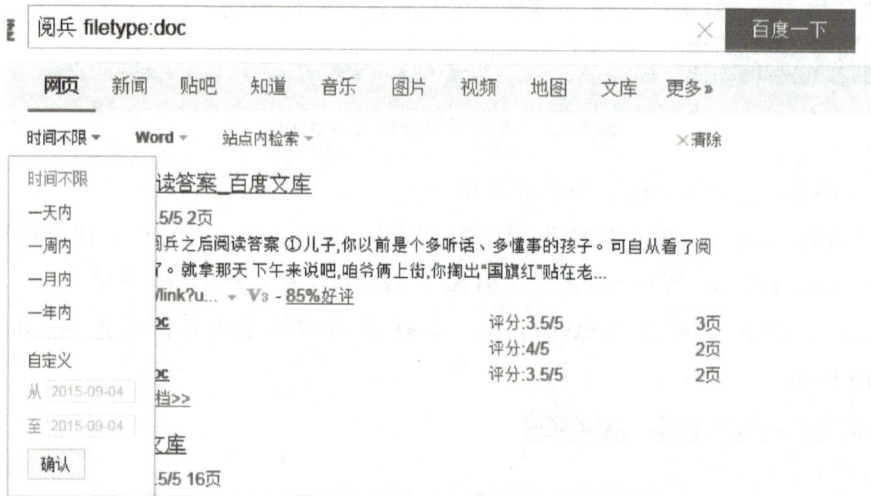

图 5-18　使用高级搜索设置限制检索时间

如果我们记不住上面的 intitle：，site：和 inurl：的用法，也可以使用百度的高级搜索功能。只要打开百度的首页，在其右上方的设置功能中就能找到高级搜索选项，如图 5-19 所示。

新闻　hao123　地图　视频　贴吧　登录　设置

搜索设置
高级搜索
搜索历史

Baidu百度

[ ]　百度一下

图 5-19　使用百度的高级搜索一

点开"高级搜索"，我们就能看到这样的一个设置界面，如图 5-20 所示。看看，里面的很多内容是不是在前面都讲过呢。

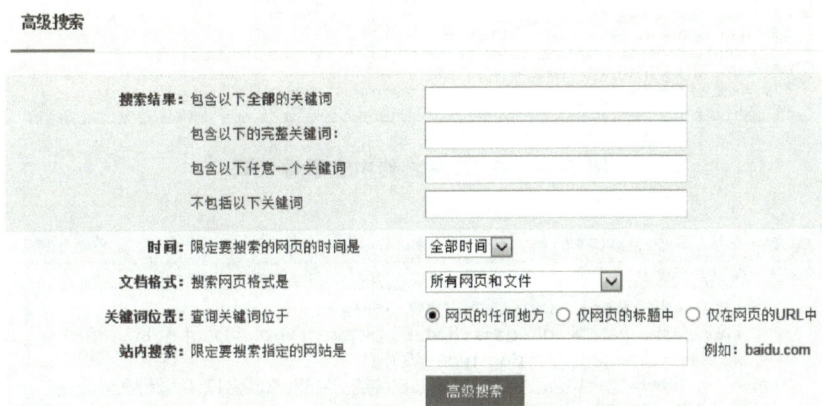

高级搜索

搜索结果：包含以下全部的关键词　[ ]
　　　　　包含以下的完整关键词：　[ ]
　　　　　包含以下任意一个关键词　[ ]
　　　　　不包括以下关键词　[ ]

时间：限定要搜索的网页的时间是　全部时间 ▾
文档格式：搜索网页格式是　所有网页和文件 ▾
关键词位置：查询关键词位于　◉ 网页的任何地方　○ 仅网页的标题中　○ 仅在网页的URL中
站内搜索：限定要搜索指定的网站是　[ ]　例如：baidu.com

高级搜索

图 5-20　使用百度的高级搜索二

(四)下载技巧

文本。音频和视频的检索方式都差不多，检索到了，就可以把它们下载下来。以河北教育出版社出版的《语文》三年级上册的《走月亮》一课为例，若制作这节课的课件，可能需要有关月亮的图片、动画或音视频。

1. 文本资源的下载

通常情况下，网页上的文本内容是可以复制的。但是有的网页做了限制，禁止复制，这时可以采用在网页的空白区域点击右键。在弹出的菜单中选择查看源或查看源文件(不同的浏览器，表现形式不一样，如图 5-21 和图 5-22 所示)，也可以通过菜单栏中的查看源代码选项，打开网页源代码。

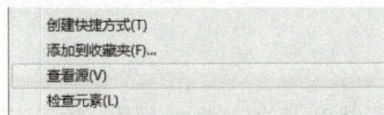

创建快捷方式(T)
添加到收藏夹(F)...
查看源(V)
检查元素(L)

全选(A)
查看页面源代码(V)
查看页面信息(I)
查看元素(Q)

图 5-21　IE11.0 中点开右键的菜单　　　图 5-22　FireFox 中点开右键的菜单

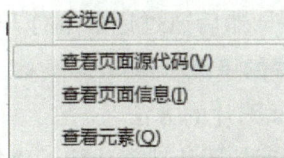

然后找到需要复制的内容，用鼠标将文字复制出来（如图 5-23 和图 5-24 所示）。

图 5-23　在 IE 浏览器中查看源代码

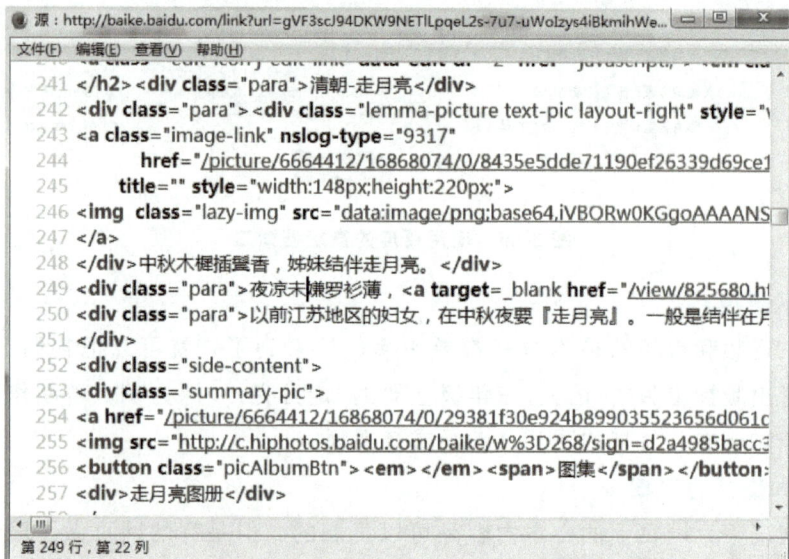

图 5-24　在 FireFox 浏览器中查看源代码

有些网站禁止弹出右键，这时可以通过菜单中的保存功能，将网页保存成本地的网页文件，然后通过记事本打开，找到需要复制的内容，用鼠标来选择。

2. 图片的下载

（1）下载图片的方法

利用百度的图片搜索功能，比如，想要寻找和月亮有关的图片，在百度的搜索框中，输入"月亮"并搜索，百度会搜索出很多和月亮相关的图片，如图 5-25 所示。

图 5-25　搜索有关"月亮"的图片

　　找到想要下载的图片后，先不着急下载，这时我们看到的只是缩略图，图片的像素不高。想要下载原图，需要用鼠标点击打开大图，我们就可以下载图片了。

　　下载的方法有两种。

　　①在图片上点击右键，在菜单上选择"图片另存为…"（IE 浏览器，如图 5-26 所示）或"将图像另存为…"（FireFox 浏览器，如图 5-27 所示）。这个下载方法适用于其他网页上的图片，看到合适的图片，都可以用右键→图片另存为的方法。

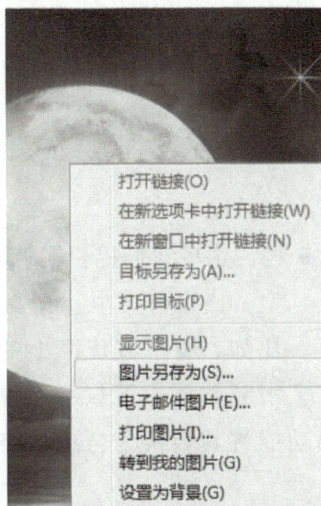

图 5-26　IE 浏览器中选择图片另存为　　　图 5-27　FireFox 浏览器中选择将图像另存为存放图像

　　②点击图片下方的下载按钮（百度新提供的功能），可以将原图保存到自己的电脑上，如图 5-28 所示。

图 5-28　使用百度图片的下载功能

（2）采用抓屏方式

如果网页有限制，不能够下载图片，可以采用抓图键，即按下键盘上的 PrtSc 键，这个键通常位于光标键的最上方，然后打开画图程序，用粘贴的方式将屏幕截图粘贴到画图程序中再处理；或者启动 QQ，用 QQ 程序所带的截图功能（Ctrl＋Alt ＋A），截取所要的图片。

小贴士

常见的图片素材下载网站，昵图网（http：//www.nipic.com）。

3. 视频下载

在网上看到好的素材视频，如何将他们下载下来呢，这里我们提供了两个方法。

（1）采用相应视频网站的工具下载

这种方法最简单，但是电脑上要安装很多软件。比如，要下载优酷上的视频可以安装优酷软件，下载奇艺网的视频可以下载爱奇艺视频软件，下载腾讯视频可以安装腾讯视频播放器，等等。然后利用软件的转码功能将其转换为合适的格式，或者直接在课堂上用各自的播放器播放。

（2）安装第三方软件，比如硕鼠或者维棠

①先用浏览器播放要下载的视频，然后用鼠标复制播放地址，如图 5-29 所示。

图 5-29　用网页观看视频

②然后粘贴到硕鼠的下载框中并点击开始，如图 5-30 所示。

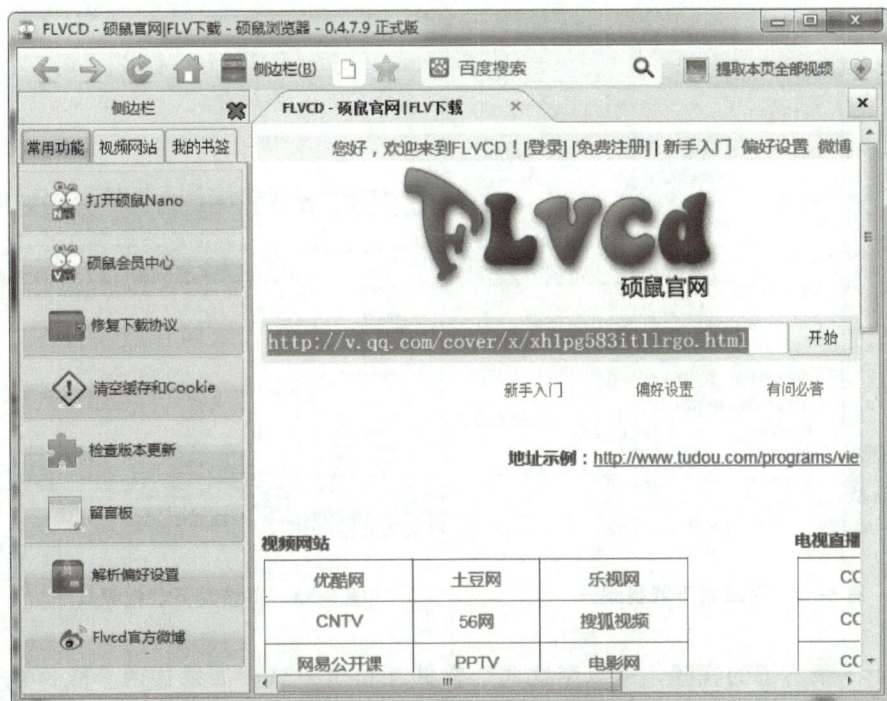

图 5-30　使用硕鼠软件下载视频一

但是受到版权的保护问题，有时候硕鼠不能够提供相应网站视频的下载功能，如图 5-31 所示，那么我们可以换另外一个软件——维棠。

图 5-31　使用硕鼠软件下载视频二

③启动维棠软件，点击新建按钮，如图 5-32 所示。然后点击确定开始下载，如图 5-33 所示。

图 5-32　用维棠下载视频一

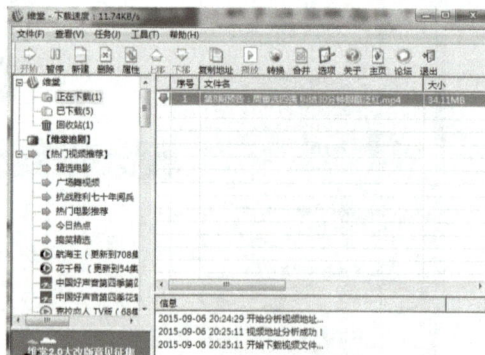

图 5-33　用维棠下载视频二

对于下载不了的视频，可以用这两个软件互相试一试，如果这两个软件也下载不了，可搜索其他下载软件，若无法下载，则主要原因可能是出于版权和加密的需要，下载和使用时需特别加以注意。

小练习

请搜索有关"雪孩子"的图片和视频，并下载。

二、中小学实用网站介绍

(一)国家教育资源公共服务平台(http：//www.eduyun.cn)

国家教育资源公共平台是国家规划的"三通两平台"中的教育资源公共服务平台(以下简称平台)，平台采用的是"政府投资建设，企业运营维护，学校购买服务"的机制，基于云计算的模式实现了软、硬件资源的集约共享。在平台的资源频道(http：//so.eduyun.cn)下，我们可以找到很多教学资源，其中有免费资源，也有收费资源，如图 5-34 和图 5-35 所示。

图 5-34　国家资源公共服务平台资源频道

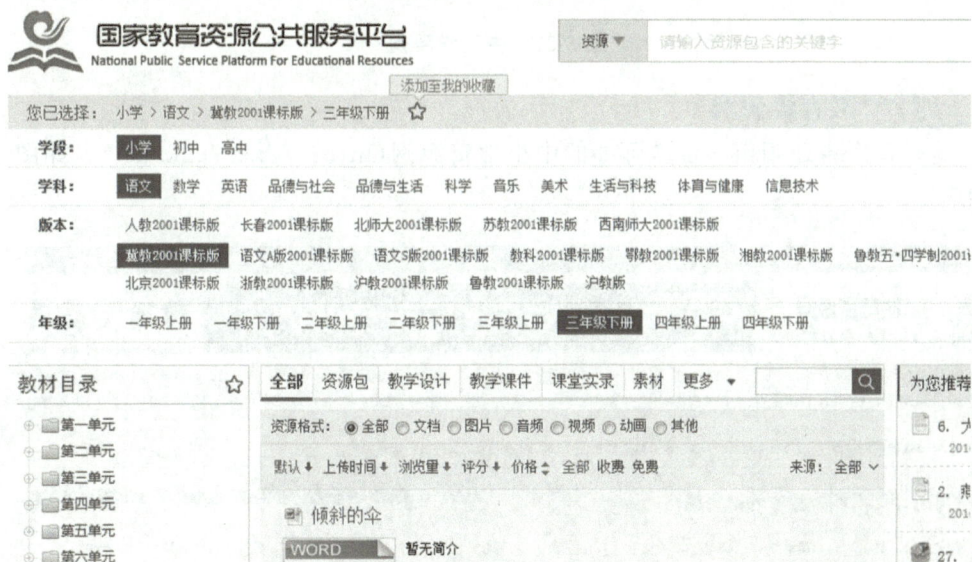

图 5-35　在国家教育资源公共服务平台检索资源

(二)中小学学科网(zxxxk.com)

这是一个免费的教育资源学科网站，是目前为数不多的完全免费的教学资源交流共享平台。其收录的内容包括现行中小学各学科，范围包括小学至高中各年级。收录的资源主要有：论文、教案、题库、课件、计划、总结、相关文献等。如图5-36所示。

图 5-36　中小学学科网

(三)中学学科网(http：//www.zxxk.com/)

这是一个商业性质的综合网站，里面为中小学教师提供了试题、课件、教案等教学用的资料，部分资料免费，部分资料需要消耗点数，如果读者所在的学校加入了网校通，还可以下载更多的资源，如图5-37所示。

图 5-37　中学学科网

(四)7C 教育资源网

这是辽宁省辽阳市一位教师办的中小学资源网(http：//xk.7cxk.net)，如图5-38所示。

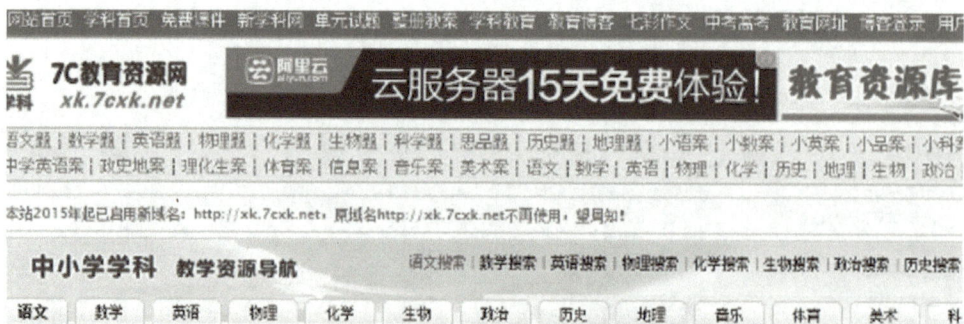

图 5-38　7C 教育资源网

(五)中国课件站

中国课件站(http：//www.cnkjz.com/)，这是一个免费的为广大教师提供课件下载的公益性网站，如图5-39所示。

图 5-39　中国课件站

除上述网站外，还有大量的专门针对某一学科的网站。比如，数学(中国数学资源网站 http：//www.mathrs.net/)、物理等，教师可根据自己的需要从上述网站中发现很多相关网站的链接，或者自行通过百度来搜索。

三、全文数据库检索方法

(一)全文数据库的概念

全文数据库，指收录有原始文献全文的一种数据库。通常以期刊论文、会议论文、政府出版物、研究报告、法律条文、案例和商业信息等为主，集文献检索与全文提供于一体。

目前常见的全文数据库有中国知网、万方数据和维普网。

中国知网(http：//www.cnki.net/)，国家知识基础设施(National Knowledge Infrastructure，CNKI)的概念(http：//cnki.net/gycnki/gycnki.htm)，由世界银行于1998年提出的。CNKI工程是以实现全社会知识资源传播共享与增值利用为目标的信息化建设项目，由清华大学、清华同方发起，始建于1999年6月。目前建成了世界上全文信息量规模最大的"CNKI数字图书馆"，并正式启动建设《中国知识资源总库》及CNKI网格资源共享平台，如图5-40所示。

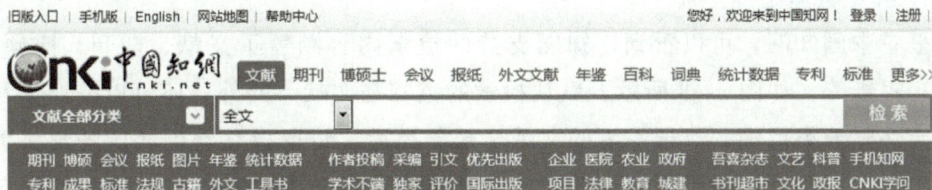

图 5-40　中国知网

万方数据（http：//www.wanfangdata.com.cn/），万方数据股份有限公司是国内第一家以信息服务为核心的股份制高新技术企业，是在互联网领域，集信息资源产品、信息增值服务和信息处理方案为一体的综合信息服务商，其建立的万方数据是专业学术知识服务网站，提供中国大陆科技期刊检索服务，如图5-41所示。

图 5-41　万方数据

维普网（http：//www.cqvip.com/），是中国第一家进行中文期刊数据库研究的机构，以提供信息资源产品为主，同时提供信息内容管理及服务一体解决方案的综合信息服务提供商，如图5-42所示。

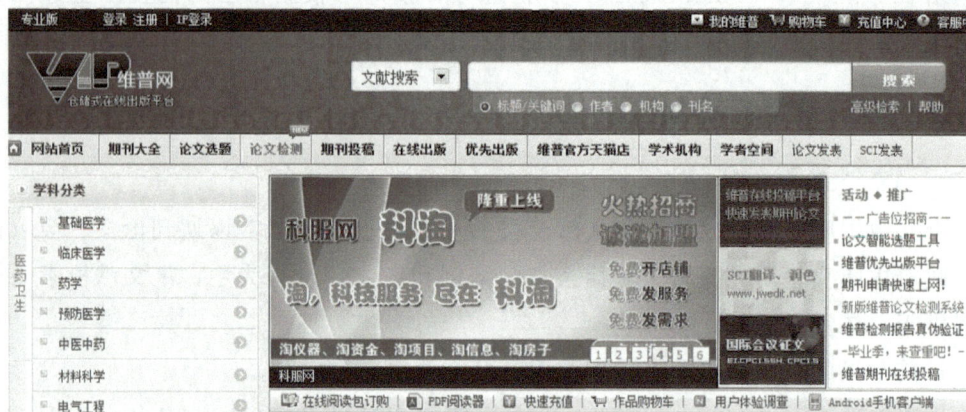

图 5-42　维普网

(二)全文数据库检索方法

我们以中国知网为例，向读者介绍全文数据库的检索方法(中国学术期刊网络出版总库)。

1. 确定检索范围

登录中国知网，可以看到，知网支持的检索内容涵盖了文献、期刊、博硕士、会议、报纸等，如图5-43所示，默认检索的范围是文献。此外，还可以按照学科行业设定文献分类范围，点击左侧的文献全部分类后，将鼠标移动到相应的学科大类的选项上，右侧就出现了可以选择的学科，这样可以减少检索出的内容，如图5-44所示。

图 5-43　中国知网首页

图 5-44　中国知网文献分类

2. 选择检索范围

知网首页上默认提供的是简单检索方式，输入合适的关键词，点击橙色的检索图标即可，如图 5-45 所示。

图 5-45　简单检索

此外，CNKI 提供了跨库检索、单库检索和中国知识资源总库检索方式，点击右侧的跨库选择，就能看到待检索库的范围，如图 5-46 所示。

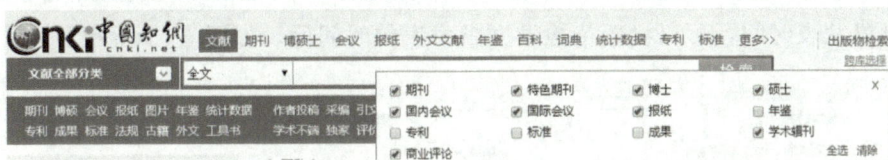

图 5-46　检索范围

3. 使用高级检索

点击跨库下面的高级检索，就跳转到了高级检索页面，如图 5-47 所示。

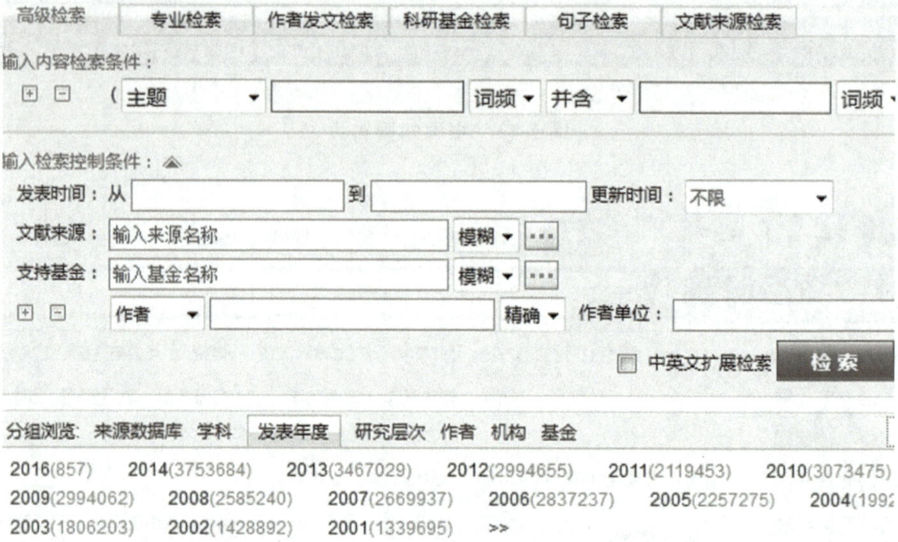

图 5-47　高级检索

在输入内容检索条件处，可以选择按何种类型检索，知网提供了按照主题、篇名、关键词、摘要、全文、参考文献和中图分类号共七种类型，如图 5-48 所示。

检索内容后面的词频，可以设置待检索关键词出现的频率，如果不选，默认至少出现一次，如图 5-49 所示。

词频后面，可以选择对于其他关键词的包含关系，通常有并含、或含以及不含三个选项，如图 5-50 所示。

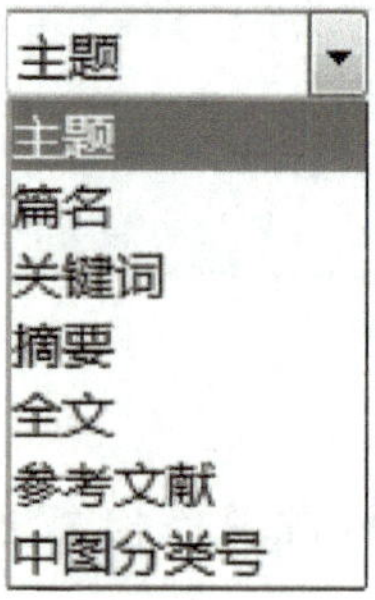

图 5-48　检索类型选择 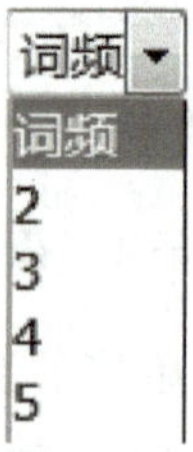　　　图 5-49　词频选择 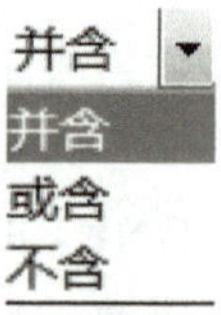　　　图 5-50　关键词的包含关系

设置发表时间，可以设置待检索文献发表的时间段，如图 5-51 所示。

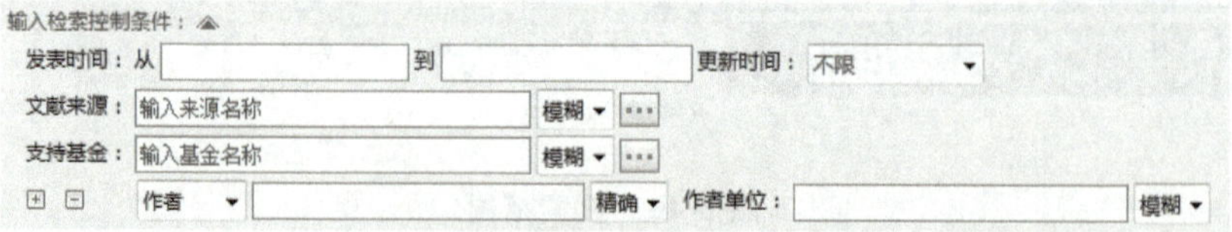

图 5-51　高级检索的控制条件

除此之外，知网的高级检索还支持文献来源，支持基金，按作者检索以及按作者单位检索等功能。读者可以自己尝试使用一下，很容易掌握知网的检索方法。

4. 检索案例

我们以关键词"走月亮"为例，在输入框中填入"走月亮"，可以看到，一共检索出 49 条信息，并给出了我们相关年份检索出的信息的数目，如图 5-52 所示。

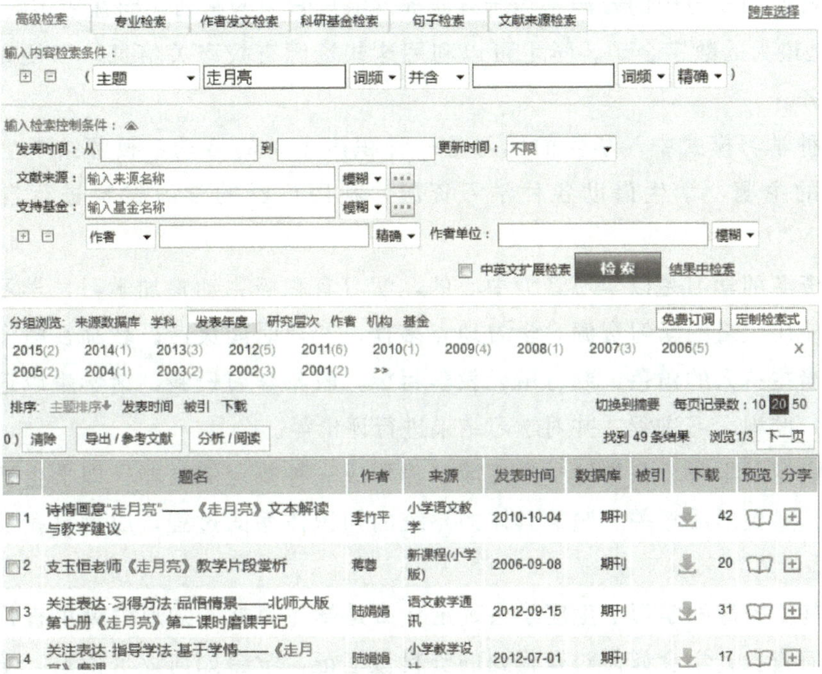

图 5-52　利用高级检索查询"走月亮"

5. 文献的下载

可以点击预览，在线查看一下文献是否是自己所需，如果是自己需要的，可以点击下载，将文献下载下来。当然你首先需要有知网的账号，或者你所在单位购买了知网的服务。

第二节　基于资源的学习及活动设计

学校教育的目标除了教授具体的学科知识外，更重要的是培养学校自主学习的能力，这样学生今后才能从海量的信息中获取到需要的知识，基于资源的学习正是培养学生自主学习的一种很好的学习方式。基于资源的学习形式很多，比较经典的是采用 WebQuest 的学习方式，本节除了了解基于资源学习的特点，还给出了两个基于 WebQuest 的学习案例，我们希望通过这两个案例的学习，可以指导教师如何设计这类教学活动。

一、概念与特点

(一)基于资源的学习

基于资源的学习是通过对各种各样不同的资源进行开发和利用，来完成课程目标和信息文化目标的学习，是一种自我更新知识和拓展知识的学习。

基于资源的学习中的资源是指所有能提供信息知识的东西，而在诸多的资源中，Internet是最大的数字金矿。学生可以利用这些资源查找有关信息，以便完成相应的学习任务。

在这种学习模式中，学生的学习是一种积极主动的活动，教师给学生提出问题或探索的主题，学生借助各种学习资源，利用广泛的学习材料进行自主探究学习。

基于资源的学习是以学习者为中心的，学习者积极主动参加学习，学习者在学习过程中使用大量的学习资源，学习地点多样，学习时间灵活。教师在整个学习过程中，充当主持人的角色：制订单元教学目标，收集学习资料，给学生以适当的提示和启发，监视学习进程，并对学习结果进行评价等。

基于资源的学习旨在帮助学生逐渐培养形成一种特定的技能；即学生通过从搜集零散的信息到形成相关主题的具体的系统的知识体系的过程，成为自我发现的学习者。

通过基于资源的学习学生应学会确定什么是学习目标、知道去哪里查找相关资料以及如何查找、学会如何对查找到的资料做笔记，学会如何评价信息，学会如何与他人合作和交流，学会如何评价学习的进展、如何反映学习的过程等。

(二)基于资源学习的特点和优点

1. 基于资源学习的特点

基于资源的学习有两个基本特点，即灵活性和自主性。

灵活性：灵活性是指在基于资源的学习中，针对同一问题学生可以根据自己的学习风格、兴趣爱好、能力水平进行灵活地调节，选择自己认为有价值的材料，选择自己喜欢的研究方式来研究解决实际问题。

自主性：自主性是指在学习过程中学生主动控制学习过程，控制学习步调。

2. 基于资源学习的优势

同传统的学习模式比较，基于资源的学习具有以下几个优点。

(1)增进学生学习的主动性

基于资源学习的学习活动是以学生为中心的，学生只有主动学习，才能完成教师布置的任务，解决问题；教师作为学习过程的指导者帮助学生提高学习责任感；基于资源的学习使得学校和课堂能通过主动、创造性的学习形成一种积极、主动的学习文化氛围。

（2）有助于培养学生自学能力和创造性思维

在基于资源的学习中，学生学会发现、分析、应用、转化、评价信息，进而能够获得进行独立学习、终身学习所必需的技能，学会如何学习，这是教育的根本目标之一。另外，学校提供给学生多种校内外的资源，鼓励学生不断创新，对信息资源进行二次开发。

（3）有助于培养学生的个性

在基于资源的学习中，每个学生可以有着自己的学习风格，学习时间灵活，学习方式多样，可以发挥各个学生的特长，对学生良好的个性的形成有很大的促进作用。

二、实施过程

（一）WebQuest 简介

1. WebQuest 的含义

基于资源的学习，方式很多，有基于资源库的，有基于网络的。随着技术的发展，上网成本大幅度降低；网络上的各种资源也大为丰富，1995 年美国圣地亚哥州立大学的伯尼道奇等人开发了一种课程计划，即通过网络上的资源完成调查，这类教学活动以探究为取向，部分或所有学习者的信息资源均来自互联网。这类教学活动中，教师通常呈现给学生的是一个特定的假想情境或某一项具体的任务，需要学生解决问题或探究项目，在教学中教师为学生提供一些网上资源，要求学生通过对信息的分析完成教师给定的任务，因此把它称之为 WebQuest。

2. WebQuest 的组成

WebQuest 方式根据学生完成时间的长短，可以分为短周期和长周期两种。短周期的 WebQuest 一般一到三课时完成，其教学目标是获取与整合知识，学习者需要处理大量新信息并最终形成对这些信息的意识。而长周期的 WebQuest 一般耗时一个星期至一个月，其教学目标是拓展与提炼知识，学习者需要深入分析"知识体"，学会迁移，并能以一定的形式呈现对知识的理解。

WebQuest 一般分成导言（引言）、任务、过程、资源、评价和结论（总结）六部分，根据设计的情况，可能会有删减或合并。下面介绍一下各部分的作用。

（1）导言

导言又称"情境"，主要提供主题背景信息、动机因素和学习目标等。在主题背景信息中，我们可以通过给学生分配角色来激发探究的兴趣和动机。比如，"假设你是一位程序设计员""如果你是一位网络工程师""假如你想要……"等。

（2）任务

主要阐明学生在完成对主题的学习时，要达到什么样的任务结果或解决什么样的问题。在阐述时，我们可以将任务划分为一些小的任务或一些关键问题，还可以对任务完成结果和问题解决结果（"学习产品"）进行一些规定，如要求学生最终设计一个图形、写一篇论文、制作一份电子演示文稿等。

（3）过程

该部分描述学习者完成任务所需要经过的步骤，教师通过过程设计引导学生经历高水平的思维过程，以培养学生的高级思维能力。

（4）资源

该部分包括一些学生完成任务所需要的资源，它们一般都是由教师精心挑选出来的，作为学生上网查找资源的定位点，以避免学生在网上漫无目的地冲浪。

（5）评价

在每一个 WebQuest 单元学习中都需要有一套评价标准对学生的学习过程和结果进行评价。评价标准必须是适合特定任务的，要清晰、一致、公正。为更好地促进学生学习，达到评价量规中体现的学习目标。在导言部分可以提出学生表现的三种类型：示范性的、可接受的和不可接受的。这既能鼓励学生朝着优秀的目标奋斗，也给学生的行为表现确立了一个下限。

（6）结论

这是学生进行反思，教师进行总结的阶段。教师可以在此部分设置反思问题，对活动过程和结果进行总结。让学习者知道自己学了什么，并鼓励他们将这种方法用于别的领域。

（二）WebQuest 案例①

下面我们给出一个案例，这个案例是高中一年级信息技术教学中应用 WebQuest 的实施过程。更多的 WebQuest 案例读者可以从中国知网、万方数据或维普网上使用全文数据库的检索功能查询，或者访问惟存教育网上的 WebQuest 栏目（http：//www.being.org.cn/webquest/index.htm）。

探究主题《保护校园环境海报制作——请不要乱吐口香糖》。

1. 引言

又到了一周一次的卫生大扫除时间了，看着地上一个个黑色的东西，不由得开始发愁，这小小的东西，清理起来最费时间。你想到这让人烦恼的东西是什么了吗？

对了，就是口香糖！

地面上的片片黑色印记严重影响了校园环境，我们该怎么保护我们的校园呢？

是加大学校管理，禁止吃口香糖吗？

还是加大宣传，让同学们都养成好的习惯，在吃完口香糖后不乱吐、乱扔呢？

现在让我们也来为校园环保出份力吧！

用我们学习过的 PhotoShop 软件，来制作校内宣传海报，让同学们了解乱吐口香糖对环境的危害，让同学们从现在开始都养成正确的习惯吧。

---

① 本案例的设计者为河北师范大学信息技术学院 12 级教育硕士李宁宁，现为邢台市第十九中学信息技术教师.

2. 任务

我们要制作的是一张校园环境保护海报，向全校的师生宣传口香糖对环境的危害以及正确对待口香糖的方法。

四个同学为一个小组，各组成员通过学习相关资料，思考讨论，最终确定海报的主题和版面设计，然后搜集素材资料并利用 PhotoShop 这一软件工具完成海报的制作。

对海报的要求：海报尺寸要求统一，都用 A3 纸，分辨率为 100 像素/英寸，模式为 CMYK 颜色。

3. 过程和资源

本学习单元的活动时间为 3 课时，分 5 个学习阶段。分别为准备阶段、设计阶段、制作阶段、评价阶段、上交阶段。

在活动进行过程中，你可以经常对照评价量规表中的项目，它会提示你应该怎么做。

对学习过程的要求：

第一，在学习开始时，请先在 D 盘上新建一个以自己的"组别＋姓名"命名的文件夹，用来存放你用到的素材和最后的作业。

第二，学习单元的每个学习阶段要记录相应的学习过程，所以设计了"学习过程记录表"①。在正式开始各个阶段学习之前，请下载或制作空白学习过程记录表到以自己的"组别＋姓名"命名的文件夹中。在各个学习阶段都要按要求记录表中涉及的各项内容，并注意及时保存。

第三，在各个学习阶段下载的素材图片、制作的海报作品等也都要保存到该文件夹，到学习单元结束的时候把该文件夹压缩，并上交以"组别＋姓名"为名的压缩文件。

该压缩文件中必须包含以下内容：

・记录各个学习阶段的学习过程记录表，其中设计阶段中包括详细的海报设计方案，介绍你设计的思路和意义。

・最终完成海报的 Photoshop 源文件（psd 格式文件）以及保存成 jpg 格式的最终作品文件。

・海报中用到的所有素材图片。

（1）准备阶段

在准备阶段，你需要去了解一些关于口香糖对环境危害的知识，明确海报制作的主题，你想通过海报告诉同学们什么。主题可以是专门介绍口香糖危害的，也可以是呼吁同学们怎么正确对待口香糖的等。

本阶段学习资源如下。

关于天安门口香糖的新闻报道：

———————————————

① 参见附录二．

• 60 多万块口香糖弄脏天安门广场(http：//news. sohu. com/18/95/news20371 9518. shtml)。

• 清理天安门广场上的口香糖(http：//news. xinhuanet. com/st/2004－10/22/ content＿2124469. htm)。

关于口香糖危害的新闻报道和图片：

• 劝君不要乱吐口香糖 看！小鸟误食粘着喉咙死了(http：//jnsb. jschina. com. cn/html/2012－12/18/content＿689606. htm)。

• 口香糖对环境的危害有哪些？（http：//www. chachaba. com/news/zhuanti/ huanjing/wuran/20110906＿34476. html)。

• 关注社会公德 改掉自身陋习：请不要乱吐口香糖(http：//news. enorth. com. cn/system/2006/02/08/001227889. shtml)。

• 关于不要乱吐口香糖的漫画(这里由教师提供给学生一些图片)。

(2)设计阶段

在设计阶段，你要学习一些关于海报设计的知识，欣赏一些优秀的环保公益海报作品，和同组同学协商讨论，在明确自己主题的前提下，最终确定海报的版面。之后从教师提供的素材网站或者直接从网上去搜集下载素材，把下载的素材保存到自己的文件夹中，并填写详细的"学习过程记录表"中本阶段的各项内容。

本阶段学习资源如下。

海报设计知识：

• 海报设计(http：//baike. baidu. com/subview/841270/5062326. htm)。

• 环保公益海报欣赏(参见素材)。

海报设计素材：

• PS 联盟——素材下载(http：//www. 68ps. com/down/beijing. asp)。

• 我要自学网——设计素材(http：//www. 51zxw. net/list. aspx？cid＝53)。

(3)制作阶段

制作阶段就是利用 Photoshop 这一工具，应用你准备好的素材，把你的设计方案展现出来，是具体作品实现的过程。当你在制作过程中遇到问题，不能用工具制作出你的设计时，可以跟同学讨论、问老师，或者从下面提供的教程网站上寻找帮助。

本阶段学习资源如下。

• PS 联盟(http：//www. 68ps. com/index. htm)。

• PS 学习网(http：//www. ps-xxw. cn/index. html)。

• 我要自学网(http：//www. 51zxw. net/list. aspx？cid＝19)。

• PS 爱好者(http：//www. psahz. com/index. html)。

(4)评价阶段

根据评价量表给自己做一个评价。浏览小组其他同学的作品，结合你在小组学习中对他们的了解，给他们也做一个评价，同时也要虚心地倾听同组其他同学对你的评价，最后再修改完善自己的作品。

（5）上交阶段

把自己的文件夹压缩，提交压缩文件。该压缩文件中包括"学习过程记录表"、"作品源文件"（psd 格式）、最终作品（jpg 格式）、用到的素材。

4. 评价

请你对照下面的评价量规表（如表 5-1）中的指标，核对自己的学习进程，并给出分数。

表 5-1　评价量规表

	起步（0分）	发展中（1分）	完成（2分）	典范（3分）	得分
利用网络搜集信息	会用网络查找资料，但找不到自己需要的信息。	能通过网络查找到自己需要的信息，但花费时间较多。	能快速地通过网络找到自己需要的信息。	能从网络上众多的信息中找出自己最需要的，并可以对信息进行加工处理，为自己所用。	
设计方案	设计方案有不合理的地方。	设计方案完整，但有明显的模仿痕迹。	设计方案完整，在模仿优秀作品的基础上，又加入了自己的设计。	设计方案合理、新颖、独特。	
完成的海报作品	能完成作品，但作品很粗糙，能看出很明显的错误，不能展现设计方案。	能完成作品，作品在技术层面上没有明显的错误，但不能完全展现设计方案。	作品整体上不错，能展现设计方案，但构图、色彩等细节上不很理想。	完美地诠释设计方案。	
交流与评价	不与他人交流，他人发言时注意力不集中或经常无必要地打断他人的发言，没有反馈。	倾听他人的发言并给出反馈，但反馈意见缺少建设性。	倾听他人的发言并积极反馈，反馈意见缺少建设性。	倾听他人的发言并积极反馈。反馈意见具有建设性，激发了同伴的思维。	
环保意识的培养	对环保的了解跟以前一样，没什么太大变化。	通过网上资料搜索，了解了更多环保知识，也仅限于了解。	通过网上资料搜索，了解了更多环保知识，并且有了环保意识，明白环保要从日常生活中的一件件小事做起。	不仅自己有了环保意识，还会把环保知识传播给身边的朋友，帮助身边的朋友也养成正确的习惯。	

5. 结论

保护环境，从我们身边的每一件小事做起。

通过这个学习单元的学习，我们不仅会把学过的计算机技能应用于实际生活，用学会的技能来为我们的生活学习服务，更重要的是尝试并掌握了自己分析问题、解决问题的方法。

如果当我们再次碰到不同的问题时，你敢于挑战吗？

第三节　数字化学习资源的合理利用

在进行基于资源的学习过程中，我们会下载或者获取到很多的网络教学资源，在对网络教学资源使用的过程中，不可避免地会牵涉到版权问题，在当今加强知识产权保护的大趋势下，如何合理使用网络教学资源，避免侵权行为，是我们在使用数字化学习资源时要考虑的问题。

一、合理利用数字化学习资源的原因

我国对网络侵权的案例始于 1999 年的王蒙案[1]，原告王蒙创作了文学作品《坚硬的稀粥》，并于 1989 年发表在《中国作家》第 2 期上。1998 年 4 月，世纪互联通讯技术有限公司成立"灵波小组"，并在其网站上建立了"小说一族"栏目，栏目所涉及的文学作品内容由"灵波小组"成员从其他网站上下载后存储在其计算机系统内，其中王蒙的作品《坚硬的稀粥》就被放在了被告主页的相关页面中，互联网用户点击原告的作品《坚硬的稀粥》即可浏览或下载该作品的内容。虽然在被告网站上所刊载的原告的作品《坚硬的稀粥》有王蒙的署名，作品内容完整，但王蒙请求法院判决被告停止侵权、公开致歉、赔偿经济损失 3000 元、精神损失 5000 元，并承担案件诉讼费、调查费。后法院认定被告侵权，判决被告停止使用王蒙的作品，在其网站主页向原告王蒙公开致歉；被告赔偿原告王蒙经济损失人民币 1680 元及因诉讼支出的合理费用人民币 166 元；驳回原告王蒙要求被告赔偿其精神损失人民币 5000 元的诉讼请求。

在"王蒙案"审理的第二年，2000 年 11 月 22 日，最高人民法院审判委员会第1144 次会议通过了《最高人民法院关于审理涉及计算机网络著作权纠纷案件法律若干问题的解释》，其中第 2 条第 2 款规定："著作权法（这里也是指修改前的著作权法）第十条对著作权各项权利的规定均适用于数字化作品的著作权。将作品通过网络向公众传播，属于著作权法规定的使用作品的方式，著作权人享有以该种方式使用或者许可他人使用作品，并由此获得报酬的权利。"

这样就产生了两种现象，一是惧怕侵权，而不敢使用网络资源；二是不知道何谓侵权，随意使用网络资源。为了进一步加强保护著作权人、表演者、录音录像制作者（以下统称权利人）的信息网络传播权，鼓励有益于社会主义精神文明、物质文

---

[1]　黄洋. 从王蒙案的涵摄过程评法官的裁判思维，人民司法，2010(4).

明建设的作品的创作和传播。2006 年 5 月 18 日，中华人民共和国国务院令第 468 号公布了《信息网络传播权保护条例》①（以下简称《条例》）。2013 年 1 月 30 日，又对《条例》做出了修订（中华人民共和国国务院令第 634 号《国务院关于修改〈信息网络传播权保护条例〉的决定》），并于 2013 年 3 月 1 日起施行。

《条例》包括合理使用、法定许可、避风港原则、版权管理技术等一系列内容，区分了著作权人、图书馆、网络服务商、读者各自可以享受的权益，网络传播和使用都有法可依，形成一个相互依存、相互作用、相互影响的"对立统一"关系，很好地体现了产业发展与权利人利益、公众利益的平衡。

除此之外，为保护文学、艺术和科学作品作者的著作权，以及与著作权有关的权益，我国还制定有《中华人民共和国著作权法》②（以下简称《著作权法》），我们只有很好地研读学习《条例》和《著作权法》，才能知道该如何合理的使用数字化学习资源。

二、合理利用数字化学习资源的方法

要合理利用数字化学习资源，就必须学习《条例》（参见附录一）和《著作权法》，通过学习法律法规，做到在教学中合理使用数字化学习资源。

（一）《条例》相关内容

1. 与课堂教学相关条例

"第六条　通过信息网络提供他人作品，属于下列情形的，可以不经著作权人许可，不向其支付报酬：

为学校课堂教学或者科学研究，向少数教学、科研人员提供少量已经发表的作品。"

2. 与教学和制作课件相关条例

"第八条　为通过信息网络实施九年制义务教育或者国家教育规划，可以不经著作权人许可，使用其已经发表作品的片断或者短小的文字作品、音乐作品或者单幅的美术作品、摄影作品制作课件，由制作课件或者依法取得课件的远程教育机构通过信息网络向注册学生提供，但应当向著作权人支付报酬。"

3. 可采用避开技术措施的情形

"第十二条　属于下列情形的，可以避开技术措施，但不得向他人提供避开技术措施的技术、装置或者部件，不得侵犯权利人依法享有的其他权利：

为学校课堂教学或者科学研究，通过信息网络向少数教学、科研人员提供已经发表的作品、表演、录音录像制品，而该作品、表演、录音录像制品只能通过信息网络获取。"

---

① http://www.gov.cn/zwgk/2013—02/08/content_2330133.htm. 2013-02-08.
② http://www.npc.gov.cn/npc/xinwen/lfgz/2010—02/26/content_1544852.htm. 2010-02-26.

(二)《著作权法》相关内容

1. 可以不向著作权人支付报酬的情况

"第二十二条　在下列情况下使用作品，可以不经著作权人许可，不向其支付报酬，但应当指明作者姓名、作品名称，并且不得侵犯著作权人依照本法享有的其他权利：

为个人学习、研究或者欣赏，使用他人已经发表的作品；

为学校课堂教学或者科学研究，翻译或者少量复制已经发表的作品，供教学或者科研人员使用，但不得出版发行；"

2. 需要向著作权人支付报酬的情况

"第二十三条　为实施九年制义务教育和国家教育规划而编写出版教科书，除作者事先声明不许使用的外，可以不经著作权人许可，在教科书中汇编已经发表的作品片段或者短小的文字作品、音乐作品或者单幅的美术作品、摄影作品，但应当按照规定支付报酬，指明作者姓名、作品名称，并且不得侵犯著作权人依照本法享有的其他权利。"

(三)合理使用的方法

通过学习《著作权法》和《条例》，我们很容易就能够掌握如何合理使用数字化学习资源。

①如果通过网络是为了课堂教学提供他人作品，可以不经过著作权人的许可，并且不需要支付费用。这样教师在网络环境下开展的各项教学活动都不会触犯版权问题，但是注意，这里面有个条件是"少数人员"，如果是大规模的教学活动，则不在此列。

②如果不是通过网络，只是为了个人学习、研究或欣赏，以及课堂教学或者科学研究，供教学人员使用的，也可以不支付报酬，但是前提不能出版发行，要注明著作权人的相关信息。所以，教师在课堂上使用的他人作品，也是不需要向著作权人支付报酬的，但是要注意，要给出相关的引用。

③教师们在教学过程中，经常会从网络获取各种资源，并制作成课件，如果通过网络实施教学活动中使用了课件，根据法律，课件的制作者或者远程教育机构应当向著作权人支付报酬。

④如果教师在课堂上使用上述课件，法律中并没有规定，根据法律无明文规定即可为，那么教师是可以使用课件的，并不需要向著作权人支付报酬。

⑤如果为了教学(九年制义务教育和国家教育规划)而编写出版教科书，则应当支付报酬，并要注明引用作品作者的相关信息。

⑥如果为了课堂教学，而相关的作品只能通过网络获取，则我们可以采用避开技术的措施(破解)获取相关作品，但限制范围是，通过网络向"少数人员"提供。

上面的 6 条合理使用数字化学习资源的条款内容较多，不太好记，教师实现起来难度很大，因为教师在实际制作课件和出版教材时，从网络获取的素材很多，也无法一一找到全部作者并支付报酬，那么我们根据过往的侵权案例判决实例，掌握如下的规则，就能够在实际教学中避免发生侵权情况。

①采用著作权人作品的地方一定要注明，并给出其引用信息。

②制作的课件或编写的教材一定要用于课堂教学。如果传播到网络上，通过互联网络实施大众化的教学，则违反了限定在"少数人"的情况，会引发侵权。

③制作的课件和教材，一定要保证非营利性质。这一点在《著作权法》和《条例》中虽然没有涉及，但是在以往的判决中，是否营利，是决定侵权的一个重要因素。

拓展阅读 ⏰

1. 唱"自己"的歌也侵权？张惠妹南京演唱会惹官司。

（http：//news. eastday. com/eastday/13news/auto/news/csj/u7ai442367 _ K4. html，2013-12-30）.

2.《中国好声音》引发音乐版权争议　参赛翻唱是否要付费？

（http：//ent. iqilu. com/music/2012/0809/1293167. shtml，2012-08-09）.

本章小结

设计教学活动，制作教学课件，必不可少的是需要准备大量的教学资源，本章重点是如何从网络上检索教学资源，其中分别以百度和中国知网为例，分别介绍了检索下载网络教学资源的方法、技巧和全文数据库的使用方式。

有了资源，该如何设计教学活动呢？为了让读者明晰，本章的第二节用基于资源的教学活动中的 WebQuest 教学方式为例，介绍了两个采用 WebQuest 的教学活动设计案例，希望通过案例的学习，能够让读者掌握设计这类教学活动的思路和步骤。

最后，探讨了进行教学时该如何合理地使用数字化的教学资源，避免侵犯他人的著作权。

思考与讨论

1. 请阅读河北教育出版社出版的《语文》三年级上册第 29 课空城计，假设你要教授这节课并制作这节课的课件，请你准备好制作这节课课件的相关素材（文本、图片、视频或声音）。

2. 请利用全文检索方式，检索有关基于 WebQuest 方式的教学案例。

3. 假设你要给学生播放有关黑洞方面的视频，而上课的教室没有网络无法在线观看，因此你需要提前做好准备，请你运用本章所学的知识，将下面网址中《有恒星从黑洞里逃脱了!》(http://v.qq.com/page/j/0/w/j0175oy7vew.html,2015-10-09)的视频下载下来,供上课时使用。

综合实践项目

综合利用本章所学内容,从初中或高中教材中自选某一主题,设计制作一个基于 WebQuest 的教学活动。

附录一①

信息网络传播权保护条例

中华人民共和国国务院令

(第 634 号)

《国务院关于修改〈信息网络传播权保护条例〉的决定》已经 2013 年 1 月 16 日国务院第 231 次常务会议通过,现予公布,自 2013 年 3 月 1 日起施行。

总理 温家宝

2013 年 1 月 30 日

国务院关于修改《信息网络传播权保护条例》的决定

国务院决定对《信息网络传播权保护条例》作如下修改:

将第十八条、第十九条中的"并可处以 10 万元以下的罚款"修改为:"非法经营额 5 万元以上的,可处非法经营额 1 倍以上 5 倍以下的罚款;没有非法经营额或者非法经营额 5 万元以下的,根据情节轻重,可处 25 万元以下的罚款"。

本决定自 2013 年 3 月 1 日起施行。

《信息网络传播权保护条例》根据本决定作相应修改,重新公布。

信息网络传播权保护条例

(2006 年 5 月 18 日中华人民共和国国务院令第 468 号公布 根据 2013 年 1 月 30 日《国务院关于修改〈信息网络传播权保护条例〉的决定》修订)

第一条 为保护著作权人、表演者、录音录像制作者(以下统称权利人)的信息网络传播权,鼓励有益于社会主义精神文明、物质文明建设的作品的创作和传播,根据《中华人民共和国著作权法》(以下简称著作权法),制定本条例。

第二条 权利人享有的信息网络传播权受著作权法和本条例保护。除法律、行

---

① http://www.gov.cn/flfg/2013-02/08/content_2332397.htm.2013-02-08.

政法规另有规定的外，任何组织或者个人将他人的作品、表演、录音录像制品通过信息网络向公众提供，应当取得权利人许可，并支付报酬。

第三条　依法禁止提供的作品、表演、录音录像制品，不受本条例保护。

权利人行使信息网络传播权，不得违反宪法和法律、行政法规，不得损害公共利益。

第四条　为了保护信息网络传播权，权利人可以采取技术措施。

任何组织或者个人不得故意避开或者破坏技术措施，不得故意制造、进口或者向公众提供主要用于避开或者破坏技术措施的装置或者部件，不得故意为他人避开或者破坏技术措施提供技术服务。但是，法律、行政法规规定可以避开的除外。

第五条　未经权利人许可，任何组织或者个人不得进行下列行为：

（一）故意删除或者改变通过信息网络向公众提供的作品、表演、录音录像制品的权利管理电子信息，但由于技术上的原因无法避免删除或者改变的除外；

（二）通过信息网络向公众提供明知或者应知未经权利人许可被删除或者改变权利管理电子信息的作品、表演、录音录像制品。

第六条　通过信息网络提供他人作品，属于下列情形的，可以不经著作权人许可，不向其支付报酬：

（一）为介绍、评论某一作品或者说明某一问题，在向公众提供的作品中适当引用已经发表的作品；

（二）为报道时事新闻，在向公众提供的作品中不可避免地再现或者引用已经发表的作品；

（三）为学校课堂教学或者科学研究，向少数教学、科研人员提供少量已经发表的作品；

（四）国家机关为执行公务，在合理范围内向公众提供已经发表的作品；

（五）将中国公民、法人或者其他组织已经发表的、以汉语言文字创作的作品翻译成的少数民族语言文字作品，向中国境内少数民族提供；

（六）不以营利为目的，以盲人能够感知的独特方式向盲人提供已经发表的文字作品；

（七）向公众提供在信息网络上已经发表的关于政治、经济问题的时事性文章；

（八）向公众提供在公众集会上发表的讲话。

第七条　图书馆、档案馆、纪念馆、博物馆、美术馆等可以不经著作权人许可，通过信息网络向本馆馆舍内服务对象提供本馆收藏的合法出版的数字作品和依法为陈列或者保存版本的需要以数字化形式复制的作品，不向其支付报酬，但不得直接或者间接获得经济利益。当事人另有约定的除外。

前款规定的为陈列或者保存版本需要以数字化形式复制的作品，应当是已经损毁或者濒临损毁、丢失或者失窃，或者其存储格式已经过时，并且在市场上无法购买或者只能以明显高于标定的价格购买的作品。

第八条 为通过信息网络实施九年制义务教育或者国家教育规划,可以不经著作权人许可,使用其已经发表作品的片断或者短小的文字作品、音乐作品或者单幅的美术作品、摄影作品制作课件,由制作课件或者依法取得课件的远程教育机构通过信息网络向注册学生提供,但应当向著作权人支付报酬。

第九条 为扶助贫困,通过信息网络向农村地区的公众免费提供中国公民、法人或者其他组织已经发表的种植养殖、防病治病、防灾减灾等与扶助贫困有关的作品和适应基本文化需求的作品,网络服务提供者应当在提供前公告拟提供的作品及其作者、拟支付报酬的标准。自公告之日起 30 日内,著作权人不同意提供的,网络服务提供者不得提供其作品;自公告之日起满 30 日,著作权人没有异议的,网络服务提供者可以提供其作品,并按照公告的标准向著作权人支付报酬。网络服务提供者提供著作权人的作品后,著作权人不同意提供的,网络服务提供者应当立即删除著作权人的作品,并按照公告的标准向著作权人支付提供作品期间的报酬。

依照前款规定提供作品的,不得直接或者间接获得经济利益。

第十条 依照本条例规定不经著作权人许可、通过信息网络向公众提供其作品的,还应当遵守下列规定:

(一)除本条例第六条第一项至第六项、第七条规定的情形外,不得提供作者事先声明不许提供的作品;

(二)指明作品的名称和作者的姓名(名称);

(三)依照本条例规定支付报酬;

(四)采取技术措施,防止本条例第七条、第八条、第九条规定的服务对象以外的其他人获得著作权人的作品,并防止本条例第七条规定的服务对象的复制行为对著作权人利益造成实质性损害;

(五)不得侵犯著作权人依法享有的其他权利。

第十一条 通过信息网络提供他人表演、录音录像制品的,应当遵守本条例第六条至第十条的规定。

第十二条 属于下列情形的,可以避开技术措施,但不得向他人提供避开技术措施的技术、装置或者部件,不得侵犯权利人依法享有的其他权利:

(一)为学校课堂教学或者科学研究,通过信息网络向少数教学、科研人员提供已经发表的作品、表演、录音录像制品,而该作品、表演、录音录像制品只能通过信息网络获取;

(二)不以营利为目的,通过信息网络以盲人能够感知的独特方式向盲人提供已经发表的文字作品,而该作品只能通过信息网络获取;

(三)国家机关依照行政、司法程序执行公务;

(四)在信息网络上对计算机及其系统或者网络的安全性能进行测试。

第十三条　著作权行政管理部门为了查处侵犯信息网络传播权的行为，可以要求网络服务提供者提供涉嫌侵权的服务对象的姓名（名称）、联系方式、网络地址等资料。

第十四条　对提供信息存储空间或者提供搜索、链接服务的网络服务提供者，权利人认为其服务所涉及的作品、表演、录音录像制品，侵犯自己的信息网络传播权或者被删除、改变了自己的权利管理电子信息的，可以向该网络服务提供者提交书面通知，要求网络服务提供者删除该作品、表演、录音录像制品，或者断开与该作品、表演、录音录像制品的链接。通知书应当包含下列内容：

（一）权利人的姓名（名称）、联系方式和地址；

（二）要求删除或者断开链接的侵权作品、表演、录音录像制品的名称和网络地址；

（三）构成侵权的初步证明材料。

权利人应当对通知书的真实性负责。

第十五条　网络服务提供者接到权利人的通知书后，应当立即删除涉嫌侵权的作品、表演、录音录像制品，或者断开与涉嫌侵权的作品、表演、录音录像制品的链接，并同时将通知书转送提供作品、表演、录音录像制品的服务对象；服务对象网络地址不明、无法转送的，应当将通知书的内容同时在信息网络上公告。

第十六条　服务对象接到网络服务提供者转送的通知书后，认为其提供的作品、表演、录音录像制品未侵犯他人权利的，可以向网络服务提供者提交书面说明，要求恢复被删除的作品、表演、录音录像制品，或者恢复与被断开的作品、表演、录音录像制品的链接。书面说明应当包含下列内容：

（一）服务对象的姓名（名称）、联系方式和地址；

（二）要求恢复的作品、表演、录音录像制品的名称和网络地址；

（三）不构成侵权的初步证明材料。

服务对象应当对书面说明的真实性负责。

第十七条　网络服务提供者接到服务对象的书面说明后，应当立即恢复被删除的作品、表演、录音录像制品，或者可以恢复与被断开的作品、表演、录音录像制品的链接，同时将服务对象的书面说明转送权利人。权利人不得再通知网络服务提供者删除该作品、表演、录音录像制品，或者断开与该作品、表演、录音录像制品的链接。

第十八条　违反本条例规定，有下列侵权行为之一的，根据情况承担停止侵害、消除影响、赔礼道歉、赔偿损失等民事责任；同时损害公共利益的，可以由著作权行政管理部门责令停止侵权行为，没收违法所得，非法经营额 5 万元以上的，可处非法经营额 1 倍以上 5 倍以下的罚款；没有非法经营额或者非法经营额 5 万元以下的，根据情节轻重，可处 25 万元以下的罚款；情节严重的，著作权行政管理部门可以没收主要用于提供网络服务的计算机等设备；构成犯罪的，依法追究刑事责任：

（一）通过信息网络擅自向公众提供他人的作品、表演、录音录像制品的；

（二）故意避开或者破坏技术措施的；

（三）故意删除或者改变通过信息网络向公众提供的作品、表演、录音录像制品的权利管理电子信息，或者通过信息网络向公众提供明知或者应知未经权利人许可而被删除或者改变权利管理电子信息的作品、表演、录音录像制品的；

（四）为扶助贫困通过信息网络向农村地区提供作品、表演、录音录像制品超过规定范围，或者未按照公告的标准支付报酬，或者在权利人不同意提供其作品、表演、录音录像制品后未立即删除的；

（五）通过信息网络提供他人的作品、表演、录音录像制品，未指明作品、表演、录音录像制品的名称或者作者、表演者、录音录像制作者的姓名（名称），或者未支付报酬，或者未依照本条例规定采取技术措施防止服务对象以外的其他人获得他人的作品、表演、录音录像制品，或者未防止服务对象的复制行为对权利人利益造成实质性损害的。

第十九条　违反本条例规定，有下列行为之一的，由著作权行政管理部门予以警告，没收违法所得，没收主要用于避开、破坏技术措施的装置或者部件；情节严重的，可以没收主要用于提供网络服务的计算机等设备；非法经营额 5 万元以上的，可处非法经营额 1 倍以上 5 倍以下的罚款；没有非法经营额或者非法经营额 5 万元以下的，根据情节轻重，可处 25 万元以下的罚款；构成犯罪的，依法追究刑事责任：

（一）故意制造、进口或者向他人提供主要用于避开、破坏技术措施的装置或者部件，或者故意为他人避开或者破坏技术措施提供技术服务的；

（二）通过信息网络提供他人的作品、表演、录音录像制品，获得经济利益的；

（三）为扶助贫困通过信息网络向农村地区提供作品、表演、录音录像制品，未在提供前公告作品、表演、录音录像制品的名称和作者、表演者、录音录像制作者的姓名（名称）以及报酬标准的。

第二十条　网络服务提供者根据服务对象的指令提供网络自动接入服务，或者对服务对象提供的作品、表演、录音录像制品提供自动传输服务，并具备下列条件的，不承担赔偿责任：

（一）未选择并且未改变所传输的作品、表演、录音录像制品；

（二）向指定的服务对象提供该作品、表演、录音录像制品，并防止指定的服务对象以外的其他人获得。

第二十一条　网络服务提供者为提高网络传输效率，自动存储从其他网络服务提供者获得的作品、表演、录音录像制品，根据技术安排自动向服务对象提供，并具备下列条件的，不承担赔偿责任：

（一）未改变自动存储的作品、表演、录音录像制品；

（二）不影响提供作品、表演、录音录像制品的原网络服务提供者掌握服务对象获取该作品、表演、录音录像制品的情况；

（三）在原网络服务提供者修改、删除或者屏蔽该作品、表演、录音录像制品时，根据技术安排自动予以修改、删除或者屏蔽。

第二十二条　网络服务提供者为服务对象提供信息存储空间，供服务对象通过信息网络向公众提供作品、表演、录音录像制品，并具备下列条件的，不承担赔偿责任：

（一）明确标示该信息存储空间是为服务对象所提供，并公开网络服务提供者的名称、联系人、网络地址；

（二）未改变服务对象所提供的作品、表演、录音录像制品；

（三）不知道也没有合理的理由应当知道服务对象提供的作品、表演、录音录像制品侵权；

（四）未从服务对象提供作品、表演、录音录像制品中直接获得经济利益；

（五）在接到权利人的通知书后，根据本条例规定删除权利人认为侵权的作品、表演、录音录像制品。

第二十三条　网络服务提供者为服务对象提供搜索或者链接服务，在接到权利人的通知书后，根据本条例规定断开与侵权的作品、表演、录音录像制品的链接的，不承担赔偿责任；但是，明知或者应知所链接的作品、表演、录音录像制品侵权的，应当承担共同侵权责任。

第二十四条　因权利人的通知导致网络服务提供者错误删除作品、表演、录音录像制品，或者错误断开与作品、表演、录音录像制品的链接，给服务对象造成损失的，权利人应当承担赔偿责任。

第二十五条　网络服务提供者无正当理由拒绝提供或者拖延提供涉嫌侵权的服务对象的姓名（名称）、联系方式、网络地址等资料的，由著作权行政管理部门予以警告；情节严重的，没收主要用于提供网络服务的计算机等设备。

第二十六条　本条例下列用语的含义：

信息网络传播权，是指以有线或者无线方式向公众提供作品、表演或者录音录像制品，使公众可以在其个人选定的时间和地点获得作品、表演或者录音录像制品的权利。

技术措施，是指用于防止、限制未经权利人许可浏览、欣赏作品、表演、录音录像制品的或者通过信息网络向公众提供作品、表演、录音录像制品的有效技术、装置或者部件。

权利管理电子信息，是指说明作品及其作者、表演及其表演者、录音录像制品及其制作者的信息，作品、表演、录音录像制品权利人的信息和使用条件的信息，以及表示上述信息的数字或者代码。

第二十七条　本条例自 2006 年 7 月 1 日起施行。

附录二

学习过程记录表

学习记录表是记录整个学习单元的学习过程，请你在进行每个学习阶段的学习时，认真填写下面对应学习阶段的各项内容。

快速定位到相应学习阶段的方法：请按住 Ctrl 键的同时单击下面要链接到的学习阶段。

准备阶段　设计阶段　制作阶段　评价阶段　上交阶段

一、准备阶段

请你思考并回答以下问题：

1. 你认为口香糖对环境最大的危害是什么？

2. 你想通过自己制作的海报告诉同学们什么？

3. 你制作的海报的主题是什么？

二、设计阶段

请你思考并回答以下问题：

1. 海报按其应用不同大致可以分为哪几类？我们要制作的海报属于哪一类，它的特点是什么？

2. 请详细地写出你的海报设计方案。（请从你设计的海报版面、用到的素材、添加的文字等方面详细描述）

三、制作阶段

请你思考并回答以下问题：

1. 在利用 Photoshop 制作海报的过程中，你都用到了哪些工具和菜单命令？并详细说明使用该工具完成了什么操作。

（1）

（2）

2. 在海报制作过程中，你遇到的难题有什么？你是怎么解决的？

3. 在完成的海报中，你最满意的地方是哪里？为什么？

续表

		四、评价阶段			

请认真对照评价量规表进行自我评价，并填写相应的得分。

评价量规表

	起步（0 分）	发展中（1 分）	完成（2 分）	典范（3 分）	得分
利用网络搜集信息	会用网络查找资料，但找不到自己需要的信息。	能通过网络查找到自己需要的信息，但花费时间较多。	能快速地通过网络找到自己需要的信息。	能从网络上众多的信息中找出自己最需要的，并可以对信息进行加工处理，为自己所用。	
设计方案	设计方案有不合理的地方。	设计方案完整，但有明显的模仿痕迹。	设计方案完整，在模仿优秀作品的基础上，又加入了自己的设计。	设计方案合理、新颖、独特。	
完成的海报作品	能完成作品，但作品很粗糙，能看出很明显的错误，不能展现设计方案。	能完成作品，作品在技术层面上没有明显的错误，但不能完全展现设计方案。	作品整体上不错，能展现设计方案，但构图、色彩等细节上不很理想。	完美地诠释设计方案。	
交流与评价	不与他人交流，他人发言时注意力不集中或经常无必要地打断他人的发言，没有反馈。	倾听他人的发言并给出反馈，但反馈意见缺少建设性。	倾听他人的发言并积极反馈，反馈意见缺少建设性。	倾听他人的发言并积极反馈，反馈意见具有建设性，激发了同伴的思维。	
环保意识的培养	对环保的了解跟以前一样，没什么太大变化。	通过网上资料搜索，了解了更多环保知识，也仅限于了解。	通过网上资料搜索，了解了更多环保知识，并且有了环保意识，明白环保要从日常生活中的一件件小事做起。	不仅自己有了环保意识，还会把环保知识传播给身边的朋友，帮助身边的朋友也养成正确的习惯。	

		五、上交阶段			

把自己的文件夹压缩，以"组号＋姓名"命名，提交压缩文件。该压缩文件中应包括"学习过程记录表"、"作品源文件"（psd 格式）、最终作品（jpg 格式）和用到的素材。

第六章　素材的加工与处理

学习目标 ▶

1. 了解各种素材的类型，区别不同类型素材的差异。
2. 根据实际需要，合理选择媒体素材，能完整准确地采集媒体资源。
3. 熟练应用软件处理各种类型的素材，将其应用在多媒体软件和教学网站中。

内容概览 ▶

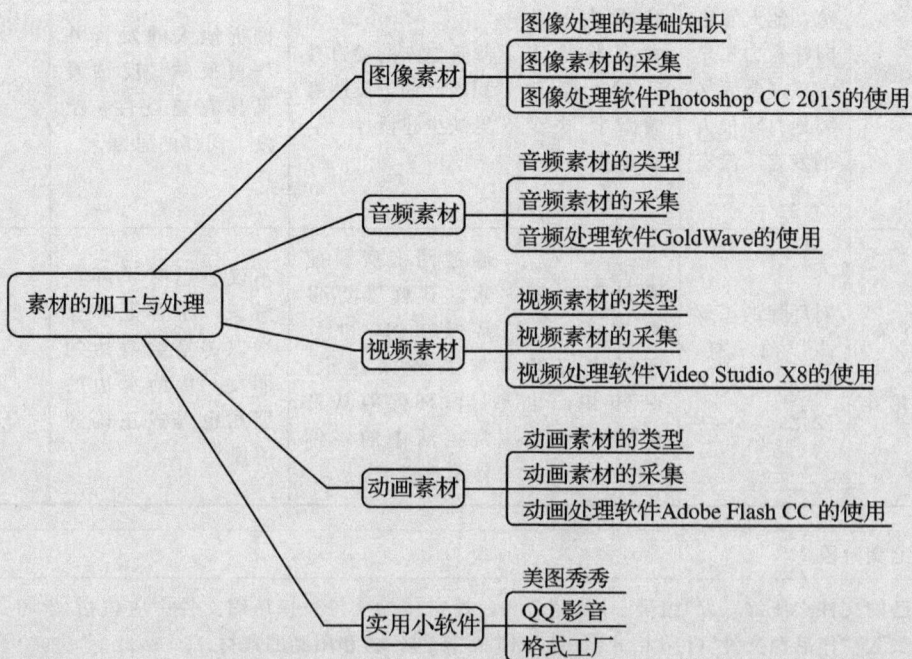

　　开展信息化教学需要对教学过程进行精心地设计，根据教学实际需要选取合适的素材。素材是教学过程中用于呈现教学内容的各种数据，是传播教学信息的基本材料单元。素材的获取与处理是开展多媒体教学的基础和关键技术。

　　在多媒体教学中，我们常用的素材有图像、音频、视频、动画等多种类型，对素材处理的品质好坏直接影响教学的质量，所以我们要掌握素材获取和处理的基本技术，使不同类型的媒体素材以最恰当的形式呈现，达到最佳的教学效果。

第一节　图像素材

　　图像是最重要的媒体形式之一，也是学生最容易感知和接受的表达方式之一。它是一种直观的教学媒体，既能形象、生动地表现教学信息，又能帮助学习者快速、直接地理解学习内容。

一、图像处理的基础知识

　　传统的图像是固定在图层上的画面，如静态照片，它在形成之后很难再改变。数字图像以 0 和 1 的二进制数据表示，借助于工具软件，便可以修改、复制、保存。我们以数字图像为例来了解图像处理的基础知识。

1. 位图与矢量图像

数字图像主要分为两种类型：位图和矢量图。

（1）位图

位图是以点或像素的方式来记录图像，图像是由多个点组成的，也被称为像素图像或点阵图像。创建一幅位图的最简便的方法就是通过扫描获得。位图的色彩显示自然、柔和、逼真，但当位图放大时会产生失真，整体图形会变成无数单个的方块，如图 6-1 所示，并且随着位图尺寸的增大，所占用的磁盘空间也急剧增大。Photoshop 是位图图像处理软件，常见的位图格式包括 BMP 格式、JPEG 格式、GIF 格式和 PSD 格式。

　　BMP 格式是一种与硬件设备无关的图像文件格式，它采用位映射存储格式，除了图像深度可选以外，不采用其他任何压缩，因此，BMP 文件所占用的空间很大。由于 BMP 文件格式是 Windows 环境中交换与图有关的数据的一种标准，因此在 Windows 环境中运行的图形图像软件都支持 BMP 图像格式。其文件扩展名是 bmp。

　　JPEG(joint Photographic Experts Group，联合图像专家组)格式，是最常用的图像文件格式，采用有损压缩格式，能够将图像压缩在很小的储存空间，图像中重复或不重要的资料会被丢失，因此容易造成图像数据的损伤。JPEG 格式是目前网络上最流行的图像格式，其文件后扩展名是 jpg 或 jpeg。

GIF(Graphics Interchange Format，图像互换格式)格式，是 CompuServe 公司在 1987 年开发的图像文件格式。GIF 文件的数据，是一种基于 LZW 算法的连续色调的无损压缩格式。其压缩率一般在 50％左右，它不属于任何应用程序。目前几乎所有相关软件都支持它，公共领域有大量的软件在使用 GIF 图像文件。其文件扩展名是 gif。

PSD 格式是 Photoshop 图像处理软件的专用文件格式，可以支持图层、通道、蒙板和不同色彩模式的各种图像特征，是一种非压缩的原始文件保存格式。PSD 文件有时容量会很大，但由于可以保留所有原始信息，在图像处理中对于尚未制作完成的图像，选用 PSD 格式保存是最佳的选择。其文件扩展名是 psd。

(2)矢量图

矢量图是由数学函数记录的线条和色块组成的图，主要由计算机软件计算而成。矢量图的信息存储量小，缩放过程中边缘平滑不失真，如图 6-2 所示，但是由于它是用数学函数来描述图像，运算较复杂，且所制作出的图像色彩不够丰富，看上去不够柔和逼真，无法精确地再现物象。矢量图多用于制作卡通插画、企业标志等，矢量图形格式也很多，如 Flash 的 FLA 格式、Adobe Illustrator 的 AI 格式、Corel DRAW 的 CDR 格式等。

经过软件处理，矢量图可以很轻松地转化为位图，而位图要想转换为矢量图必须经过复杂而庞大的数据处理，而且生成的矢量图质量也会有很大的出入。位图和矢量图各有各的优势，几乎无法相互替代，长久以来，两者在应用中一直平分秋色。

图 6-1　位图放大效果图　　　　图 6-2　矢量图放大效果图

2. 像素与分辨率

位图的基本单位是像素，在创建位图时必须为其指定分辨率的大小，位图的像素和分辨率均能体现图像的清晰程度。

像素，英文为 Pixel，又叫 Picture Element，位图图像是由按一定间隔排列的亮度不同的像点构成的，形成像点的单位即"像素"，它是构成图像的最小单位。同样大小的一幅图像，像素越多图像就越清晰，视觉效果就越逼真。

分辨率是指单位长度上的像素数目，单位长度上的像素数越多，分辨率就越高，图像就越清晰，表现的细节越丰富，所需的存储空间就越大。分辨率决定了位图图像细节的精细程度。通常，分辨率被表示成水平和垂直方向上的像素数量，如 1024×

768 等。分辨率又可细分为图像分辨率、显示分辨率、打印分辨率。

图像分辨率指图像中存储的信息量，是每英寸图像内有多少个像素点，分辨率的单位为 PPI(Pixels Per Inch)，通常叫作像素每英寸。例如，图片分辨率为 72，即每英寸包含 72 个像素点，1 英寸等于 2.54 厘米，那么通过换算可以得出每厘米包含 28 个像素点；又如，15 厘米×15 厘米长度的图片，包含 420×420 个像素数。

显示分辨率是显示器在显示图像时的分辨率，它是用点来衡量的，显示器上这个"点"就是指像素。显示分辨率的数值是指整个显示器所有可视面积上水平像素和垂直像素的数量。例如，1024×768 的分辨率，是指在整个屏幕上水平显示 1024 个像素，垂直显示 768 个像素。

打印分辨率是指打印机等输出设备在输出图像时每英寸产生的墨点数，只有当图像分辨率与使用的打印机输出分辨率成正比时，才能产生较好的图像输出效果。

像素与分辨率是针对位图而言的，位图由像素点构生，当放大图像时，像素点也放大了，但每个像素点表示的颜色是单一的，所以在位图放大后就会出现马赛克现象。而矢量图形与像素、分辨率无关，将它缩放到任意大小和以任意分辨率在输出设备上打印出来，都不会影响清晰度。

3. 色域

色域又称为色彩空间，它代表了一个色彩影像所能表现的色彩具体情况。我们经常用到的色彩空间主要有 RGB、CMYK、Lab 等，而 RGB 色彩空间又有 Adobe RGB、Apple RGB、sRGB 等几种，其中 Adobe RGB 与 sRGB 则是我们最为常见的，也是目前数码相机中重要的设置。

Adobe RGB 是由 Adobe 公司推出的色域标准，sRGB 是由惠普公司与微软公司共同开发的色域标准。Adobe RGB 比 sRGB 有更宽广的色彩空间，它包含了 sRGB 所没有的 CMYK 色域，层次较丰富，但色彩饱和较低。当把 Adobe RGB 模式拍摄的图像更改为 sRGB 模式时，影像的色彩会有所损失。但由于其色域较广，所以影像的色彩还会真实地反映出来。当把 sRGB 模式拍摄的影像转换为 Adobe RGB 模式时，由于 sRGB 本身色域较窄，我们所见到的色彩变化不明显。另外，由于 sRGB 拥有较小的色域空间，它主要用于网页浏览等。而 Adobe RGB 具备非常大的色域空间，应用较为广泛。

CMYK 也称作印刷色彩模式，即青、洋红(品红)、黄、黑四种色彩，在印刷中通常由这四种色彩再现其他成千上万种色彩。它和 RGB 不同的是：RGB 模式是一种发光的色彩模式，CMYK 是一种依靠反光的色彩模式。所有在屏幕上显示的图像，就是 RGB 模式表现的，在印刷品上看到的图像，就是 CMYK 模式表现的。

Lab 色彩模型是由明度和有关色彩的 a、b 三个要素组成。L 表示明度(Luminosity)，a 表示从洋红色至绿色的范围，b 表示从黄色至蓝色的范围。Lab 色彩模型是一种与设备无关的颜色模型，色域宽阔。它不仅包含了 RGB、CMYK 的所有色域，还能表现它们不能表现的色彩。人的肉眼能感知的色彩，都能通过 Lab 模型表现出来。另外，Lab 色彩模型还弥补了 RGB 色彩模型色彩分布不均的缺陷，如 RGB 模型在蓝色到绿色之间的过渡色彩过多，而在绿色到红色之间又缺少黄色和其他色彩。如果我们想在数字图形的处理中保留尽量宽阔的色域和丰富的色彩，最好选择 Lab 模型。

二、图像素材的采集

多媒体软件中需要的图像素材可以从多种渠道获得。例如，用软件创建、用数码相机拍摄、从动画视频中捕捉、网络下载等。下面分别介绍各种采集方法。

1. 光笔/软件创建

光笔是计算机的一种输入设备，对光敏感，外形像钢笔。光笔利用电缆与计算机主机相连，能直接在显示屏幕上进行绘图、改图、旋转、移位、放大等多种操作。

图像绘制软件可以根据需要创建各种图像。例如，Windows 的画笔、Painter、Photoshop 等都可以用来绘制图像。此外，AutoCAD 可以用于三维造型创建，Fireworks、CorelDraw、Adobe Illustrator、Macromedia Freehand 等可以用来创建矢量图，这些软件都提供了功能强大的绘图工具、着色工具、滤镜等，一般来说，我们能够想象出来的图像，都能用这些软件制作出来。

2. 相机拍摄/屏幕捕捉

数码相机是近年来广泛使用的一种图像采集手段，它通过感光芯片和存储卡来记录各种影像，并通过计算机的通信接口将图像传送到计算机硬盘上，再根据实际需要对数码照片做适当地加工处理，将其应用在多媒体软件中，这种方法可以方便快捷地获取各种图像。

屏幕捕获是获得静态图片的常用方法，最简便的就是通过键盘捕获"PrtSc 按键"来捕获显示器的全屏或者用"Alt＋PrtSc 按键"捕获当前的活动窗口，捕获的图片被直接复制到剪贴板中，打开任意的图形图像处理软件，用"编辑—粘贴"的命令即可看到捕获的图像，再另存为文件即可。

专门的屏幕抓图软件可以自由抓取屏幕上任意位置的图形，常用的屏幕抓图软件有 Windows7、Windows8 系统自带的 Snipping Tool、HyperSnap-DX、Capture Profession、SnagIt 等，其中 HyperSnap-DX 是一个著名的屏幕抓图软件，它的屏幕截取功能做得相当优秀，它让用户能够随心所欲地使用热键或手动从屏幕上抓取图片。HyperSnap 屏幕截取方式多样、操作简单，能即时对游戏、视频、图片进行捕捉，且能以多种图片格式保存并预览图片。

3. 网络下载

网络资源丰富，用户可以通过搜索引擎查找或直接访问专业图像素材网站获取图像素材。通常，我们直接在图片上单击鼠标右键，选择"图片另存为"即可将需要的图片保存下来。

三、图像处理软件 Photoshop CC 2015 的使用

Photoshop 是 Adobe 公司开发的专业图像处理软件，它具有强大的图像处理能力，可进行高精度的图像加工，集图像扫描、编辑修改、图像制作、广告创意、图像输入与输出于一体，支持几乎所有的图像格式和色彩模式，深受人们喜爱。下面我们介绍 Photoshop CC 软件的基本功能。

（一）界面与工具

Photoshop CC 的工作界面图 6-3 所示，包括菜单栏、标题栏、工具选项栏、选项卡、文档窗口、面板、工具箱、状态栏等组件。

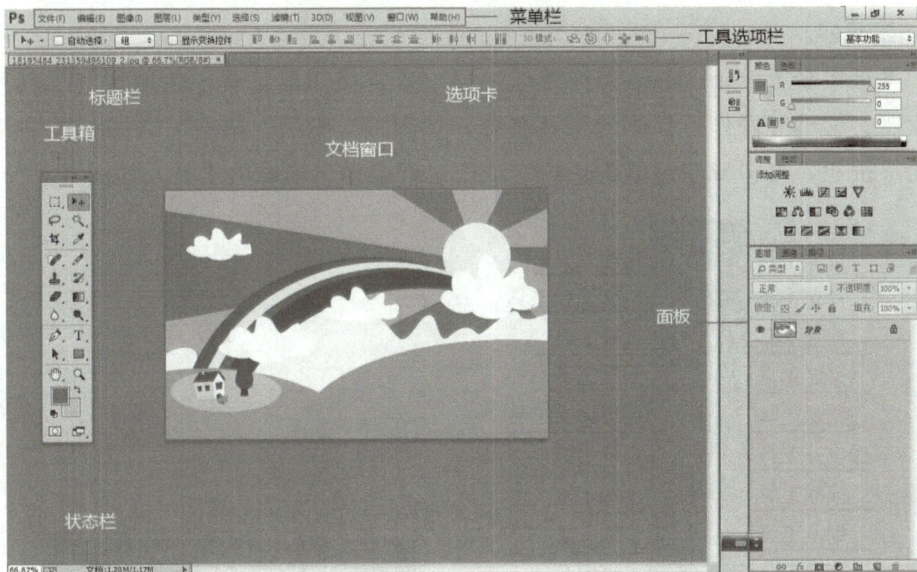

图 6-3　Photoshop CC 工作界面

1. 菜单栏

在 Adobe Photoshop CS6 的界面上，菜单栏位于最顶端，包含"文件""编辑""图像""图层""文字""选择""滤镜""视图""窗口""帮助"10 个菜单，每个菜单的下拉菜单中都有相对应的一组指令。

2. 标题栏

标题栏中呈现当前文档名和文档格式、显示比例以及图像色彩模式等信息，单击"×"按钮，即可关闭当前文档。

3. 选项卡

同时打开多个图像时，在窗口中只显示一个图像，其他的最小化到选项卡中。

4. 工具选项栏

当在工具箱中选中某一工具后，工具选项栏中就会出现对应的工具属性和参数，用户可以根据需要设置各参数的值，如图 6-4 所示。

图 6-4 移动工具的选项栏

5. 文档窗口

文档窗口，即图像显示的区域，也是对图像进行编辑和修改的区域，它占据了工作界面的主要部分。我们可以对图像窗口进行缩放、移动等操作。

6. 面板

Photoshop 中有很多选项面板，这些面板可以对图像进行直观的编辑操作，设置各种功能。点击菜单栏中的【窗口】命令，可以打开或关闭各种面板。

7. 工具箱

工具箱集合了 Photoshop 图像处理过程中最常使用的工具，使用这些工具可以完成绘制、编辑等操作，具体的工具名称，如图 6-5 所示。某些工具图标的右下角有三角形按钮，右击或左键单击长按住该按钮就会弹出隐藏的工具，如图 6-6 所示。

图 6-5 工具栏选项

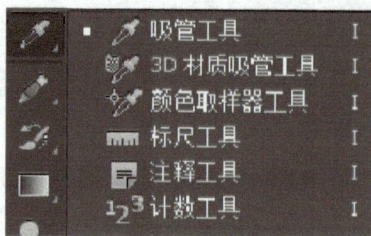

图 6-6 吸管工具的隐藏工具

8. 状态栏

状态栏位于图像窗口的底部，主要显示当前窗口的显示比例，当前图像文件的大小，当前所选工具及正在进行操作的功能和作用。

(二)基本操作

1. 新建和打开文件

打开 Photoshop 软件，点击菜单中的【文件】→【新建】命令或者按快捷键"Ctrl＋N"弹出新建对话框，如图 6-7 所示。输入文件名，设置文件尺寸、分辨率、颜色模式和背景内容等选项，单击"确定"按钮，即可创建一个空白文件，如图 6-8 所示。

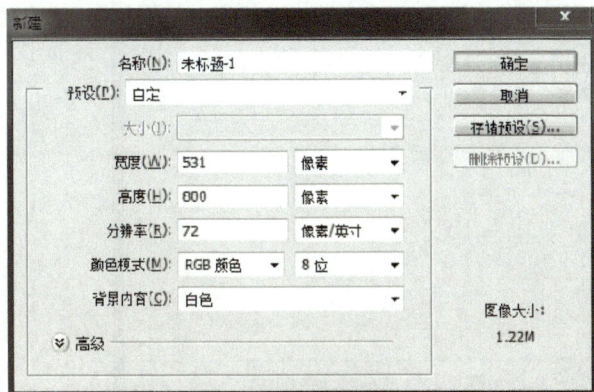

图 6-7 新建对话框

图 6-8 新建空白文档

要打开一个已有的图像文件，点击菜单中的【文件】→【打开】命令或按快捷键"Ctrl＋O"，弹出"打开"对话框，选择要打开的文件，如图 6-9 所示，单击"打开"按钮将其打开。还可以直接将 Windows 文件浏览器中的图像文件，拖拽到 Photoshop 软件界面中将其打开。

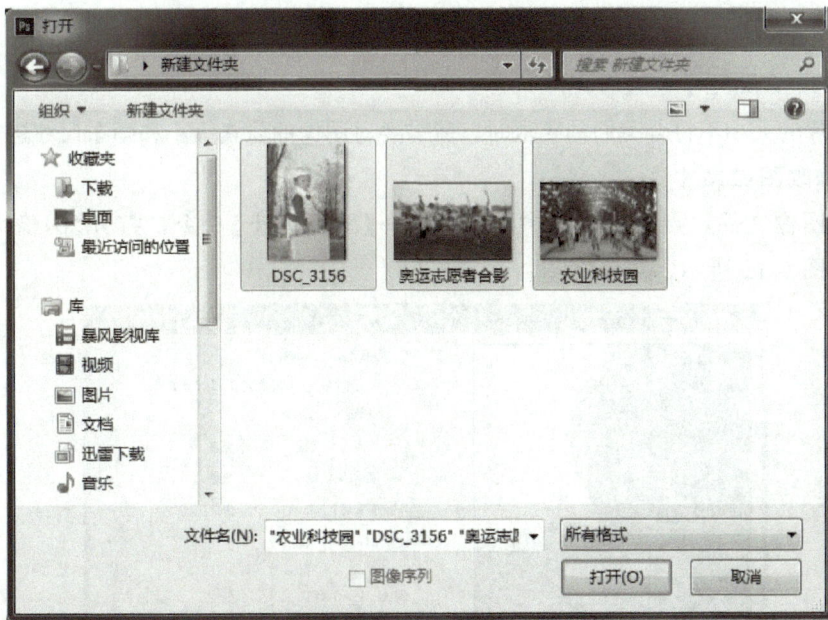

图 6-9 同时打开多个图片文档

2. 保存文件

对图像编辑完成后，可以点击菜单栏中的【文件】→【存储】命令，或按快捷键"Ctrl＋S"保存文档。若是新建文档则弹出"存储为"对话框，如图 6-10 所示，输入文件名，选择保存类型，单击"确定"保存。

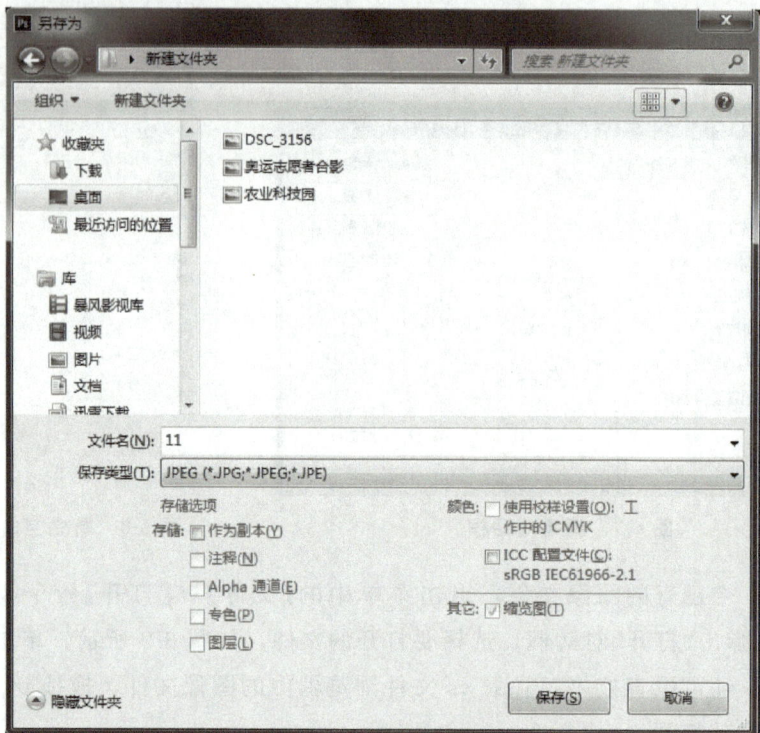

图 6-10　"存储为"对话框

3. 修改图像尺寸和画布尺寸

当图片的大小不符合我们的要求时，就需要对图像的像素大小和画布尺寸进行修改。

（1）修改图像尺寸

打开图像文件，点击菜单栏中的【图像】→【图像大小】命令，打开"图像大小"对话框，如图 6-11 所示。

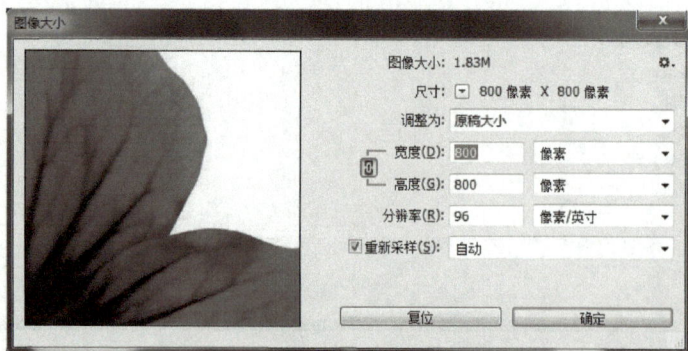

图 6-11　修改图像大小对话框

在对话框中设置图像的"高度""宽度"和"分辨率"等参数。如果选择了"重新采样"选项，这时改变"高度"和"宽度"数值后，图像像素总数会发生变化；如果取消选择"重新采样"选项，这时改变"高度"和"宽度"数值后，像素总数不会发生变化，但图像分辨率会发生变化。

（2）修改画布尺寸

画布是指整个文档的工作区域，要修改画布尺寸，点击菜单栏中的【图像】→【画布大小】命令，打开"画布尺寸"对话框进行修改，如图 6-12 所示。

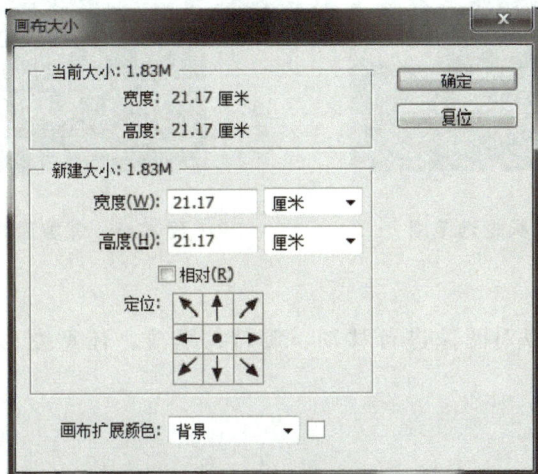

图 6-12　修改画布尺寸对话框

①当前大小：当前图像和画布的实际高度和宽度。

②新建大小：设置新的画布尺寸。

③相对：输入相对增加或减少的尺寸，正值为增加，负值为减少。

④定位：单击不同的方格后，显示的箭头指向，即是画布扩充的方向。

4. 旋转画布

点击菜单栏中的【图像】→【图像旋转】命令，如图 6-13 所示，在下拉菜单中选择相应的旋转命令，可以执行"水平旋转画布""垂直旋转画布"或设置任意角度。

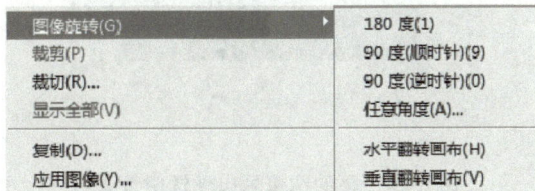

图 6-13　旋转图像命令

5. 裁剪图像

裁剪工具可以对图像画布进行裁剪，重新设定画布的大小。选择工具栏中的裁剪图标，点击并拖动鼠标左键，框选出要裁剪的画面范围，如图 6-14 所示。松开鼠标后，可以通过调整裁剪边框改变裁剪的范围。调整好后，按回车键执行裁剪命令，如图 6-15 所示。

图 6-14　裁剪工具框选范围　　　　　　图 6-15　裁剪后的效果

6. 图像的变换

Photoshop 中可以对图像进行移动、旋转、缩放、任意变形等操作，我们称之为变换操作。

（1）移动工具

移动工具 是工具箱中最常用的工具，主要用来移动图层及图层中的图像，或是拖动其他图像文档到当前文档。单击图标 ，选中移动工具，可以对图像进行移动操作，如图 6-16 所示。

图 6-16　移动图像后出现透明背景

（2）对图像进行变换操作

点击菜单栏中的【编辑】→【变换】命令，其下拉菜单中有各种变换命令。当执行这些命令时，当前对象周围出现一个定界框，拖动四周的有控制点可以进行变换操作，中央的中心点是图像的旋转中心，改变中心点的位置，可以重置旋转中心，如图 6-17 所示。

图 6-17　图像变换操作

(三)选区操作

在 Photoshop 里对图像的局部进行编辑操作时，首先要明确操作的有效区域，这时就需要创建选区，如图 6-18 所示。如果不创建选取，默认的是对整张照片进行修改。Photoshop 中常用的抠图效果就是使用选区工具，选择图像区域后，用移动工具可以将其分离出来，如图 6-19 所示。

图 6-18　用选区工具选择图像的局部 　　　图 6-19　使用移动工具移动选区内容

Photoshop 中有两种效果的选区，一种是普通选区，这种选区具有明确的边界，所选取的图像边界清晰、准确，如图 6-20 所示。另一种是羽化选区，该选区工具选出的图像，其边界会呈现逐渐透明的效果，如图 6-21 所示。

图 6-20　普通选区效果　　　　　　　　图 6-21　羽化选区效果

1. 建立选区

Photoshop 中提供了大量的选择工具和命令，用来选择不同类型的对象。

（1）使用基本形状选择工具

选框工具包括矩形选框工具、椭圆选框工具、单行选框工具和单列选框工具，可以选区规则的形状选区，如图 6-22 所示。

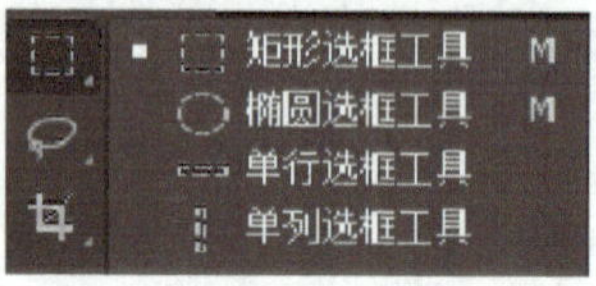

图 6-22　基本形状选择工具

（2）利用色调差异选择工具

快速选择工具、魔棒工具和套索工具可以利用色调之间的差异建立选区，如图 6-23 所示。

图 6-23　色调差异选择工具

（3）使用快速蒙版选择工具

单击工具箱中的以快速蒙版模式编辑按钮，图像进入快速蒙版状态，此时可以用各种绘画工具对蒙版进行擦除或填充等操作，操作后，单击标准模式编辑按钮，图像转回到普通状态，这时对蒙版的擦除或填充效果会转化为相应的选区，如图 6-24 所示。

图 6-24　使用快速蒙版创建选区

2. 选区的基本操作

（1）全选和反选

点击菜单栏的【选择】→【全部】命令或按下"Ctrl＋A"快捷键，可以选择当前文档内的全部图像。创建选区后，点击菜单栏的【选择】→【反向】命令或按下"Shift＋Ctrl＋I"快捷键，可以反向选择选区。

（2）取消选择与重新选择

创建选区后，执行菜单栏的【选择】→【取消选择】命令或按下"Ctrl＋D"快捷键，可以取消选区。如果要恢复被取消的选区，可以点击菜单栏中的【选择】→【重新选择】命令。

（3）选区运算

在图像中存在选区的情况下，使用选区工具创建新的选区，新选区与现有选区之间进行运算，选区的运算包括四种方式，图标为 ▨ ▣ ▚ ◪ ，四个选项从左至右依次为："新选区""添加到选区""从选区中减去""与选区交叉"。

选择"新选区"则会替换现有选区；选择"添加到选区"则添加新选区到现有选区的区域；选择"从选区中减去"则会从现有选区中减去新选区的区域；选择"与选区交叉"则会取新选区与现有选区的交集区域。

（4）移动选区

用鼠标选择选区时，在不松开鼠标的情况下，按下空格键，可以拖动鼠标移动选区。也可以在选定选区后，在选区工具（基本选区工具、套索工具、快速选择工具）被选中，且选区运算选择"新选区"的情况下，可以在选区内单击并拖动鼠标来移动选区。

3. 编辑选区

创建选区后，可以对选区的边界进行修改。

（1）创建边界选区

在图像中创建选区后，点击菜单栏中的【选择】→【修改】→【边界】命令，如图 6-25 所示，在打开的边界选区对话框中，输入边界像素值，如图 6-26 所示。可以将选区的边界向内部和外部扩展，扩展后的边界与原有选区边界形成新的选区，如图 6-27 所示。

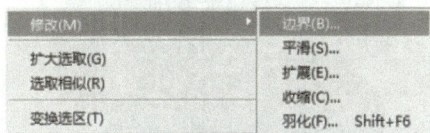

图 6-25　执行修改边界命令

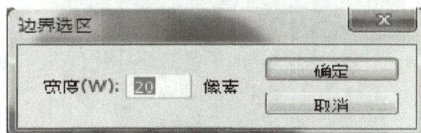

图 6-26　设置边界像素值

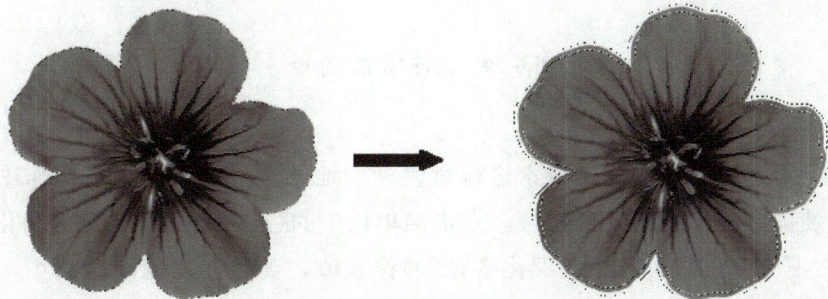

图 6-27　执行"边界"命令

（2）平滑选区

在图像中创建选区后，点击菜单栏中的【选择】→【修改】→【平滑】命令，在打开的"平滑选区"对话框中设置"取样半径"数值，执行命令后，可以看到选区变得更加平滑，如图 6-28 所示。

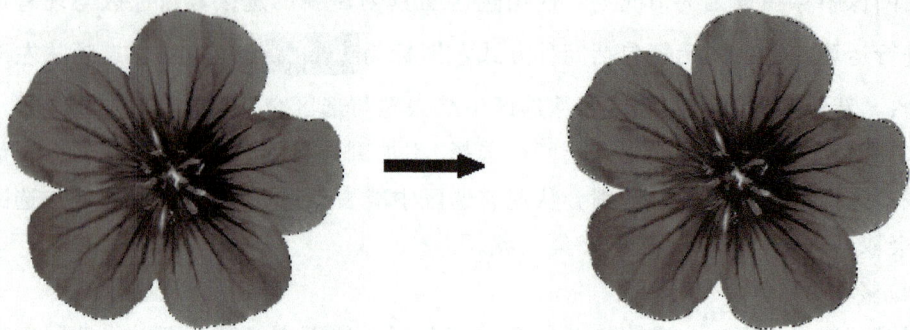

图 6-28　执行"平滑"命令

（3）扩展与收缩选区

在图像中创建选区后，点击菜单栏中的【选择】→【修改】→【扩展】命令，在打开的"扩展选区"对话框中设置"扩展量"的数值，执行命令后的效果，如图6-29 所示。执行菜单栏中的【选择】→【修改】→【收缩】命令，与【扩展】命令相反，可以收缩选区范围。

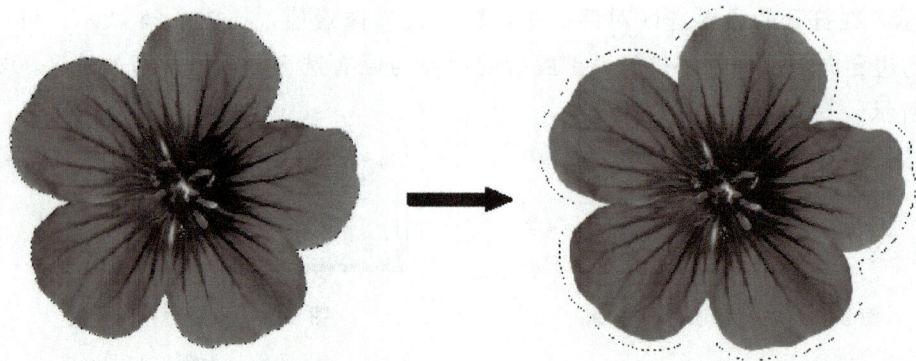

图 6-29　执行"扩展"命令

（4）对选区进行羽化

羽化是对选区边界周围的像素进行过渡渐变地处理，在图像合成操作中应用较多，可以使图像更好地与背景融合。点击菜单栏中的【选择】→【修改】→【羽化】命令，在打开的"羽化"对话框中输入"羽化半径"的像素值，确定羽化范围的大小，如图 6-30 所示，为羽化后的选区选取的图像。

图 6-30　羽化选区后合成图像的效果

（5）变换选区

在图像中创建选区后，点击菜单栏中的【选择】→【变换选区】命令，选区上显示定界框，拖动控制点可以对选区进行旋转、缩放等变换操作，如图 6-31 所示。

图 6-31　使用"变化选区"命令旋转选区

（6）存储选区

在图像中创建选区时，为方便后期的使用和修改可以将选区进行存储。点击菜单栏中的【选择】→【存储选区】命令，打开"存储选区对话框"，保存选区，如图 6-32 所示。

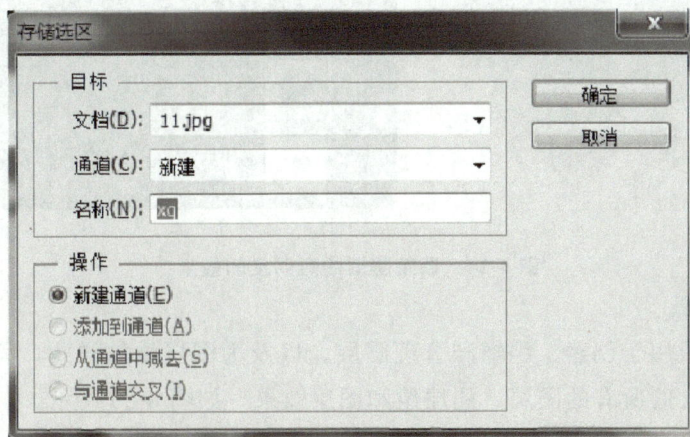

图 6-32　"存储选区"对话框

（7）载入选区

执行菜单栏中的【选择】→【载入选区】命令，可以载入选区。

(四)图层

Photoshop 中对图像所有的操作基本上都在图层中进行，因此图层的功能很重要。Photoshop 中的图层存放着待处理的图像，并且每个图层上都保存着不同的图像，图层就如同堆叠在一起的透明纸，都可以单独进行编辑操作而互不影响，我们观看到的效果是若干张透明纸叠加到一块的效果，如图 6-33 所示。

图 6-33　图层像透明的纸

除"背景"图层外，其他图层都可以通过调整不透明度，让图像内容变得透明，如图 6-34 所示。修改混合模式，让上下层之间的图像产生特殊的混合效果。通过眼睛图标可以切换图层的可视性。

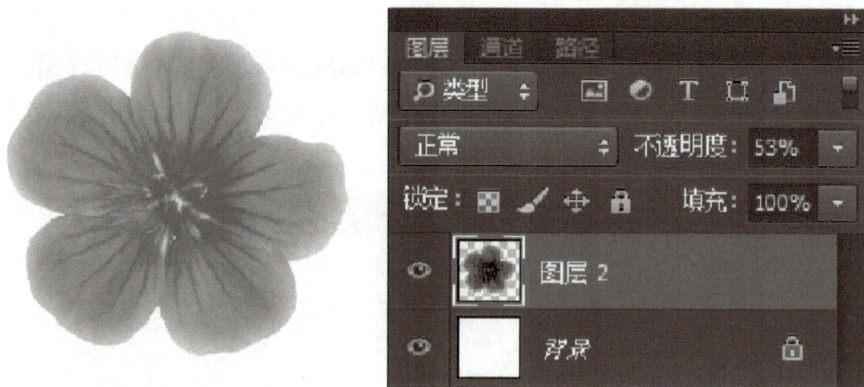

图 6-34　调整图层的透明度的效果

1. 图层面板

"图层"面板用于创建、编辑和管理图层，以及为图层添加样式，面板中列出了图像文档中包含的所有的图层、图层组和图层效果，如图 6-35 所示。

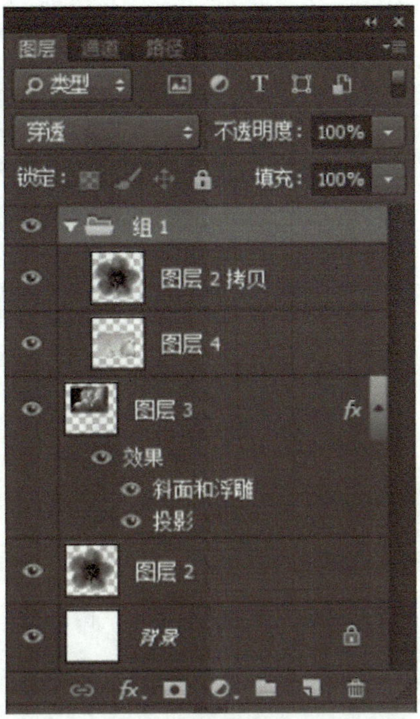

图 6-35 图层面板

2. 图层的基本操作

（1）创建图层

Photoshop 中创建图层的方法有很多种。可以单击"图层"面板中的创建新图层按钮图标 ▣，即可在当前图层上面新建一个图层。或者点击菜单栏中【图层】→【新建】→【图层】命令，新建图层。或者在图像中存在选区的情况下，点击【图层】→【新建】→【通过拷贝的图层】命令，将选区中的图像复制成一个新的图层。

（2）复制图层

选中要复制的图层，然后点击菜单栏的【图层】→【复制图层】命令，或者右键单击该图层，在弹出的快捷菜单中选择"复制图层"命令，或者拖动要复制的图层到图标 ▣ 上，都可以复制图层。

（3）删除图层

选择相应图层，然后点击菜单栏的【图层】→【删除图层】命令，或者选中相应图层，右键单击在弹出的快捷菜单中选择"删除图层"命令，或者拖动要删除的图层到图标 🗑 上，都可以删除图层。

（4）图层的重命名和颜色修改

选中相应图层，执行菜单栏中的【图层】→【重命名图层】命令，或者通过双击图层的名称，直接修改图层名称，如图 6-36 所示。要修改图层的颜色，可以右键单击图层缩略图，在快捷菜单中选择，如图 6-37 所示。

图 6-36 修改图层名称

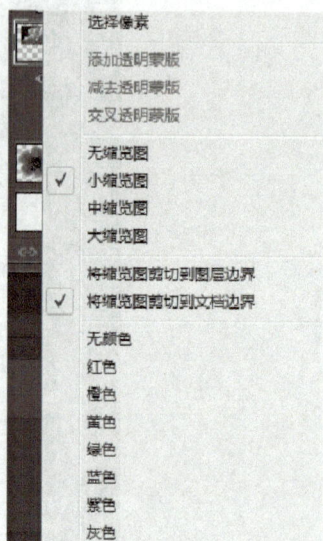

图 6-37 修改图层的颜色

（5）显示隐藏图层

单击图层面板中图层缩略图左侧的眼睛图标 ，图标隐藏，图层即隐藏。再次单击，图标显示，图层即显示。

（6）锁定图层

单击图层面板中的锁定工具栏中的图标 ，四个图标功能分别为："锁定透明像素""锁定图像像素""锁定位置""锁定全部"，根据不同需要，选择锁定项目。

（7）链接图层

在图层面板中选取两个或多个图层，单击链接图层图标 ，或点击菜单栏中的【图层】→【链接图层】命令，即可将所选图层链接。链接图层后，可以同时对链接的多个图层进行移动、缩放等编辑。若要取消图层链接，可先选取链接的图层，单击图标 ，或点击菜单栏中的【图层】→【取消链接图层】命令，即可取消链接。

（8）调整图层顺序

单击相应图层，拖动图层到相应位置，如图 6-38 所示。

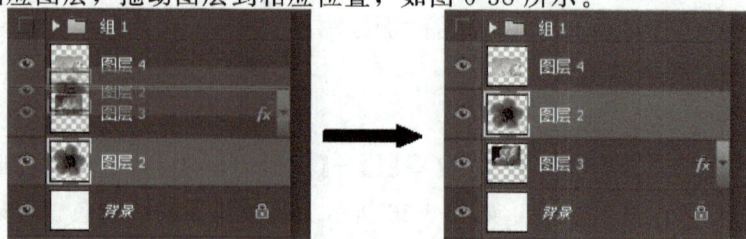

图 6-38 移动图层操作

（9）合并图层

在图层面板中选择两个或多个图层，点击菜单栏中的【图层】→【合并图层】命令，或者右击所选图层，在弹出的快捷菜单中选择"合并图层"选项，如图 6-39 所示，对所选图层进行合并。

图 6-39　合并图层

图 6-40　向下合并图层

（10）向下合并图层

若要将一个图层和它下面的所有图层进行合并，可选择该图层，执行菜单栏中的【图层】→【向下合并】命令，或者右击所选图层，在弹出的快捷菜单中选择"向下合并"选项，如图 6-40 所示，完成图层合并。

（11）拼合图像

若要将所有图层进行合并，点击菜单栏中【图层】→【拼合图像】命令，或者右击任一可见图层，在弹出的快捷菜单中选择"拼合图像"选项，如果图层面板中有隐藏图层存在，则会弹出如图 6-41 所示的对话框，选择"确定"，完成图层合并。

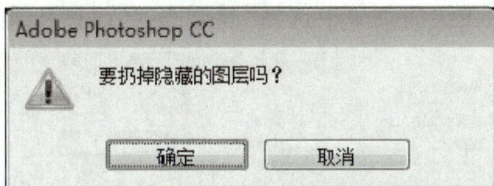

图 6-41　确认是否扔掉隐藏图层

（12）创建图层组

创建图层组，可以更好地组织和管理图层，使图层结构更加清晰。创建图层组的方法为：点击图层面板中的图标█，创建一个空的图层组文件夹，如图 6-42 所示。文件夹的命名方式和图层的命名方式一样。选中图层文件夹，单击图标█，可以在图层文件夹中创建一个新的图层，如图 6-43 所示。也可将现有的图层拖拽到图层文件夹中。

图 6-42　创建图层文件夹　　图 6-43　在图层文件夹中创建新图层

（13）取消图层编组

若要取消图层组，但要保留图层，可以选择该图层组，然后点击菜单栏中的【图层】→【取消图层编组】命令。若要将整个图层组删除，可以将图层组文件夹拖动到删除图标■上，执行删除操作。

3. 编辑图层样式

图层样式对图层进行的特效处理，如发光、描边、投影等效果。图层的样式可以修改、隐藏或删除。

（1）添加图层样式

在图层面板中，选择要添加样式的图层，然后点击菜单栏中的【图层】→【图层样式】命令，在下拉菜单中选择一个效果命令，打开效果的设置面板，如图 6-44 所示。或者用右键单击图层，在快捷菜单中选择"混合选项"，打开效果设置面板。

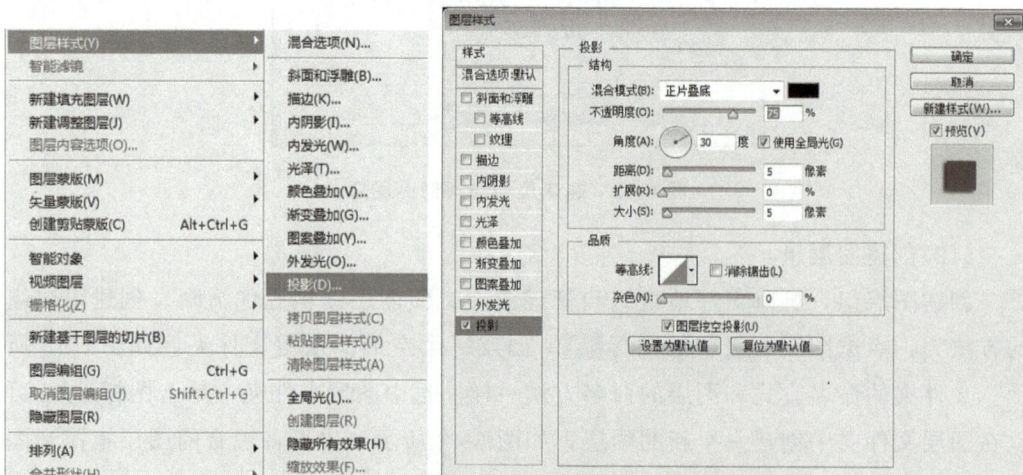

图 6-44　选择图层样式"投影"命令后，打开效果设置面板

（2）显示和隐藏图层样式

单击图层面板中图层效果前面的眼睛图标 👁投影 ，可以控制该效果的显示和隐藏，具体方法和图层的显示隐藏一样。

（3）修改效果

在效果层上双击，可以快速进入效果设置面板，对效果进行修改。

（4）复制、粘贴图层样式

选择添加了图层样式的图层，点击菜单栏中的【图层】→【图层样式】→【拷贝图层样式】命令复制效果，然后选择其他图层，点击【图层】→【图层样式】→【粘贴图层样式】命令，就可以将效果粘贴到所选图层上，如图 6-45 所示。

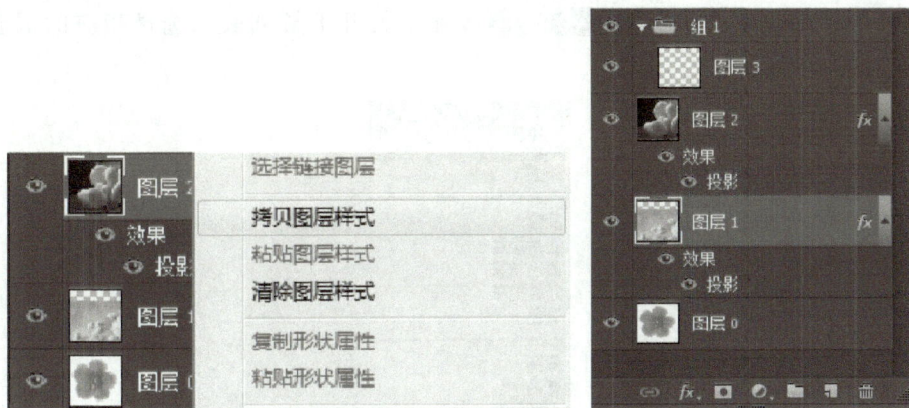

图 6-45　拷贝/粘贴图层样式

（5）清除图层样式

要清除图层的一种效果，可以拖拽该效果图标到删除图标 🗑 上，要删除一个图层的所有效果，可以拖拽图标 👁效果 到图标 🗑 上，进行删除。也可以选择图层后，执行【图层】→【图层样式】→【清除图层样式】命令进行操作。

Photoshop 中有很多预设的图层样式，点击菜单栏中【窗口】→【样式】命令，打开样式面板，如图 6-46 所示。选择图层后，单击其中的样式图标，就可以将样式应用到该图层中。

图 6-46　预设样式面板

4. 图层的不透明度和混合模式

（1）图层的不透明度

图层面板上部的"不透明度"和"填充"选项可以控制图层的透明度，如图 6-47 所示。100％表示"完全不透明"，50％表示"半透明"，0％表示"完全透明"。"不透明度"选项会影响到图层样式的不透明度，而"填充"选项不会影响图层样式的不透明度。

图 6-47 设置图层透明度

（2）图层的混合模式

混合模式用于控制当前图层中的像素与它下面的图层的混合方式。在图层面板中选择一个图层，单击图标 正常 按钮，打开下拉列表，选择相应的混合模式，如图 6-48 所示。

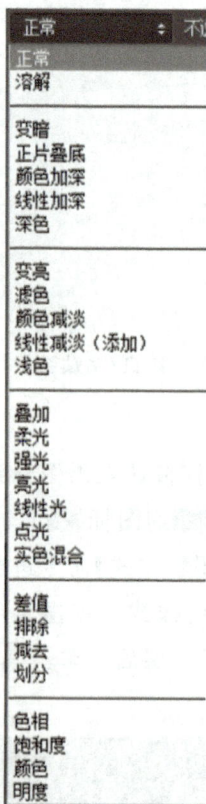

图 6-48 图层的混合模式

（五）颜色与色调调整

对图像颜色和色调进行调整是 Photoshop 的基本功能之一，Photoshop 提供了大量的调整色彩的工具。

1. 色彩调整命令

在菜单栏中点击【图像】→【调整】命令，下拉菜单中展示了用于调整色彩的各种命令，如图 6-49 所示。

图 6-49　图像色彩调整命令

（1）调整颜色和色调的命令

Photoshop 中最重要也是最常用的色彩调整工具是"色阶"和"曲线"命令，如图 6-50 所示。这两个工具可以调整图像的颜色和色调；"色相/饱和度"和"自然饱和度"命令用于调整色彩；"阴影/高光"和"曝光度"命令用于智能调整色调。

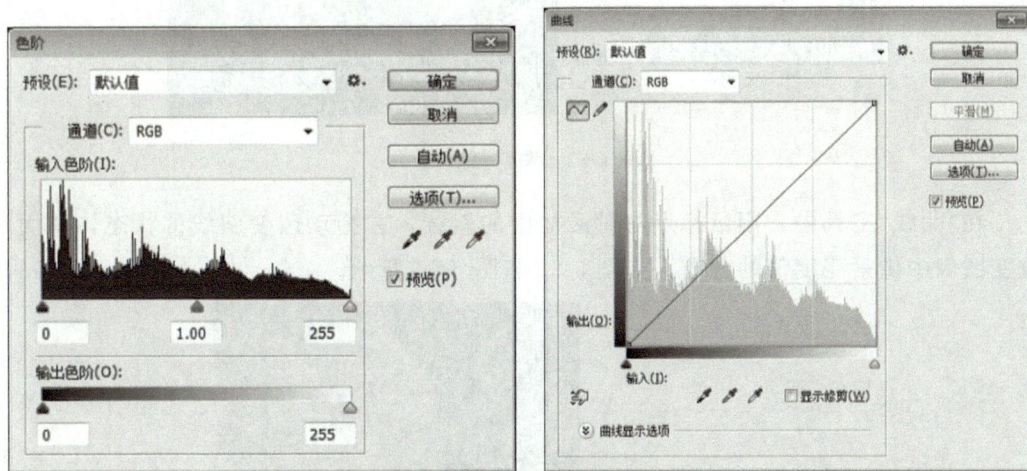

图 6-50　色彩调整色阶和曲线工具

在"色阶"工具中，移动三个滑块 ，可以重新定义图像的像素亮度值。例如，移动左侧黑色滑块，和右侧的白色滑块，底下对应的数值分别变为 80 和 180，表示将图像中亮度值低于 80 的像素的亮度重设为 0；

将图像中亮度值高于 180 的像素的亮度重设为 255，点击"确定"进行调整，如图 6-51 和图 6-52 所示。

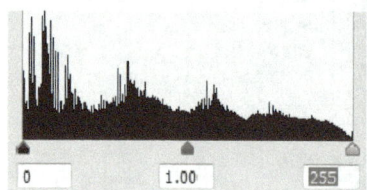

图 6-51　调整色阶前

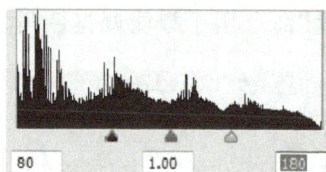

图 6-52　调整色阶后

在"曲线"工具中，用鼠标点击对话框中的斜线，并拖动改变斜线的状态，从而改变图像中像素亮度值的分布，如图 6-53 和图 6-54 所示。

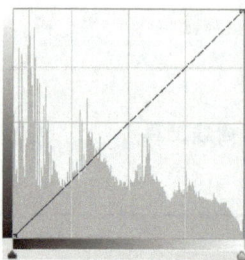

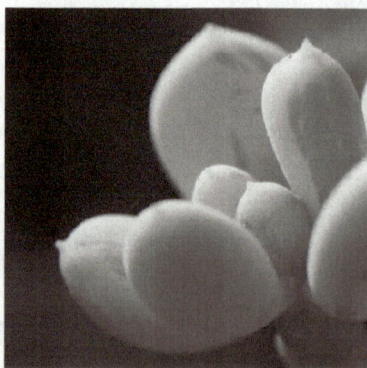

图 6-53　曲线工具调整前

图 6-54　曲线工具调整后

（2）匹配、替换和混合颜色的命令

"匹配颜色""替换颜色""通道混合器"和"可选颜色"命令可以匹配多个图像之间的颜色，替换指定的颜色或者对颜色通道做出调整。

（3）快速调整命令

"自动色调""自动对比度"和"自动颜色"命令能够自动调整图像的颜色和色调。"照片滤镜""色彩平衡""变化"用于调整图像色彩；"亮度/对比度"和"色调均化"命令用于调整图像的色调。

（4）其他调整命令

"反相""阈值""色调分离"和"渐变映射"分别可以将图片转换为负片效果、简化为黑白图像、分离色彩和使用简便颜色转化图片中原有的颜色。

2. 转换图像的色彩模式

色彩模式是图像用来显示和打印时采用的颜色方法，点击菜单栏中【图像】→【模式】命令，在下拉菜单中选择一种图像模式，如图 6-55 所示，即可将图像转化成该模式。

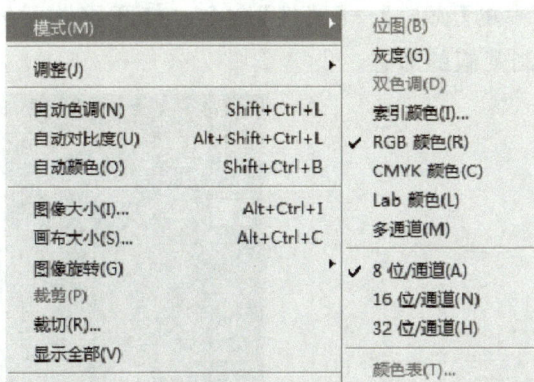

图 6-55　图像模式选项

（1）RGB、CMYK 和 Lab

常用的图像模式，索引颜色和双色调用于特殊色彩的输出模式。

（2）灰度模式

该模式下的图像不包含颜色，每个像素只有 0 到 255 之间的亮度值。

（3）位图模式

只有纯黑和纯白两种颜色，且只有灰度和双色调模式才能转化为位图，彩色图像转化为位图模式时，首先必须转化为灰度模式，然后转化为位图模式，这时，图像只保留像素亮度信息，色相和饱和度信息会被删除。如图 6-56 所示。

RGB 模式　　　　　　灰度模式　　　　　　位图模式

图 6-56

（六）蒙版与通道

Photoshop 中蒙版和通道在对图像进行复杂处理时发挥着重要的作用。

1. 蒙版

Photoshop 中的蒙版可以控制画面的显示和隐藏区域，而不必对图像进行删除操作，可以在更好地保证图像完好的前提下，对图像进行编辑操作。

（1）蒙版的类型

Photoshop 中的蒙版分为：图层蒙版、剪贴蒙版和矢量蒙版。图层蒙版通过蒙版的灰度信息控制图像的显示区域；剪贴蒙版通过一个对象形状来控制其他图层的显示区域；矢量蒙版通过路径和矢量形状控制图像的显示区域。

（2）添加图层蒙版

单击图层面板下方的添加蒙版 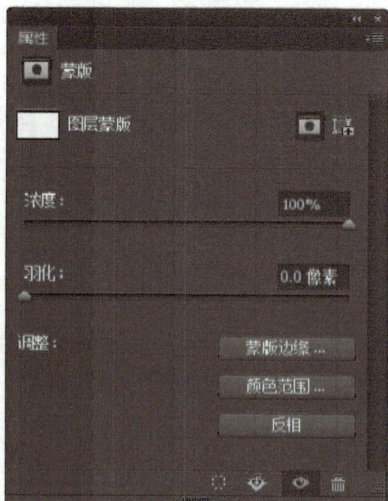 按钮，可以为当前图层添加图层蒙版，如图 6-57 所示，点击菜单栏中的【窗口】→【属性】命令，打开属性面板，如图 6-58 所示。修改蒙版参数可以控制蒙版的形态。

图 6-57　为图层添加图层蒙版　　　　　图 6-58　蒙版属性面板

　　图层蒙版中白色覆盖的图像区域可见，黑色覆盖的区域不可见，会显示下层图层的内容，灰色区域会使图像呈现一定的透明度，如图 6-59 所示。可以使用"画笔"等绘图工具对图层蒙版进行修饰，改变图像的显示区域。

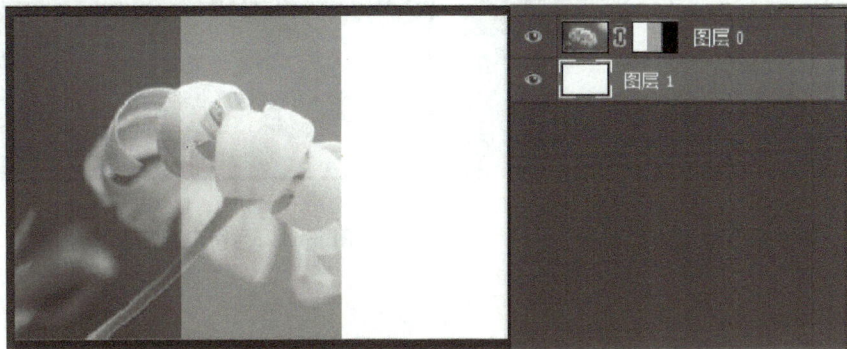

图 6-59　图层蒙版控制图像的显示

（3）添加矢量蒙版

　　矢量蒙版是由钢笔或矢量图形工具创建的蒙版。添加矢量蒙版的方法如下：选定相应图层，在工具箱中选择自定形状工具 ![icon]，在工具选项栏中选择"路径"选项 ![路径]，打开形状下拉面板，选择心型图形，如图 6-60 所示。

图 6-60　矢量图形面板

　　在画面中单击并拖动鼠标绘制路径，如图 6-61 所示。然后点击菜单栏中的【图层】→【矢量蒙版】→【当前路径】命令，或按住 Ctrl 键，单击"图层"面板中的 ![icon] 按钮，即可基于当前路径创建矢量蒙版，路径区域外的图像会被蒙版遮盖，如图 6-62 所示。

图 6-61　绘制心型路径

图 6-62　为图层创建矢量蒙版

（4）为蒙版添加效果

双击添加了矢量蒙版的图层，打开"图层样式"对话框。如图 6-63 所示，可以为蒙版添加样式效果。如图 6-64 所示，添加样式后的效果。

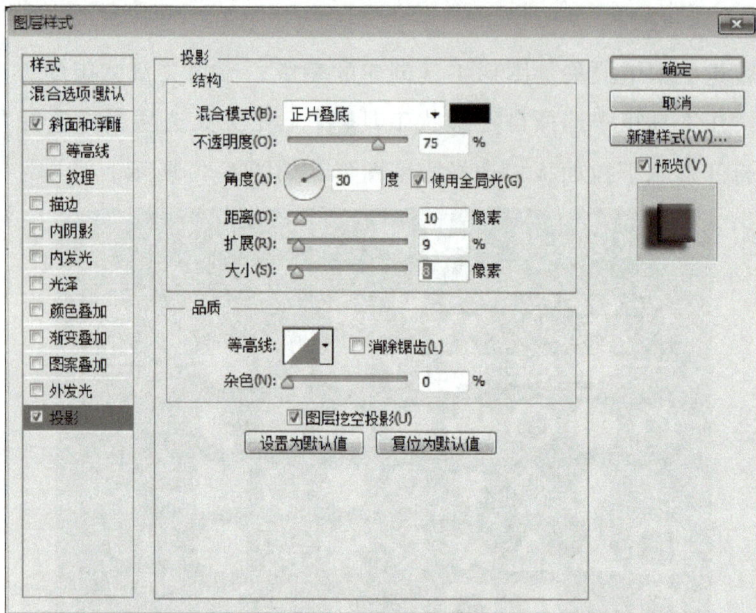

图 6-63　图层样式对话框

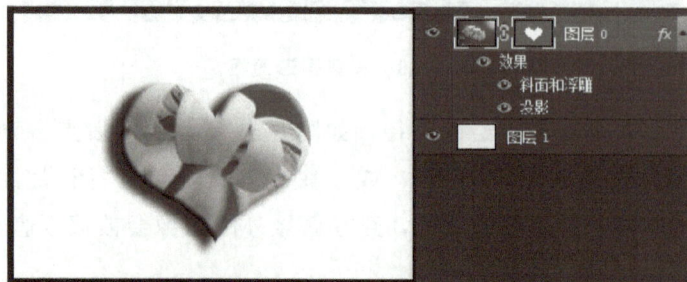

图 6-64　为矢量蒙版添加样式效果

（5）为蒙版添加形状

单击选中的矢量蒙版，此时蒙版缩略图外面出现白框，然后选择图形工具，继续在蒙版上添加图形，如图 6-65 所示。

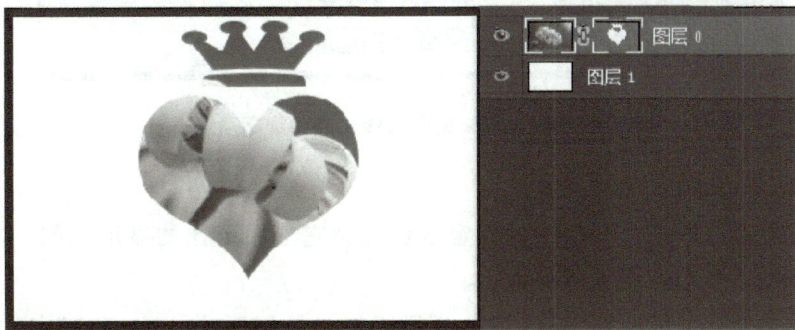

图 6-65 为矢量蒙版添加形状

（6）编辑蒙版中的图形

选中图层的矢量蒙版，然后选择路径选择工具 ![icon]，该工具可以对矢量蒙版上的图形进行拖拽移动操作，当按住 Alt 键拖拽时，可以对形状进行复制，如图 6-66 所示。

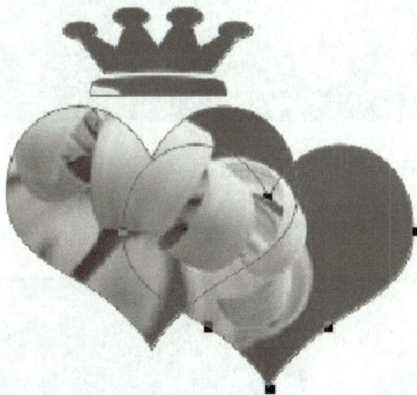

图 6-66 复制路径效果   图 6-67 拖动控制点改变路径形状

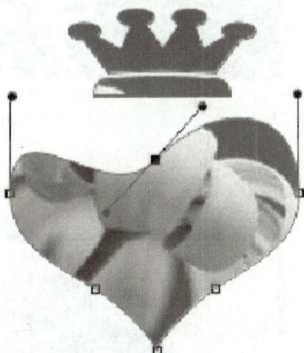

选择直接选择工具 ![icon]，单击矢量蒙版上的图形，则图形出现定界框和控制点，拖动控制点可以改变图形的形状，如图 6-67 所示。

也可以选中图形后，按 Ctrl＋T 快捷键，对图形进行变换操作。

（7）将矢量蒙版转化成图层蒙版

选择矢量蒙版所在图层，点击菜单栏中的【图层】→【栅格化】→【矢量蒙版】命令，或者右击矢量蒙版，选择"栅格化矢量蒙版"将其栅格化，转化为图层蒙版，如图 6-68 所示。

图 6-68　将矢量蒙版转化成图层蒙版

(8)添加剪贴蒙版

剪贴蒙版可以用一个图层中的特定区域控制它上层图像的显示范围，它可以通过一个图层控制多个图层的可见内容。

在背景图层上方创建新"图层 1"，用图形工具绘制形状，"图层 1"名称变为"形状 1"，如图 6-69 所示。

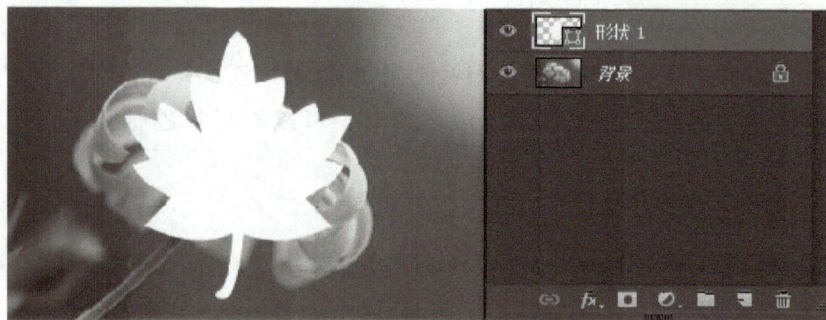

图 6-69　在图层上绘制形状

在"形状 1"上方新建"图层 2"，并在"图层 2"中放置图像，如图 6-70 所示。

图 6-70　在形状 1 上新建图层 2

右击"图层 2"，在快捷菜单中选择"创建剪贴蒙版"选项，如图 6-71 所示，这时"图层 2"和"形状 1"组成剪贴蒙版组，效果如图 6-72 所示。

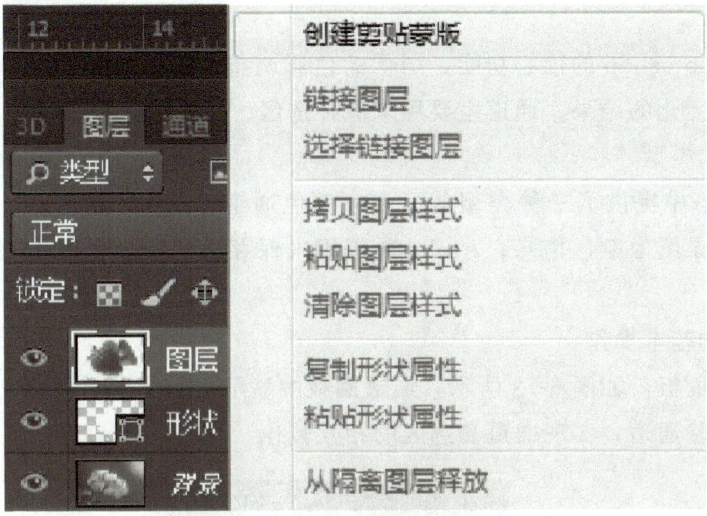

图 6-71　创建剪贴蒙版

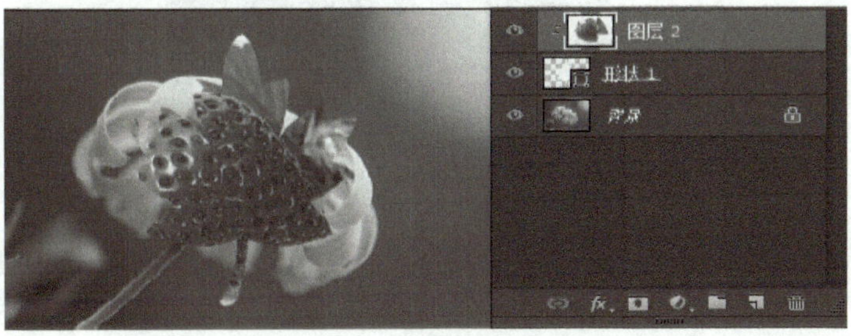

图 6-72　在图层 2 上创建剪贴蒙版后效果

　　"图层 2"中只有被"形状 1"中像素区域所遮挡的像素才能被显示。继续在图层 2 上添加新图层，在新图层右击选择"创建剪贴蒙版"选项，所有新图层都会只显示被"形状 1"像素区域所遮挡的图像。"形状 1"称为剪贴蒙版组的"基底图层"，它上方的图层称为"内容图层"，其缩略图是缩进的，并带有 ⬇ 图标。

　　（9）将图层加入或移出剪贴蒙版组

　　拖动图层到剪贴蒙版组的"基底图层"上，可将其加入剪贴蒙版组；将"内容图层"拖出剪贴蒙版组可以移出该图层。

　　（10）停用/启用蒙版

　　单击蒙版属性面板上的 👁 按钮，或按住 Shift 键单击蒙版的缩略图可以控制蒙版的停用或启用。

　　（11）删除蒙版

　　选择要删除的图层的蒙版，单击图层面板底下的删除按钮 🗑，可以删除当前蒙版。或者将蒙版缩略图拖拽到图层面板底部的删除图标 🗑 上，也可以删除当前蒙版。

2. 通道

通道是 Photoshop 的核心功能，图像的色彩调整、选区等操作的原理和最终的显示都是通道变化的结果。通道主要用来保存选区、色彩信息和图像信息。

（1）通道的类型

Photoshop 中提供了三种类型的通道：颜色通道、Alpha 通道和专色通道。颜色通道用来记录图像颜色信息；Alpha 通道用来保存选区；专色通道用来保存专色油墨信息。

（2）通道的基本操作

打开通道面板，如图 6-73 所示，通道面板中显示主要的通道类型，并可以通过按钮创建和删除通道，实现通道和选区的相互转化。

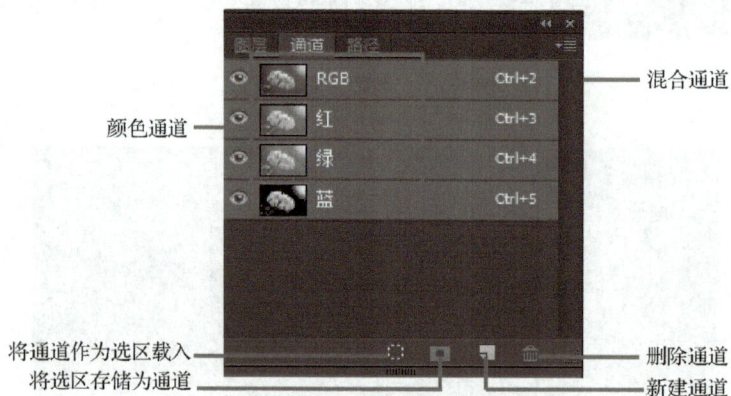

图 6-73　通道面板

（3）颜色通道

颜色通道记录图像颜色信息，不同的图像颜色模式，其通道数量也不一样。比如，RGB 模式有红、绿、蓝三个颜色通道和一个复合通道；CMYK 模式有青、洋红、黄、黑四种颜色通道和一个复合通道，如图 6-74 所示。

图 6-74　RGB 模式和 CMYK 模式通道

（4）Alpha 通道

Alpha 通道主要用来保存选区，它可以将选区存储为灰度图像，并可以使用画笔等工具对其进行编辑，从而修改选区。Alpha 通道还可以将保存的选区重新载入到图像中。与图层蒙版类似，Alpha 通道中白色代表被选择区域，黑色代表没被选择的区域，灰色代表被部分羽化选择的区域，如图 6-75 所示。

图 6-75　Alpha 通道与选区

（5）专色通道

用来存储印刷用的专色，如金属金银色油墨等。

（6）通道与选区的互换

在图像中创建选区后，单击"通道"面板中的 ▣ 按钮，即可将选区保存到 Alpha 通道中，如图 6-76 所示。

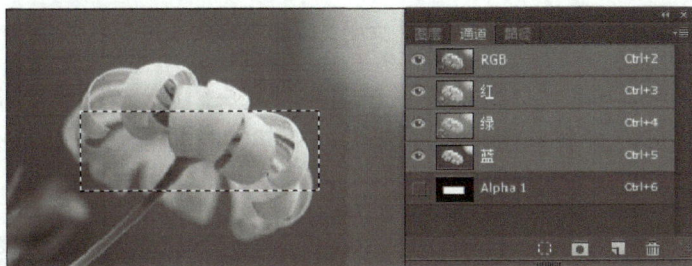

图 6-76　将选区存储为通道

在"通道"面板中选择要载入选区的 Alpha 通道，单击将通道作为选区载入按钮 ▣ ，即可将该通道中的选区载入到图层中。

（七）文字工具的使用

文字工具是 Photoshop 的常用工具之一，常用于为图片添加文字，结合其他工具可以制作出效果绚丽的文字特效，如图 6-77 所示。

图 6-77　Photoshop 制作的文字特效

1. 文字工具种类

Photoshop 中提供了四种文字工具，鼠标右键单击工具箱中图标 T，即出现所有的文字工具，如图 6-78 所示，包括横排文字工具、直排文字工具、横排文字蒙版工具、直排文字蒙版工具四种，默认为横排文字工具。

图 6-78 文字工具

2. 创建文字

在工具箱面板中点击文字图标 T，鼠标变为输入模式，在工具选项栏或"字符"面板中设置文字属性，如图 6-79 所示。

图 6-79 文字工具选项栏

然后单击图像区域，进入文字编辑模式，即可在图像文档中输入文字，同时在图层面板中新生成一个文本图层，如图 6-80 所示。单击工具箱中其他工具，或按"Ctrl＋Enter"结束文字的输入。

图 6-80 使用文本工具输入文字

3. 创建段落文字

选择文字工具 T，在工具选项栏中设置文字属性，然后在图像上单击并拖动鼠标，拖出一个定界框。此时，可以在定界框内输入文字，文字会自动换行，并局限在定界框内，如图 6-81 所示。拖动定界框的控制点，可以调整定界框的大小，如图 6-82 所示。也可以对其进行旋转等编辑操作，如图 6-83 所示。

图 6-81 在定界框输入文字　图 6-82 调整定界框大小　图 6-83 旋转定界框

4. 创建路径文字

路径上的文字会沿路径排列，当改变路径时，文字的排列也会相应发生变化。

工具箱中选择钢笔工具，绘制一条路径。然后选择文字工具，在工具选项栏设置文字属性，将光标放在路径上，光标变为状后，选择输入点，如图 6-84 所示。点击鼠标开始输入文字，输入的文字就会沿着路径排列，如图 6-85 所示。输入结束后，可以选择路径选择工具，点击路径，显示锚点，移动锚点或调整方向线可以改变路径的形状，文字会随着路径形状的变化而改变排列，如图 6-86 所示。

图 6-84 将鼠标放到路径上　图 6-85 文字沿路径排列　图 6-86 文字排列随路径变化

5. 格式化文字

输入文字后，打开"字符"面板，如图 6-87 所示，可以对段落文字进行更精细地设置。

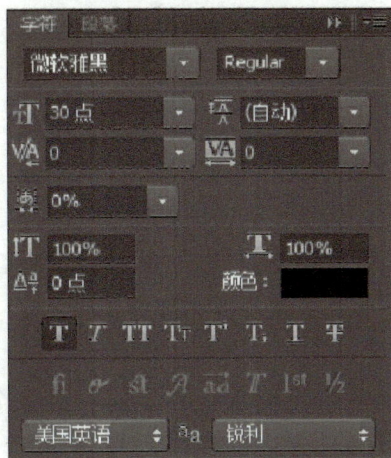

图 6-87 字符样式面板

6. 栅格化文字

在图层面板中选择文字图层，点击菜单栏中【图层】→【栅格化文字图层】命令，或右击文字图层，选择"栅格化"选项，可以将文字图层栅格化，使文字变成图像，文字图层栅格化后不能再修改文字内容。

（八）滤镜的使用

Photoshop 中的滤镜可以对图像进行快速的特效处理和艺术创作，利用滤镜功能可以制作出美轮美奂的效果。

1. 滤镜的分类

Photoshop 中的滤镜分为内置滤镜和外挂滤镜，内置滤镜是 Photoshop 自身提供的滤镜，外置滤镜是其他厂商开发的滤镜。在菜单栏中点击【滤镜】命令，可以看到 Photoshop 中的内置滤镜，如图 6-88 所示。

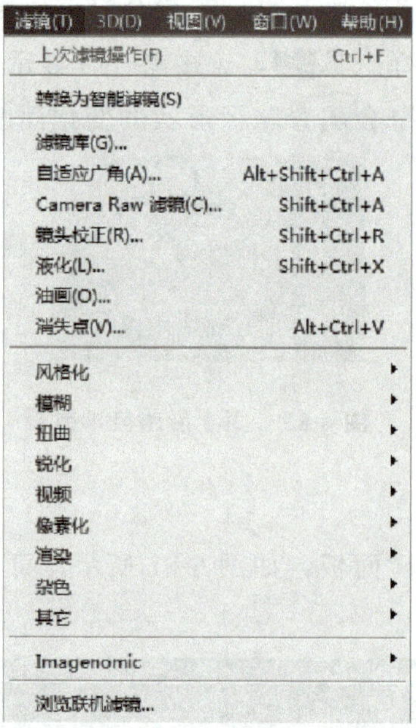

图 6-88　滤镜菜单

2. 内置滤镜的功能

Photoshop 的内置滤镜主要用于创建图像特效和编辑图像。用于处理特效的滤镜，例如，风格化、素描、纹理等下拉菜单的大部分滤镜；用于编辑图像的滤镜，例如，模糊、锐化、杂色等下拉菜单中的大部分滤镜。

3. 滤镜使用的规则

滤镜只能处理当前选择的可见图层，不能同时对多个图层同时编辑。如果图像中存在选区，则滤镜只处理选区内的像素，并且除"彩云"滤镜外，其他滤镜都必须在有像素的区域使用。使用浮雕效果滤镜和油画滤镜后的效果，如图 6-89 所示。

使用滤镜前 　　　　使用画滤镜后 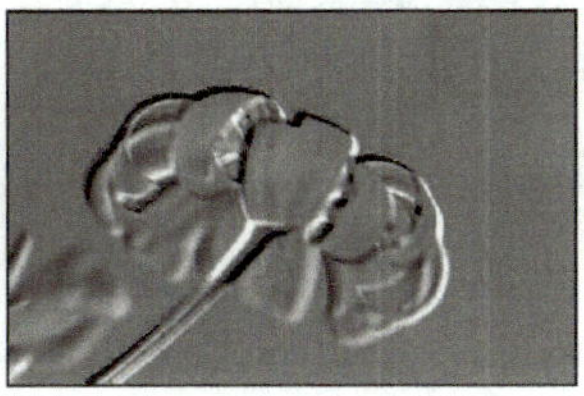　　　　使用浮雕效果滤镜后

图 6-89　滤镜的使用效果

以上是 Photoshop CC 软件基本功能的介绍，掌握基本操作是学习该软件的基础。在图像处理过程中，往往需要多种工具，执行很多操作，所以，Photoshop 软件的学习是在不断地实际操作中逐渐掌握的。

第二节　音频素材

声音作为一种信息载体可以直接清晰地表达语意。音频资源不仅在音乐、语言教学中发挥着重要作用，而且在多媒体软件中也不可或缺。声音的种类繁多，如人的语音、自然界的声响、音乐等，一般我们把它们分为语音、音效、音乐，它们互相配合产生立体的听觉效果，使画面内容得到渲染和烘托。

一、音频素材的类型

自然界的声音都是由震动产生的，是一种连续的、模拟信号，我们称它为模拟音频。随着数字技术的发展，对模拟音频进行数字化的采样和量化处理就得到了数字化音频，常用的数字音频素材格式有：WAV 格式、MP3 格式、WMA 格式、RA/RM 格式等。

1. WAV 格式

WAV 格式是微软公司开发的一种声音文件格式，也叫波形文件。它是音质最好的音频格式，也是最早的数字音频格式，它记录了对实际声音进行采样的数据。Windows 所使用的数字音频都是 WAV 格式的文件。它支持很多压缩算法，支持多种采样频率、量化位数和声道数，该格式记录的声音音质可以和原声基本一致。但它所需要的存储空间较大，不便于交流和传播。其文件扩展名为 wav。

2. MP3 格式

MP3 格式是目前最流行和通用的音频格式，是 MPEG-1 Audio Layer 3 的缩写。这种格式在压缩中削减了音乐中人耳听不到的音频成分，在音质损失很小的情况下，把文件高度压缩，可被大量硬件和软件使用。它具有占用空间小，传输速度快的特点。其文件扩展名为 mp3。

3. WMA 格式

WMA 格式是微软公司为适应音频在网络上的传播而开发的音频格式，是 Windows Media Audio 的缩写。WMA 格式以减少数据流量但保持高音质的高压缩比而著称，生成的文件大小只有 MP3 文件的一半。其文件扩展名为 wma。

4. RA/RM 格式

RA/RM 格式是 Real Networks 公司力推的音/视频文件格式，主要用于网络在线播放。RA/RM 格式的音/视频文件可随着网络带宽的不同而改变声音的质量，在保证大多数人听到流畅声音的前提下，令带宽较宽敞的听众获得较好的音质。其文件扩展名为 ra/rm。

二、音频素材的采集

数字音频资源的获取有多种渠道，我们可以用声卡直接录制，又可以从 CD/VCD 中提取，还可以从网络上下载。下面分别介绍这几种采集方法。

1. 声卡录制

计算机的声卡是实现音频模数、数模转换的硬件系统，具有录制、合成和播放音频的功能。利用计算机声卡来录制声音，需要话筒、耳机、计算机、录音软件等。对于普通的录音，对环境的要求不高，在噪音低、有吸音板、厚窗帘和地毯的房间即可。如果没有装吸音材料的房间，也可以选择回音小的房间，要求安静、无噪音干扰。接下来连接话筒、耳机到计算机上，借助录音软件即可完成声卡录音。

话筒是录音中非常重要的设备，它的性能、质量直接影响录音的质量。录音话筒主要有两种类型：动圈式话筒和电容式话筒，动圈式话筒性能稳定，价格低廉；电容式话筒音色柔和，灵敏度高但价格昂贵。一般情况下，语言拾音优先选择动圈式话筒，乐器演奏的拾音优先选择电容式话筒或高质量的动圈式话筒。

耳机是录音中的监听设备，一般监听选择质量比较好的高保真耳机即可，最好选择头戴封闭式耳机，防止漏听微弱声音。

目前，常用的录音软件有 Windows 系统自带的录音机、Adobe Audition、Cool Edit 等。Windows 系统自带的录音机默认的录音时长是 60 s，如果还需要继续录音，需要快速再次点击录制按钮，可将录音时间再延长 60 s，多次点击录制按钮即可长时间录音，但是这样做会在点击处留下间隙，出现声音跳跃，影响录制效果。因此，为了保证录音质量，通常选用录音软件 Adobe Audition、Cool Edit 等。

2. 捕捉 CD/VCD/DVD 声音

在制作多媒体软件时，经常要从 CD、VCD 等素材中截取一些声音片段，如动听的背景音乐、精彩的电影对白。

CD 音轨是近似无损的，因此它的声音基本上是忠于原声的。CD 光盘可以在

CD 唱机中播放，也能用电脑里的各种播放软件来重放。标准 CD 格式是 44.1 K 的采样频率，速率 88 K/s，16 位量化位数，打开 CD 光盘，会看到很多扩展名为 cda 的文件，每个文件大小都是 44 字节长，这些是 CD 音频的索引信息，并不包含真正的音频信息，不能直接复制 CD 光盘上的 *.cda 文件到硬盘上播放。若要从 CD 中提取音乐片段，可以运行任一音频播放软件（如超级解霸），播放要截取的 CD 文件，依次单击工具栏上的"循环""选择开始点""选择结束点"按钮，再选择"保存为 MP3"，即可采集好需要的音频素材。

VCD 中的音频格式仍然是采用 44.1 K 的采样频率，速率 88 K/s，16 位量化位数，这样的音频格式就是 CD 音质。从 VCD 中截取音乐或对白仍可以利用任一音频播放软件（如超级解霸的音频解霸）来获取音频素材，播放要截取的 VCD 文件，依次单击工具栏上的"循环""选择开始点""选择结束点"按钮，再选择"保存为 MP3"，即完成音频素材采集。

DVD 光盘里保存的文件格式是 VOB，从 DVD 中截取音乐或对白最简便的还是利用任一音频播放软件（如超级解霸的音频解霸）来获取音频素材，首先播放要截取音频的 VOB 文件，依次单击工具栏上的"循环""选择开始点""选择结束点"按钮，再选择"保存为 MP3"，即完成音频素材采集。此外，从 DVD 光盘获取音频还可以借助许多音频抓取软件，如 DVD Audio Extractor、Adobe Audition、格式工厂等，我们只需要按照软件命令提示来操作，即可完成音频抓取。

3. 网络下载

网络上众多的音频资源可以直接下载使用，几乎所有的搜索引擎都提供音频搜索功能，如"百度音乐""搜狗音乐"等。另外，我们还可以登录专门的音频资源下载网站，获得需要的音频素材，如 VeryCD 电驴大全（http：//www.verycd.com）、有声读物（http：//www.mmmppp333.com）等，这些网站上的音频资源丰富，下载方便。

三、音频处理软件 GoldWave 的使用

GoldWave 软件是一款体积很小，操纵简单，易学易用，但功能强大的音频编辑软件，该软件可以对音频进行基本编辑、播放、录制和格式转换等操作，同时，它还可以对音频进行特效处理，如多普勒、回声、混响、降噪等特效处理。Gold-Wave 可以处理的音频种类很多，包括常见的 WAV、MP3、WMA、MOV 等音频文件格式。下面我们介绍 GoldWave 的基本操作技巧。

（一）GoldWave 的界面

GoldWave 软件的界面非常简洁，包括菜单栏、控制器、编辑区、状态栏、工具栏，如图 6-90 所示。

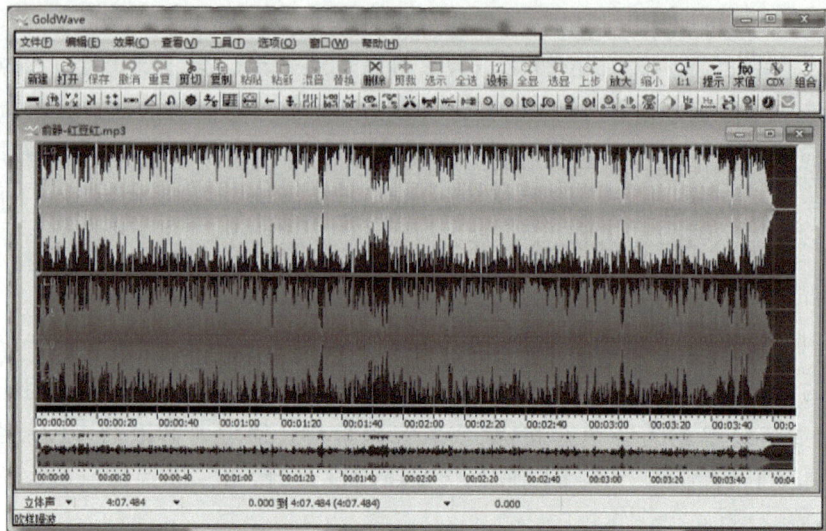

图 6-90　GoldWave 软件的界面

①菜单栏：包含所有编辑命令及属性设置命令。

②工具栏：集合了编辑音频的各种工具，可直接点击图标，选择工具。

③编辑区：音频文件波形显示区，所有的编辑操作都在编辑区进行。

④状态栏：显示音频文档的状态属性。

⑤控制器：控制音频的播放和录音操作。

(二)软件的基本操作

1. 打开音频文件

点击工具栏上的"打开"按钮，在弹出来的打开对话框中选择一个音频文件，单击打开，音频文件的声波就会显示在编辑区内，如果声音文件较长，则需要等待一段时间才能打开，如图 6-91 所示。

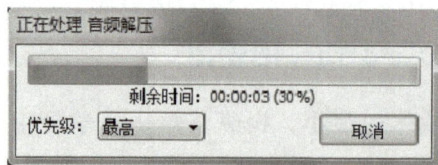

图 6-91　打开音频文件进度框

2. 控制音频播放

打开音频文件后，编辑区内出现绿色和红色的音频波形图，绿色和红色的波形表示该音频文件是立体声，有左右两个声道。控制器面板可以控制音频的播放，其中，▶是播放按钮，■是停止，❚❚是暂停，红色圆点●是录音按钮。单击播放按钮，窗口中出现一条移动的指针，表示当前播放的位置，右边的控制器里会显示音频播放的精确时间，如图 6-92 所示。

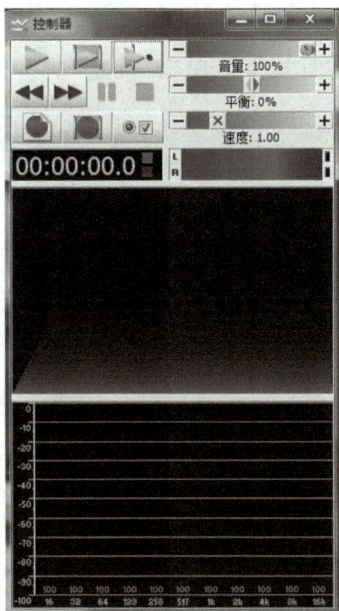

图 6-92　控制器显示精确的播放时间

3. 调节音量大小

打开音频文件后，点击菜单栏中的【效果】→【音量】→【更改音量】命令，如图 6-93 所示。

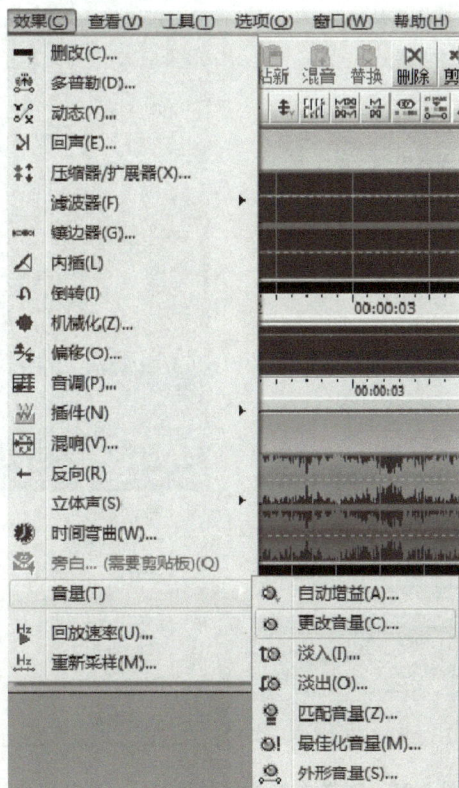

图 6-93　【效果】→【音量】→【更改音量】

弹出的"更改音量"对话框，如图 6-94 所示，手动输入数值，或拖动滑块来更改音量，单击播放按钮，可以试听效果。单击"确定"执行更改音量命令。

图 6-94　更改音量对话框

4. 设置声音的淡入淡出效果

打开音频文件后，点击菜单栏中的【效果】→【音量】→【淡入】或【淡出】命令，可以实现音频文件的淡入和淡出效果，如图 6-95 所示。

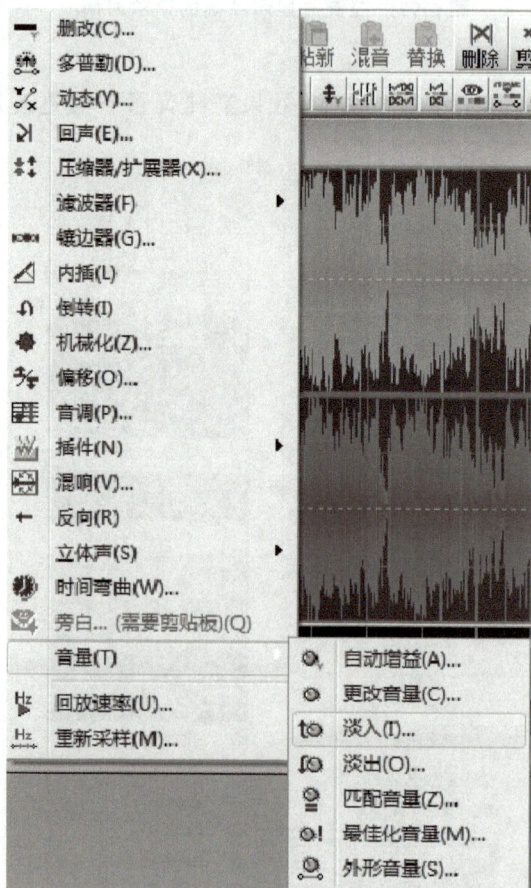

图 6-95　对选中的音频执行淡入/淡出命令

(三)转换音频文件格式

音频文件的格式种类繁多，在使用音频素材时经常会出现不兼容的问题，这时就需要将音频的格式转换成我们所需要的格式。

在 GoldWave 软件中打开音频文件后，点击菜单栏中的【文件】→【另存为…】命令，在弹出的保存对话框中，输入文件名，选择保存位置，点击"保存类型"下拉箭头，展开下拉列表，可以看到很多种音频文件格式，选择你要转化的音频格式选项，如图 6-96 所示。

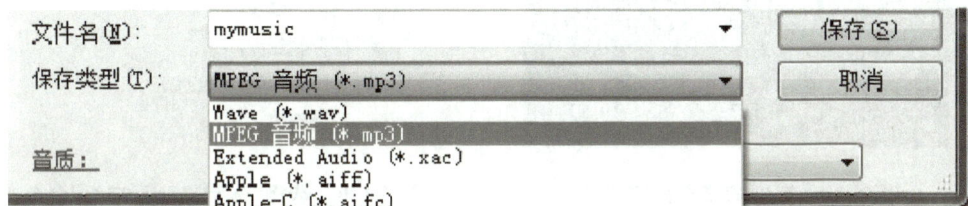

图 6-96　选择音频的格式类型

然后点击"音质"旁边的下拉箭头，展开下拉菜单，选择一种音频压缩方式，选择好了以后，点击"保存"按钮，完成对音频文件的格式转化。

(四)截取音频文件

当只需要音频文件的一个片段时，就需要对音频文件进行截取操作。操作如下：

打开音频文件后，音频文件在编辑窗口高亮显示，处于全部选中的状态。用鼠标左键在音频波形上单击，设置要截取内容的起始点，此时，起始点左侧的波形文件变为灰色，是未选中状态，如图 6-97 所示。

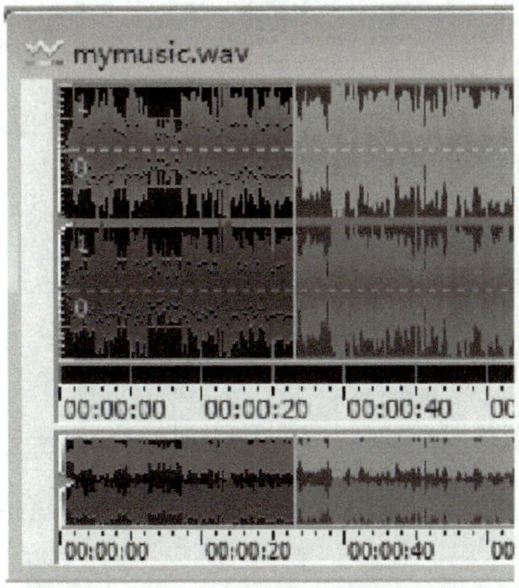

图 6-97　选择截取内容的起始点 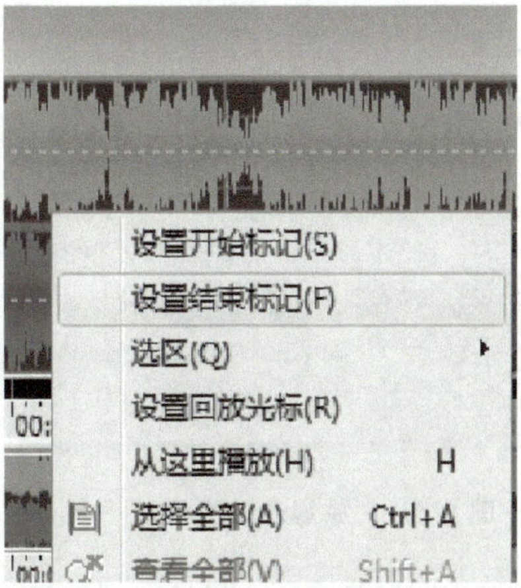　　图 6-98　设置截取内容的结束位置

然后在起始点的右侧高亮显示的波形图中单击右键，在弹出的快捷菜单中选择"设置结束标记"选项，设置要截取的结束位置，如图 6-98 所示。此时，只有被选中的波形是高亮显示，其余波形呈灰色状态，如图 6-99 所示。

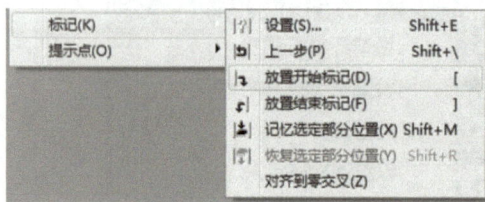

图 6-99　选中的波形高亮显示　　　图 6-100　选择"选定部分另存为"命令

　　然后点击菜单栏中的【文件】→【选定的部分另存为 ...】命令，如图 6-100 所示，选择保存位置，输入文件名，选择保存格式和压缩方式，点击"保存"按钮，将截取的音频片段保存成单独的音频文件。

　　如果要精确截取某一段音乐，可以在控制面板播放音乐，播放到要截取的位置时点"暂停"按钮▐▐，暂停音乐后，点击菜单栏中的【编辑】→【标记】→【放置开始标记】命令，设定开始的位置，如图 6-101 所示。

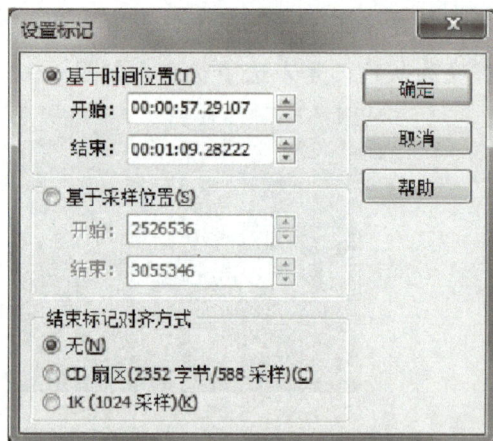

图 6-101　放置开始标记　　　图 6-102　基于时间设置标记

　　然后点击"播放"按钮▶继续播放，到结束位置时，点"暂停"按钮▐▐，然后点击菜单【编辑】→【标记】→【放置结束标记】命令，设定结束的位置，这样就可以精确地截取音频文件了。如果已经知道要截取的音频内容的时间范围，可以点击菜单【编辑】→【标记】→【设置 ...】命令，打开"设置标记"对话框，然后输入起始和结束时间，单击"确定"即可，如图 6-102 所示。

（五）合并声音文件

有时需对多个音频文件进行合并操作，或对几个截取的音频片段进行合并操作，合并后生成一个单独的音频文件。具体方法：在软件中打开两个需要合并的音频文件，两个音频文件默认为"全选"状态，如图 6-103 所示。

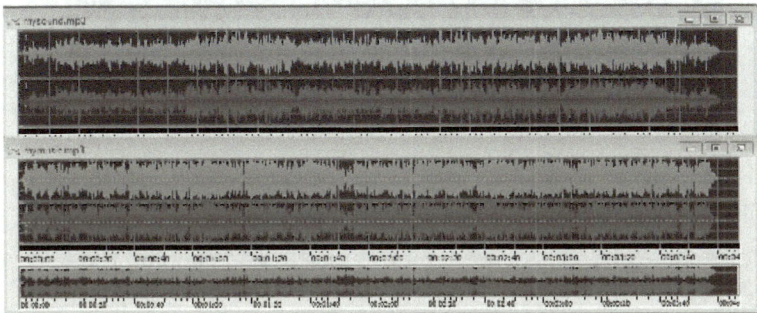

图 6-103　打开的文件处于"全选"状态

在其中一个音频文件的波形上单击右键，在弹出的快捷菜单中选择"复制"选项，在另一个音频文件波形末尾单击右键，在弹出的快捷菜单中选择"粘贴"选项，将上一个音频文件粘贴到该音频文件的末尾，如图 6-104 所示，合并文件后，点击菜单栏【文件】→【另存为】命令，保存文件。

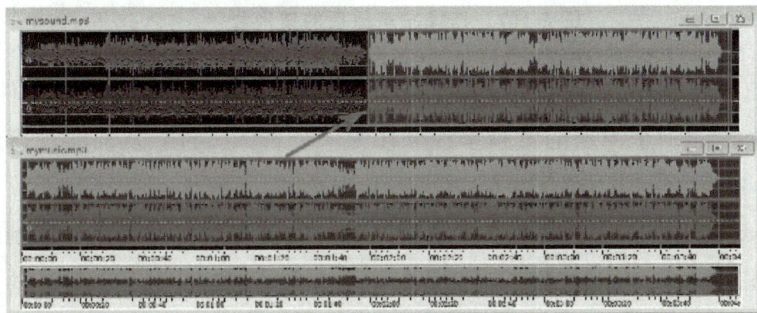

图 6-104　合并音频文件波形

也可以选取音频文件中的部分波形，执行"复制"命令，然后在别的波形文件中，或者在该波形文件别的位置单击右键，选择快捷菜单中的"粘贴"命令，将音频片段粘贴到右键单击的位置，实现音频的合并操作，如图 6-105 所示。

（六）左右声道的分离

对于左右声道音源不同的立体声音频文件，比如，一个声道记录伴奏音乐，一个声道记录人声的立体音频文件，我们可以使用"声道分离"的功能将其中的一个声道音频单独保存出来。具体方法如下。

打开音频文件，点击菜单中的【编辑】→【声道】→【左声道】命令，如 6-106 所示，这时编辑区中音频文件上方的绿色波形高亮显示，而下方的红色波形背景变为灰色，呈未选中状态，如图 6-107 所示。

图 6-105　合并音频部分波形

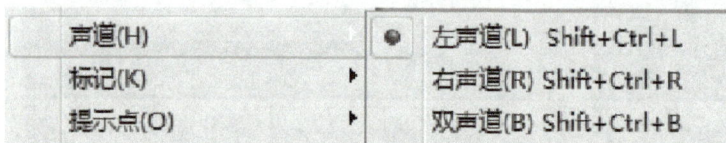

图 6-106　声道分离操作

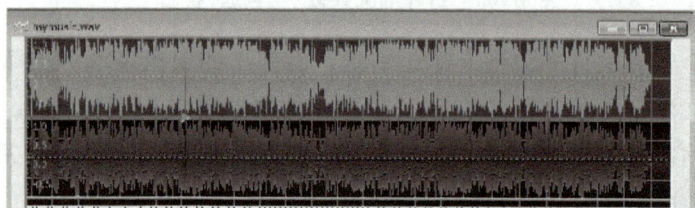

图 6-107　选择左声道后的波形显示

　　然后点击菜单栏中【文件】→【选定部分另存为…】命令，保存音频文件，这样就可以将立体声中的一个声道的音频单独保存为一个音频文件，从而实现声道的分离。

(七)录音

　　GoldWave 软件可以通过多种方式录制声音，主要有录制麦克风、录制线路声音、录制混合立体声(电脑声卡)三种。下面我们主要介绍通过麦克风录制声音的方法。

　　点击菜单栏中【文件】→【新建】命令，在弹出的对话框中设置采样速率(采样速率越高，音频的质量越高，生成的音频文件越大)和录制时间，如图 6-108 所示。点击"确定"返回，窗口中出现空白文件。

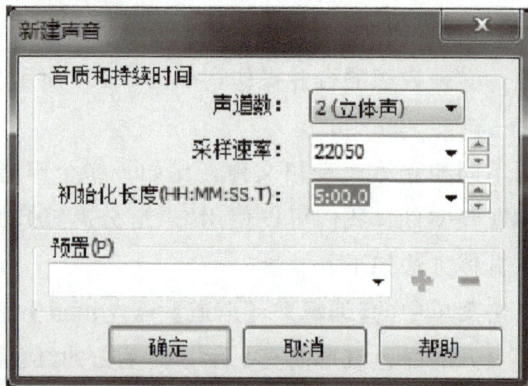

图 6-108　设置采样速率和录制时间

点击菜单栏中【选项】→【控制属性...】命令，在弹出的对话框中，选择"设备"标签，在面板中间的"录音"下拉列表中，选择"麦克风"选项，点"确定"返回，如图 6-109 所示。

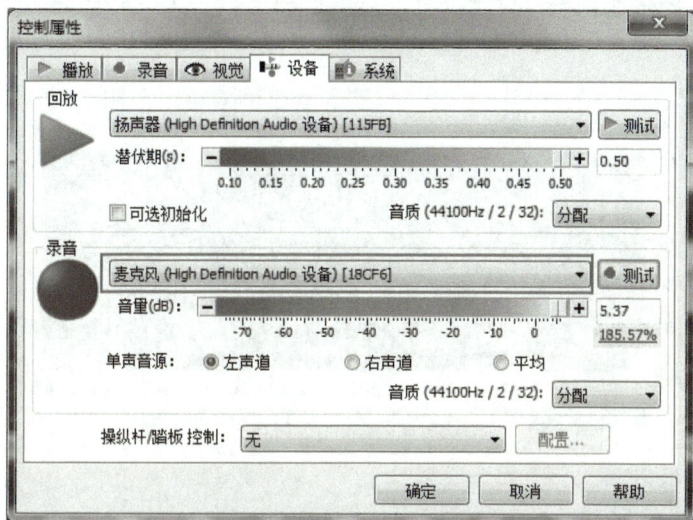

图 6-109　选择使用麦克风录音

将麦克风插到电脑声卡的红色输入端，点击控制器面板上的"录音"按钮，这时新建文档指针向右移动，开始录音。此时对着麦克风说话，声波就被录制到文档中。点击暂停按钮，可以暂停录音，点击停止按钮，可以停止录音。停止录音后，点击菜单栏【文件】→【另存为】命令，保存文件。

(八)降噪处理

用麦克风录音时，由于环境嘈杂，往往存在背景噪音，这时可以使用 Gold-Wave 中的"降噪"命令，过滤掉一些噪音，降低噪音的干扰，具体方法如下。

用麦克风录制声音时，在正式录制之前，先录制一段背景噪音。然后再开始对着麦克风录制语音，此时得到类似如图 6-110 所示的波形文件。

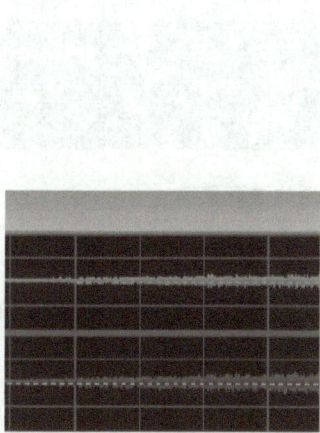

图 6-110　录制的背景噪音　　**图 6-111　复制背景噪音波形**

录制结束后，选中录制的背景噪音波形片段，并单击右键选择"复制"选项，如图 6-111 所示。然后点击工具栏上的"全选"按钮，或按快捷键"Ctrl＋A"选中所有音波，准备对整个波形文件进行降噪处理。然后点击菜单栏中的【效果】→【滤波器】→【降噪…】命令，打开"降噪"面板，在"降噪"左侧下方选择"剪贴板"，如图 6-112 所示。

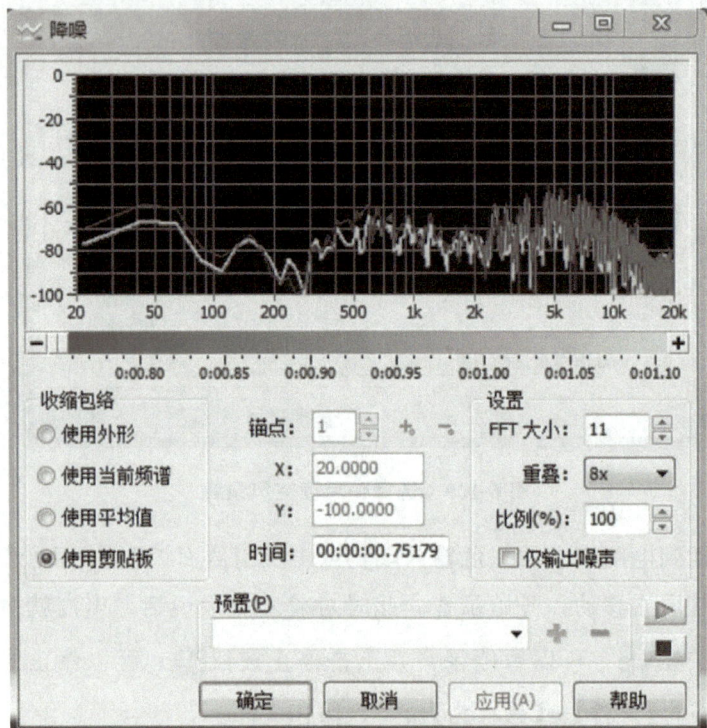

图 6-112　在降噪面板中选择"使用剪贴板"

然后点击"确定"执行操作，回到音频文档窗口后，可以看出开始的背景噪音锯齿波形变成了一条直线，表明杂音被消弱了，如图 6-113 所示，由于背景噪音被消弱，整个音频文件的波形也会有明显变化。

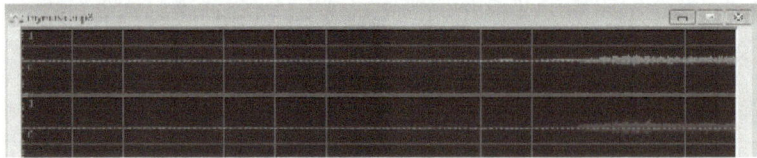

图 6-113　降噪处理后的波形显示

(九)降调

为适应不同的使用场合，有时需要在不改变音乐节奏的情况下，对音频文件进行降调处理。方法如下：

打开音乐文件后，点击菜单栏中的【效果】→【音调…】命令，弹出"音调"对话框，如图 6-114 所示。

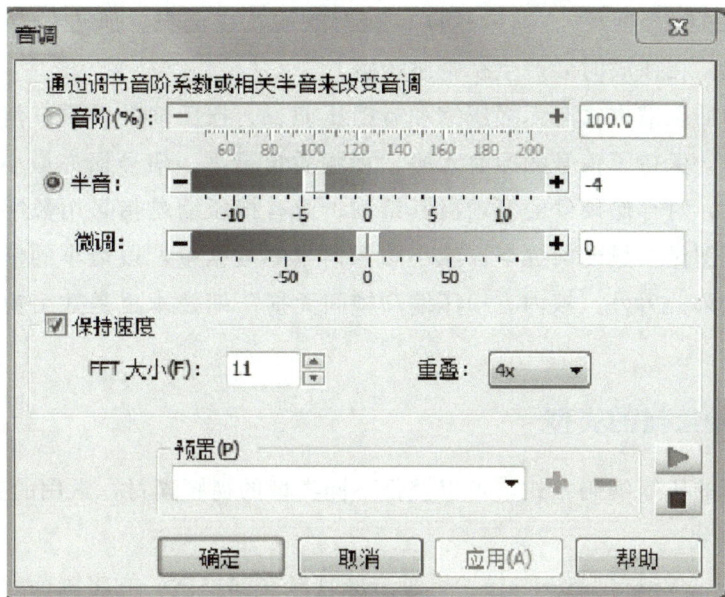

图 6-114 音调调整面板

选中"半音"选项，单击"减号"按钮，或者直接在右边文本框里面直接输入一个负值（降调），勾选"保持速度"选项，点击"确定"，开始降噪处理。处理完成后，会发现编辑窗口里的音频波形明显变小，播放一下也可发现声音变得低沉，音调被将降低。

"降噪"和"变调"都属于声音特效处理，在 GoldWave 软件中还有很多其他特效工具可以用来处理声音，它们都在菜单栏中的【效果】选项中。

第三节 视频素材

视频资源是最直观、最具体、信息量最丰富的资源形式，它包含动态画面和声音，可以形象地表现事物的复杂结构、发展变化过程以及抽象的概念和原理。在教育教学中，数字化视频资源已经成为一种有效提高教学效果的资源形式。

数字视频的质量是由视频分辨率、帧频、压缩方式等参数决定的。

视频分辨率是指视频的画面大小，用"水平方向像素数×垂直方向像素数"来表示。VCD 视频光盘的标准分辨率为"352×288"，SVCD 视频光盘的标准分辨率为"480×576"，DVD 视频光盘的标准分辨率为"720×576"，标清电视信号的分辨率为"720×576"，高清电视（HDTV）的分辨率可达"1920×1080"。视频分辨率越高，画面尺寸越大，再现细节的能力就越强，存储所占的空间就越大。

静态画面的连续放映就形成了视频，其中每一个静态图像都被称为帧，每秒钟包含的帧数被称为视频的帧频。数字视频的帧频通常为 15～30 帧/秒，我们常用的

PAL 制的帧频是 25 帧/秒。帧频越高，画面播放就越流畅，所占的存储空间就越大；帧频太低，在播放时会产生视觉跳跃感。

数字视频的压缩方式有无损压缩和有损压缩。无损压缩是以原有信号码率直接记录输入信号，保持了信号的原有水平，视频质量最高，信号损失最小，但由于信号数据量很大，对存储硬件的要求极其苛刻。而有损压缩是指采用数字压缩技术的视频，在保证图像质量的前提下，减小图像信号的数据量，以最小的信号损失达到尽可能好的效果。另外，帧内有损压缩和帧间无损压缩技术也是数字视频处理中常用的压缩技术。

一、视频素材的类型

根据不同的压缩编码方式，可以获得不同类型的视频素材，常用的有以下几种。

1. AVI 格式

AVI(Audio Video Interleaved)，即音频视频交错格式，它将画面和声音交织在一起同步播放。AVI 格式由微软公司于 1992 年推出，但它所采用的压缩算法并无统一的标准，即使是同以 AVI 为后缀的视频文件，其采用的压缩算法也可能不同。除了微软公司之外，其他公司也推出了自己的压缩算法(如英特尔公司的 Indeo 视频压缩算法)，只要把该算法的驱动加到 Windows 系统中，就可以播放用该算法压缩的 AVI 文件。AVI 视频格式的优点是图像质量好，可以跨多个平台使用，其缺点是体积过于庞大。其文件扩展名为 avi。

2. RM 格式

RM(Real Media)格式是 Real Network 公司开发的一种流媒体视频文件格式。它可以根据网络数据传输的不同速率制定不同的压缩比率，从而实现在低速率的网络上进行视频文件的实时传送和播放，其另一个特点是使用 RealPlayer 或 RealONE Player 播放器播放 RM 格式的文件，可以在不下载音频/视频内容的条件下实现在线播放。RM 格式作为网络视频格式，它还可以通过其 RealServer 服务器将其他格式的视频转换成 RM 视频并由 RealServer 服务器负责对外发布和播放。其文件扩展名为 rm。

RM 视频格式经升级延伸出 RMVB 格式，它是一种可变比特率的流媒体视频格式，RM 格式采用的是固定比特率编码，RMVB 采用的是动态比特率(Variable Bi-tRate)编码，比 RM 格式文件的画面更清晰，原因是降低了静态画面的比特率，留出更多的带宽空间给快速运动的画面场景使用，这样既保证了静止画面的质量还大幅度提高了运动画面的质量，RMVB 格式的文件可以用 RealPlayer、暴风影音、QQ 影音等播放软件来播放。

3. MPEG 格式

MPEG 的全称是运动图像专家组(Moving Picture Experts Group)，是专门制定有关运动图像和声音的压缩、解压缩、处理以及编码表示的国际标准的一个组织。

MPEG 格式采用有损压缩方法减少运动图像中的冗余信息，目前 MPEG 格式有包括 MPEG-1、MPEG-2、MPEG-4 在内的多种视频格式。

（1）MPEG-1

MPEG-1 是 1992 年提出的第一个具有广泛影响的多媒体国际标准。它用于传输 1.5 Mbps 数据传输率的数字存储媒体运动图像及其伴音的编码，经过 MPEG-1 标准压缩后，视频数据压缩率为 1/100～1/200，音频压缩率为 1/6.5。MPEG-1 提供每秒 30 帧 352×240 分辨率的图像，当使用合适的压缩技术时，具有接近家用视频制式（VHS）录像带的质量。MPEG-1 允许超过 70 分钟的高质量的视频和音频存储在一张 CD-ROM 盘上。VCD 采用的就是 MPEG-1 的标准，该标准是一个面向家庭电视质量级的视频、音频压缩标准。其文件扩展名为 mpg、mpeg、dat（VCD）等。

（2）MPEG-2

MPEG-2 是 1994 年提出的，主要针对高清晰度电视（HDTV）的需要，与 MPEG-1 兼容，适用于 1.5～60 Mbps 甚至更高的编码范围。MPEG-2 有每秒 30 帧 704×480 的分辨率，是 MPEG-1 播放速度的四倍。它主要应用在高要求的视频编辑和处理上。其文件扩展名为 mpg、mpeg、m2v、vob（DVD）等。

（3）MPEG-4

MPEG-4 是 1998 年提出的，是为播放流媒体的高品质视频而专门设计的，它适用在窄带宽环境下，通过帧重建技术来压缩和传输数据，用最少的数据获得最佳的图像质量。使用这种算法的 ASF 格式（Advanced StreamFormat）可以把一部 120 分钟长的电影压缩成 300 M 左右的视频流，供网上观看。其文件扩展名为 asf 和 mov。

由 MPEG-4 衍生出的 DivX 数字视频格式，采用 MPEG-4 的压缩算法对 DVD 的视频图像进行高质量压缩，用 MP3 技术对音频进行压缩，然后再将视频和音频合成并加上外挂的字幕文件而形成 DivX 视频格式。画质可以媲美 DVD，文件大小只有 DVD 的 1/3 甚至 1/4。其文件扩展名为 avi。

4. WMV 格式

WMV（Windows Media Video）格式是微软公司默认的流媒体格式。它是将 ASF 格式升级延伸出来的一种格式，具有扩展性强、本地或网络回放、多语言支持、环境独立等特点。其文件扩展名为 wmv。

5. MOV 格式

MOV 格式是美国苹果公司开发的在 Macintosh 计算机上使用的视频格式，默认的播放器是苹果公司的 QuickTime Player。MOV 格式不仅能支持 MacOS，同样也能支持 Windows 操作系统，它是不同系统的应用程序间交换数据的理想格式，具有较高的压缩比率和较完美的视频清晰度。其文件扩展名为 qt 和 mov。

6. FLV 格式

FLV（Flash Video）格式是随着 Flash MX 的推出而出现的流媒体视频格式，它形成的文件体积小，加载速度快，视频质量良好，支持网络在线观看，解决了视频文件导入 Flash 后，导出的 SWF 文件体积偏大，网络传输慢的缺点。目前多数视频网站都使用这种格式的视频。其文件扩展名为 flv。

二、视频素材的采集

视频的表现力强并能动态呈现教学情境，其画面清晰度和声音品质会直接影响它在教学中的作用，采集高质量的视频素材是获得理想的教学效果的前提。常用的数字视频的采集方法有以下几种。

1. 数字摄像机录制

通过数字摄像机直接拍摄获得数字视频是最方便的视频获取方法。数字摄像机拍摄的视频文件可以直接传输到计算机上，不再需要视频采集设备进行格式转换，只需直接经过后期编辑软件处理后就可运用于多媒体软件上。当然要想获得高质量的数字视频，必须具备熟练的拍摄技巧。

2. 利用视频采集卡采集

视频采集卡(Video Capture Card)是用以将模拟摄像机、录像机、电视机等输出的视频和音频的混合数据转换成电脑可辨别的数字数据，并存储在电脑中，成为可编辑处理的视频数据文件的硬件设备。这种模拟—数字信号的转变是通过视频采集卡上的采集芯片进行的。大多数视频卡都具备硬件压缩的功能，在采集视频信号时先在卡上对视频信号进行压缩，然后再通过 PCI 接口把压缩的视频数据传送到主机上。一般的视频采集卡采用帧内压缩的算法把数字化的视频存储成 AVI 文件，高品质的视频采集卡还能直接把采集到的数字视频数据实时压缩成 MPEG-1 格式的文件。

视频采集卡一般都配有采集应用程序来控制和操作采集过程，并通过程序中的采集参数设置控制采集的数字视频品质，有些视频编辑软件也带有采集的功能，如 Adobe Premiere，当采集卡的硬件正常安装和驱动后，软件即可进行采集视频。

3. 从视频光盘中采集

VCD 光盘和 DVD 光盘是数字视频获取的重要资源库，我们可以直接用光驱读取光盘上的数字视频文件，然后复制到计算机上，但是这样复制出来的视频文件有时需要经过格式转换才能使用，我们还可以通过视频播放软件(如超级解霸)来截取 VCD 或 DVD 中的视频片段。播放要截取的 VCD 文件，依次单击工具栏上的"循环""选择开始点""选择结束点"按钮，再选择"保存 MPG"，即可完成视频素材的采集。

4. 网络下载

迅雷、优酷、土豆等视频网站都提供数字视频的下载服务，我们可以使用专门的下载软件把数字视频直接下载到计算机上。但是通过网络下载的数字视频的质量有好有坏、格式也不统一，所以需要有选择的下载和使用。

三、视频处理软件 Video Studio X8 的使用

Video Studio，即会声会影软件是一款功能非常强大的视频编辑软件，它适合普通大众使用，操作简单易懂，界面简洁明快，它可以提供完整的影片编辑流程解决方案，不仅能满足业余爱好者所需的影片剪辑要求，还可以挑战专业级的影片剪辑功能。而最新版本 VideoStudio Pro X8 提供了更快、更简单的影片编辑功能，相比低版本的软件，X8 的突出功能特点主要有：全新 64 位构架，提供强劲的速度、强大的性能与出色的稳定性；更快 4K 渲染与多轨道渲染；全新的路径跟踪功能；更强大的 3D 视频输出和自定义配置，更好地适应新的视频格式；新增转场 28 个，滤镜 32 个，新的色彩图样与背景素材库；更丰富的素材让视频短片的制作过程轻松愉快，视频制作过程充满乐趣；全新的影音快手组件；更快更方便地制作短视频；没有繁琐的操作，充满创意与乐趣的制作体验。下面我们就针对 VideoStudio Pro X8 来介绍视频媒体素材的编辑知识。

(一)软件界面介绍

VideoStudio Pro X8 软件界面包括三个不同的工作区，分别是：【捕获】工作区、【编辑】工作区、【共享】工作区。

【捕获】工作区可以直接将媒体素材录制或导入到计算机中，对视频、照片和音频素材进行数字化的编辑处理。

【编辑】工作区是软件打开时的默认显示工作区。媒体素材的排列、编辑、修剪和特效处理等大部分编辑操作都在此工作区中进行。

【共享】工作区主要是生成和输出作品的选项。

1. 捕获工作区

【捕获】工作区包括菜单栏、预览窗口、素材库面板、浏览区域、信息面板、捕获选项，如图 6-115 所示。

图 6-115　VideoStudio Pro X8【捕获】工作区界面

①菜单栏：会声会影中所有菜单选项，包括各种命令、自定义选项等。

②预览窗口：显示播放器面板中目前正在播放的视频。

③素材库面板：存放所捕获媒体素材的保存区域。

④浏览区域：在播放器面板中提供播放和精确修剪的按钮。

⑤信息面板：查看正在处理的文件的相关信息。

⑥捕获选项：显示不同的媒体捕获和导入方法。

2. 编辑工作区

【编辑】工作区包括菜单栏、预览窗口、素材库面板、浏览区域、工具栏、时间轴面板。具体界面，如图 6-116 所示。

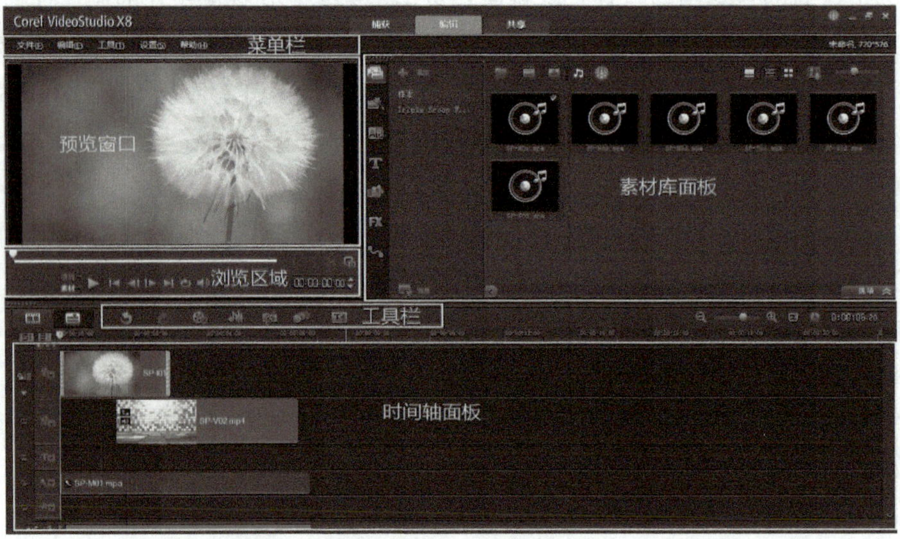

图 6-116　VideoStudio Pro X8【编辑】工作区界面

①菜单栏：会声会影中所有菜单选项，包括各种命令、自定义选项等。

②预览窗口：显示播放器面板中目前正在播放的视频。

③素材库面板：放置视频、照片和音乐素材，也包括模板、转场、标题、图形、滤镜和路径。

④浏览区域：在播放器面板中提供播放和精确修剪的按钮。

⑤工具栏：操作时间轴中内容的相关功能。

⑥时间轴面板：时间轴是编辑媒体素材的核心区域，在这里可以实现各种编辑效果。

3. 共享工作区

【共享】工作区包括菜单栏、预览窗口、类别选取区域、格式区域浏览区域、信息区域，如图 6-117 所示。

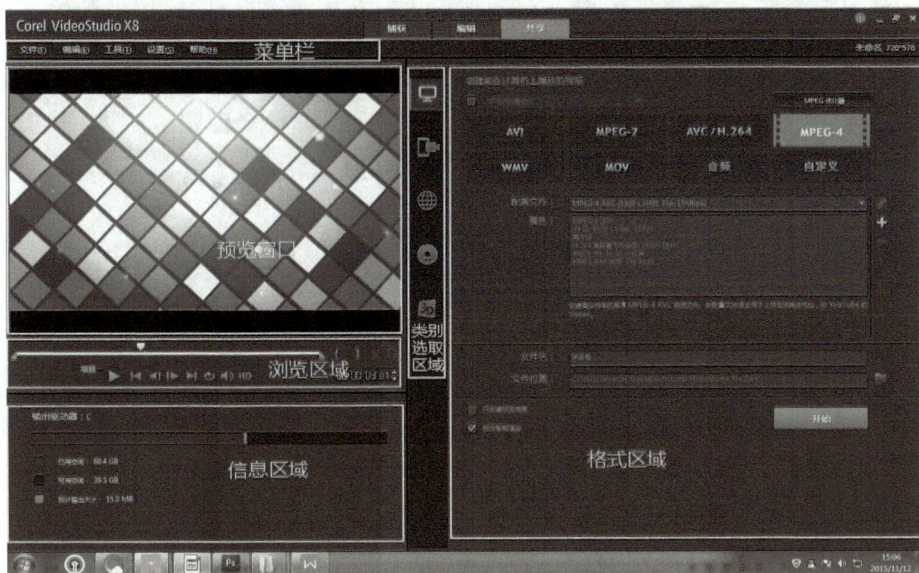

图 6-117 VideoStudio Pro X8【共享】工作区界面

①菜单栏：会声会影中所有菜单选项，包括各种命令、自定义选项等。

②预览窗口：显示播放器面板中目前正在播放的视频。

③类别选取区域：影片输出类别。

④格式区域：输出文件格式选项、配置文件和描述。

⑤浏览区域：在播放器面板中提供播放和精确修剪的按钮。

⑥信息区域：查看文件输出位置的信息，并提供文件大小的估计值。

(二)后期编辑的基本流程

当前期拍摄工作完成后，需要对拍摄素材进行后期编辑。一个完整的后期编辑流程包括制作片头、导入素材、剪辑素材、添加滤镜、路径与转场效果、添加字幕、配音配乐、制作片尾和保存输出等环节。

1. 片头的制作

在【编辑】工作界面中点击图标 ，打开【即时项目】素材面板，这里提供了很多预先组合好的影片项目模板，包括用于开始位置、中间位置和结束位置的模板。即时项目模板素材库，如图 6-118 所示。

打开即时项目素材库，选择【开始】选项，调出用于影片开始的片头素材，然后拖拽图标到时间轴面板的最左端，自动生成片头效果。时间轴上显示效果，如图 6-119 所示。

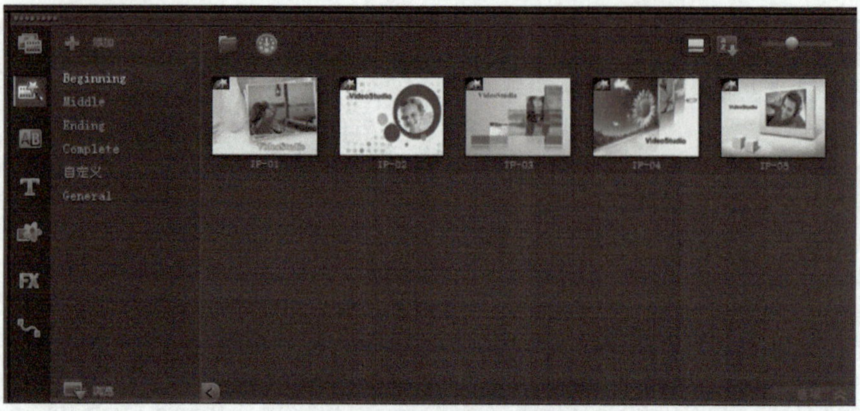

图 6-118 【即时项目】素材面板

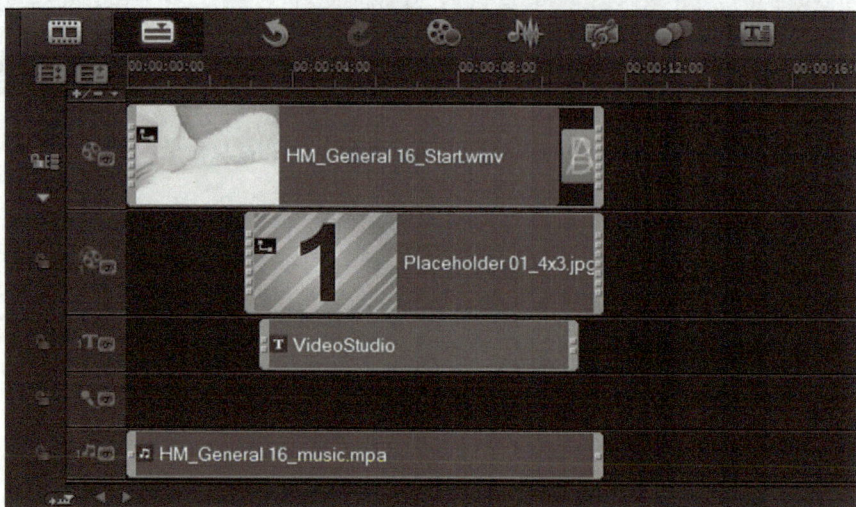

图 6-119 【即时项目】素材面板

由图可以看出时间轴中的片头模板包括视频素材、音频素材以及字幕素材，将模板中的素材替换成自己的媒体素材后，就完成了属于自己的个性化片头。

2. 素材的导入

（1）导入到素材库

素材库是存放所有媒体（包括视频素材、照片和音乐）的面板。也包括用在项目的模板、转场、特效和各种其他媒体资源。打开 VideoStudio Pro X8 软件，默认打开界面是【编辑】工作区。VideoStudio Pro X8 所编辑的媒体素材都会首先导入到素材库中，并显示在素材库面板中。将媒体文件导入到素材库中有以下三种方法。

方法一 单击素材库面板上方的导入媒体文件按钮图标 ■ ，在弹出的对话框中选取要添加的媒体文件，点击确定，媒体文件便添加到素材库中，如图 6-120 所示。

方法二 在 windows 文件浏览器中选中媒体文件，用鼠标直接拖拽媒体文件到素材库中。

方法三　点击菜单栏中的【文件】→【将媒体文件插入到素材库】命令，在下级菜单中选择要插入的媒体文件类型，在弹出的对话框中选取要添加的媒体文件，点击确定，将媒体文件添加到素材库中。

注意：点击最上方的按钮图标 ，可以显示或隐藏素材库中视频、图片和音乐缩略图。

图 6-120　导入媒体文件到素材库中

（2）从素材库中删除媒体文件

从素材库中删除媒体文件只是删除指向真实媒体文件的指针，不会对计算机中媒体文件本身造成任何影响。删除素材库中媒体文件有以下两种方法。

方法一　用鼠标左键点击选中素材库中的媒体文件图标，按下【Delete】键，删除媒体文件图标。

方法二　在素材库中，用鼠标右键点击要删除的媒体文件图标，在弹出的快捷菜单中选择删除命令。

（3）将媒体文件添加到时间轴

要编辑媒体文件，首先要将媒体文件添加到时间轴面板中。将媒体文件添加到时间轴面板中有以下四种方法。

方法一　点击素材库中的媒体文件图标，用鼠标左键拖曳图标到时间轴的轨道上。此处要注意，时间轴面板有三种类别的轨道，分别是：视频轨道和覆盖轨道、音乐轨道和声音轨道、字幕轨道。在拖拽媒体文件图标时，不同的媒体文件类型要放到相应的轨道上。例如，视频文件要拖拽到视频轨道或覆盖轨道上，音频文件拖拽到音乐轨道或声音轨道上，而字幕文件除了可以放到字幕轨道外，还可以放到视频轨道或覆盖轨道上。

方法二 右键点击素材库中的媒体文件图标,在弹出的快捷菜单中,选择【插入到】命令,选择下级菜单中的相应轨道,如图 6-121 所示。

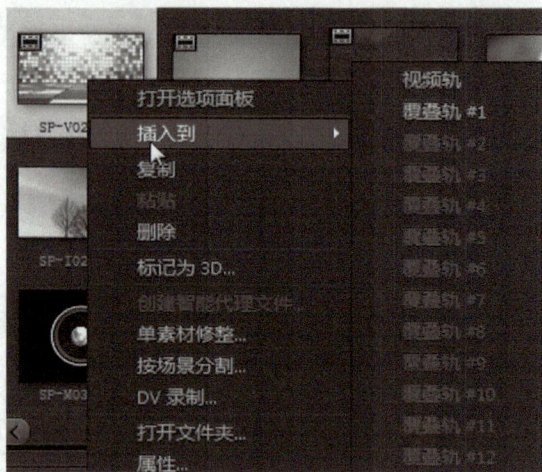

图 6-121 将媒体文件插入到时间轴面板中

方法三 在 Windows 文件浏览器中选取一个或多个媒体文件,用鼠标左键拖拽到时间轴面板中。

方法四 右键单击时间轴面板轨道的空白处,在弹出的快捷菜单中选取要插入的媒体文件类型,从弹出的对话框中选择要添加的媒体文件,如图 6-122 所示。添加媒体文件到时间轴后界面,如图 6-123 所示。

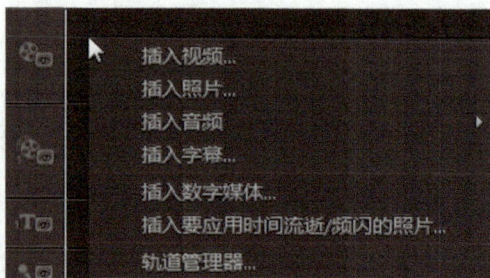

图 6-122 右键单击时间轴面板空白处插入媒体文件

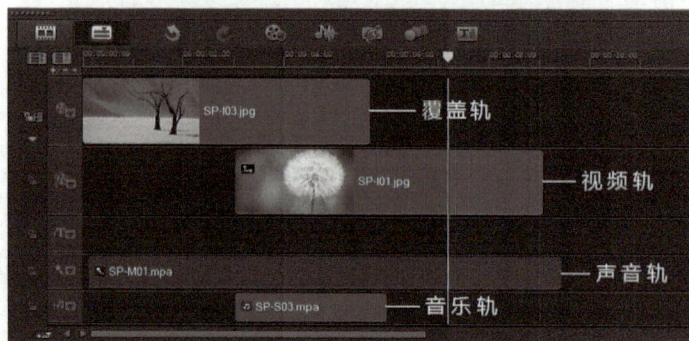

图 6-123 插入媒体文件后的时间轴面板

3. 素材的剪辑

VideoStudio Pro X8 软件提供了丰富的剪辑媒体文件的功能，可以对媒体文件进行修剪，并按照要求重新排列、组合。

（1）分割素材

分割素材是会声会影的基础编辑操作，会声会影可以对视频素材逐帧地、精准地分割，操作步骤如下。

第一步，确定分割位置：在时间轴上选择要分割的素材，移动时间轴标尺到要剪切的位置。

第二步，单击浏览区域中剪刀图标 ✂，将素材一分为二，分割后的素材可以分别进行编辑。

（2）编辑视频素材的其他属性

将视频素材添加到时间轴中之后，点击选中要编辑的视频素材，使用【编辑】工作区的选项面板，对素材进行编辑。不同的素材类型，选项面板的选项名称也不一样。

编辑视频时，选择【视频】卷标，如图 6-124 所示。

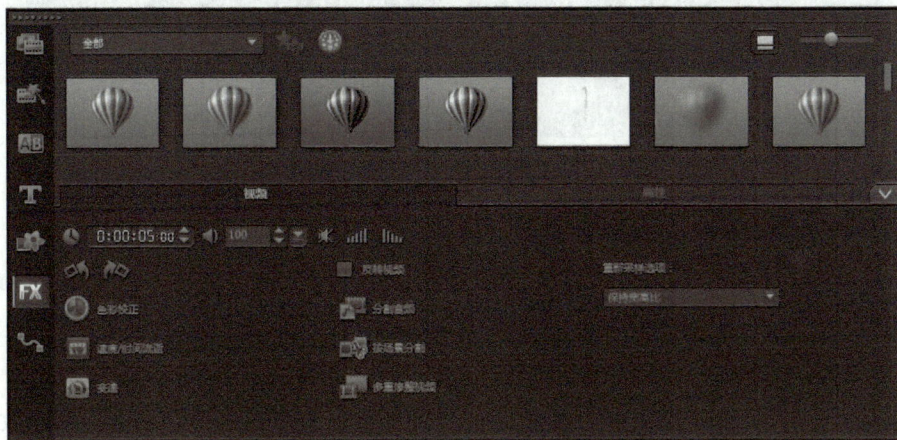

图 6-124　视频素材选项中【视频】卷标图示

①视频时间长度：显示选定素材的时间长度。

②素材音量：调整视频音量大小。

③静音：将视频的音量调至静音。

④淡入/淡出：设置音频素材的淡入淡出效果。

⑤旋转：旋转视频素材的画面。

⑥色彩修正：调整视频素材的色相、饱和度、亮度、对比度和 Gamma 值。

⑦速度/时间流逝：调整素材的播放速度。

⑧变速：调整素材的播放速度。

⑨倒转播放：倒转播放视频。

⑩分割音频：把音频从视频文件中分割，再将它置于音频轨。

⑪依场景分割：根据视频内容或拍摄的日期和时间对视频文件进行分割。

⑫多重修剪视频：从视频文件选择需要的片段，然后加以修剪。

⑬重新取样选项：设置视频的宽高比。

4. 滤镜、路径与转场效果的添加

（1）滤镜

滤镜可以改变媒体素材的样式和外观，达到创意美化素材的效果，会声会影 X8 提供了 10 种类型的滤镜，每种类型滤镜又有若干种效果，选择任意一种类型滤镜，右侧会出现滤镜的动态缩略图，如图 6-125 所示。

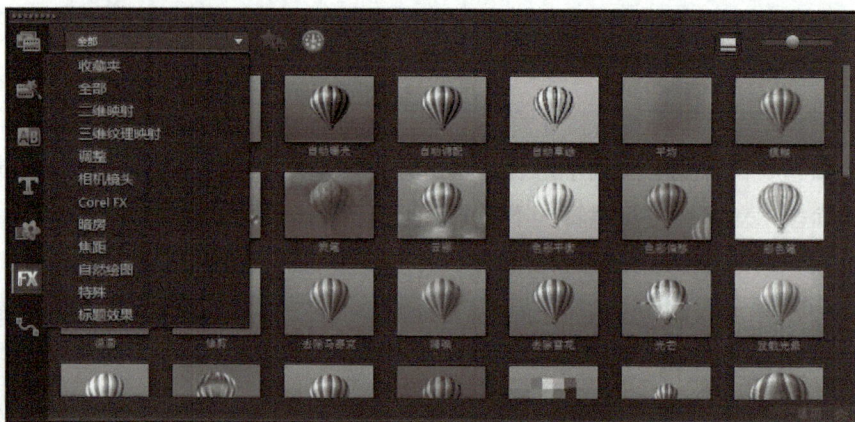

图 6-125　素材库中滤镜动态缩略图

①添加滤镜到素材的步骤。

·点击素材库面板上的滤镜按钮图标 **FX**，素材库中会显示出各种滤镜的动态缩略图。

·点击选择相应的滤镜，拖拽滤镜缩略图到时间轴上的素材上。

注意：点击选项面板中的属性卷标，点击"自定义滤镜"，可以进一步修改滤镜的效果，如图 6-126 所示。

图 6-126　选项面板的【属性】卷标中的【自定义滤镜】

②套用多个滤镜。

将选项面板中属性卷标中的"取代上一个滤镜"选项取消，可以将多个滤镜拖拽到同一个素材上，实现多种滤镜效果。会声会影 X8 最多支持一个视频素材套用 5 个滤镜。

(2)路径

会声会影 X8 的路径功能可以实现画中画的效果，通过自定义路径，控制画面的移动路径，并且可以通过参数精确地设置动画的大小、位置、透明度、旋转、阴影、镜面等效果。

通过右击时间轴上的视频素材，在弹出的快捷菜单中选择【自定义动作】选项，如图 6-127 所示，弹出自定义动作的控制面板，如图 6-128 所示。

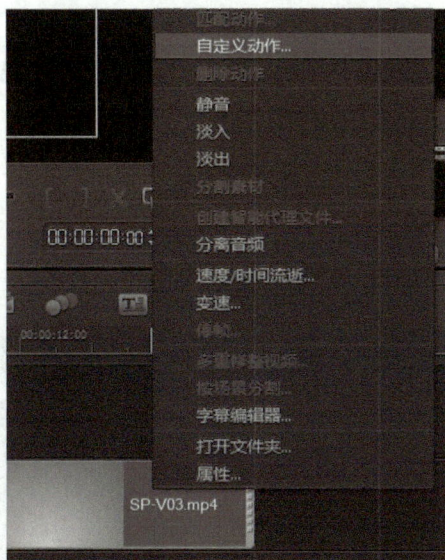

图 6-127 右击视频素材，选择【自定义动作】

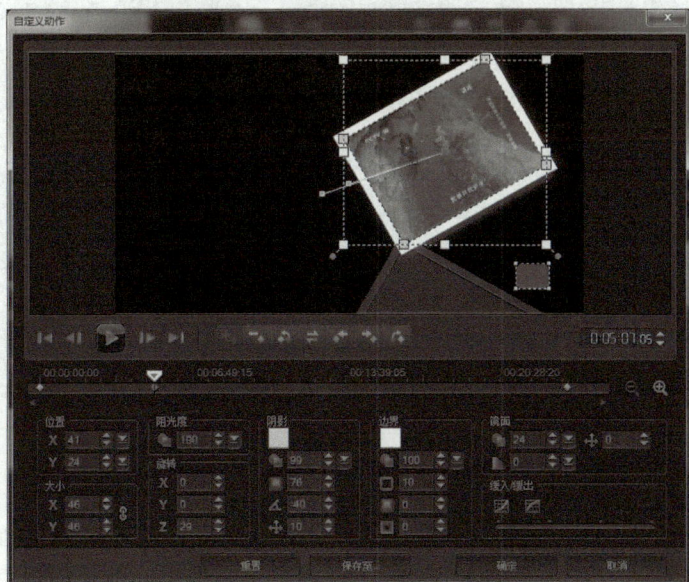

图 6-128 自定义动作控制面板

①播放控制：控制视频播放的按钮。

②时间轴控制：视频时间轴以及缩放控制。

③属性面板：定义位置、大小、不透明度、旋转、阴影、外框、镜射和缓加速/缓减速控件。

④预览窗口：显示目前播放中的视频。

⑤动画路径：视频素材的移动轨迹。

⑥主帧控制：添加、移除和控制主帧的位置。

添加路径的方法如下。

方法一　拖动时间轴上的滑块，确定要添加主帧的位置，点击图标 ，添加一个主帧。在属性面板中设置视频素材的各项属性，来修改视频素材的位置、大小、形状、透明度、旋转、阴影、镜面的效果。

方法二　拖曳预览窗口中的动画轨迹线来改变视频素材的位置、大小、形状等属性。

注意：每当拖拽预览窗口中的视频素材并做修改时，就会自动在时间轴上添加一个主帧。

效果如图 6-129 所示。点击确定，完成路径设置。

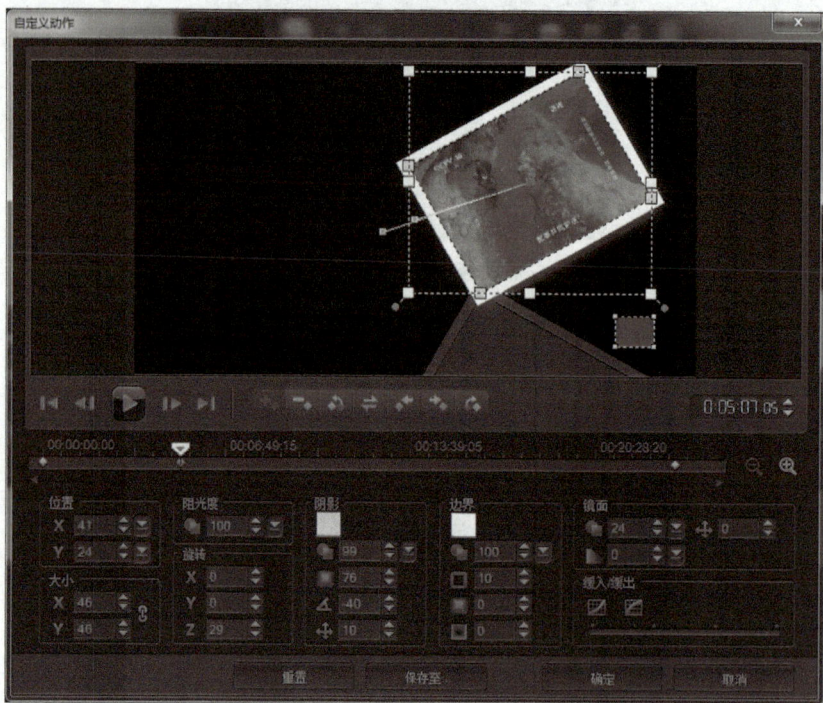

图 6-129　修改自定义路径参数效果示意图

（3）转场

会声会影 X8 提供了 16 种转场类型，每种转场类型又有若干种转场效果。选择任意一种转场类型后，点击转场效果按钮图标 ，素材库中出现转场效果的动态缩略图，如图 6-130 所示。

图 6-130　素材库中转场效果缩略图

①加入转场效果有以下三种方法。

方法一　点击图标 `AB` 打开转场效果在素材库，点击选择转场效果缩略图，并将缩略图拖曳至时间轴上两个紧邻的视频素材之间。松开鼠标后，两个视频素材之间出现转场效果，如图 6-131 所示。

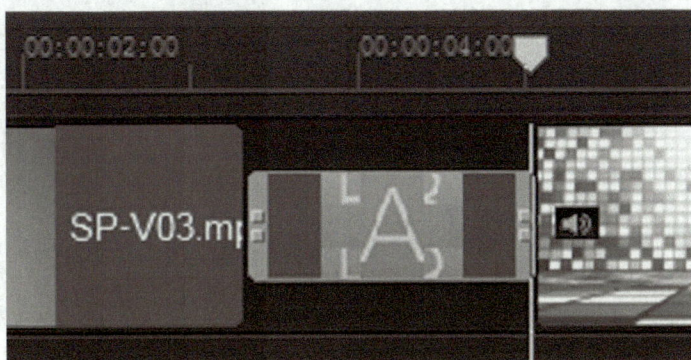

图 6-131　使用转场效果后的图示

方法二　点击选中时间轴轨道上的视频素材，打开转场效果素材库，鼠标左键双击要使用的转场效果缩略图，该转场效果会自动插入到该轨道素材之间第一个空白的转场位置。

方法三　在时间轴面板上，拖动视频素材与相邻素材重叠，松开鼠标后，重叠部分自动生成默认转场特效。

②设置统一转场效果的方法。

方法一　点击选取素材库中转场效果缩略图，单击按钮 `AB`，如果要应用转场的轨道内之前没有应用过转场效果，则该转场效果就会被设置成统一转场效果。如果之前已有其他转场效果存在，则会出现如图 6-132 所示的对话框，这时请选择"是"，将选中的转场效果设置成统一效果。

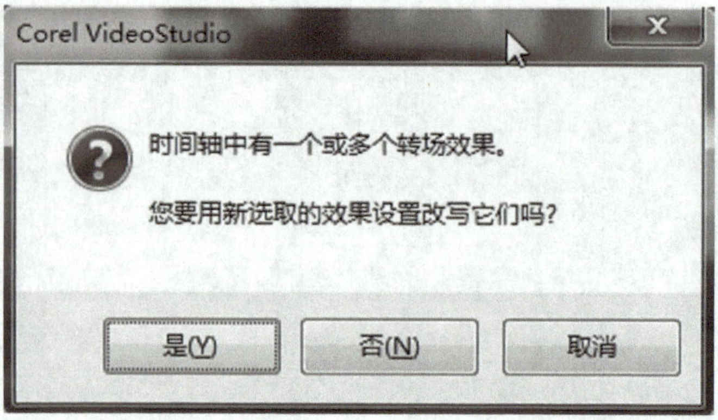

图 6-132   设置统一转场效果时出现的对话框

　　方法二   打开转场效果素材库，用鼠标右键单击要使用的转场缩略图，在弹出的快捷菜单中选择"对视频轨应用当前效果"。

　　③自定义预设转场。

- 双击时间轴中的转场特效。
- 在选项面板中修改转场的属性或行为，如图 6-133 所示。

图 6-133   转场的选项面板

可以进一步执行下列操作：

- 在预设转场特效时间长度中，输入转场的秒数值。
- 从预设转场效果下拉式菜单中选择转场特效。
- 在随机特效中，单击自定义按钮，然后选取使用的转场。

　　④清除转场。

- 在单击时间轴上要移除的转场，然后按 Delete 键。
- 用鼠标右键单击时间轴上的转场，然后选取删除。
- 拖曳分开两个素材以清除转场特效。

5. 字幕的设计与制作

标题一般出现在视频素材的开始，字幕可以放在视频中的任何位置，利用会声会影可以轻松便捷地制作视频标题和字幕。会声会影素材库中提供了 34 种预设的标题字幕，如图 6-134 所示。

图 6-134　标题字幕素材库

（1）添加字幕有以下三种方法

方法一　点击素材库中的图标 **T** ，在选项区域的编辑卷标中，选取多重标题（该选项为默认），双击预览窗口，直接输入文字，如图 6-135 所示。

图 6-135　双击预览窗口中的文字进行编辑

方法二　点击素材库中的图标 **T** 打开标题素材库，将标题缩略图拖曳到标题轨、视频轨或覆叠轨中的任何位置，然后拖曳素材的结束控点来调整标题的时间长度，双击预览窗口中的标题进行编辑。

方法三　使用字幕编辑器。选取时间轴上的视频素材，点击工具栏中的图标 **T** ，或者右键单击时间轴中的视频或音频素材，并选择字幕编辑器，如图 6-136 所示。

图 6-136　字幕编辑器

使用字幕编辑器添加字幕的步骤如下：

①在浏览控制区中控制播放视频，确定添加字幕的位置。

②单击加号图标，在弹出的文本框中输入文字内容，如图 6-137 所示。

③设置起始和结束时间，控制字幕出现的时间。

如果要继续在这段视频素材上添加字幕，请再次点击加号图标，重复以上步骤。

图 6-137　在编辑框中输入文字

（2）修改标题文字属性

双击时间轴上的标题素材，打开标题的选项面板，如图 6-138 所示。使用【编辑】卷标中的选项来格式化标题文字。例如，你可以改变文字对齐方式，更改字型、大小和色彩等。

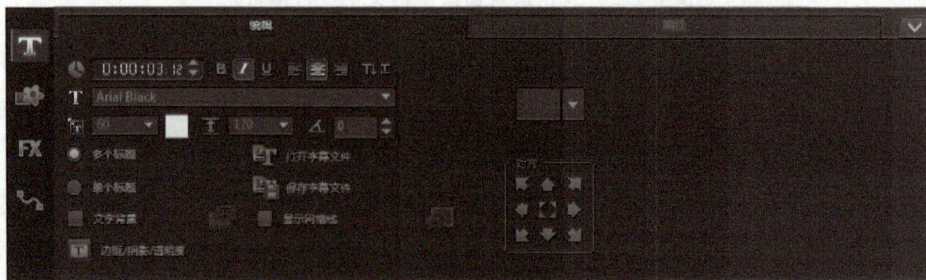

图 6-138　标题字幕的编辑选项面板

6. 配音与配乐

好的配音和配乐提高视频作品的质量。配音或配乐的操作是视频编辑中的基础操作之一。在会声会影 X8 中，你可以将计算机的音频文件加入到作品中，也可以使用自动音乐选择将免版税的音乐加入到作品中。

（1）添加自动音乐

使用会声会影中自带的免费音乐，具体操作如下：

①点击工具栏中的图标![icon]，打开自动音乐选项面板，如图 6-139 所示。

②在选项面板中依次选择【类别】【歌曲】【版本】，然后点击【添加到时间轴】，音乐自动添加到时间轴中的音乐轨。

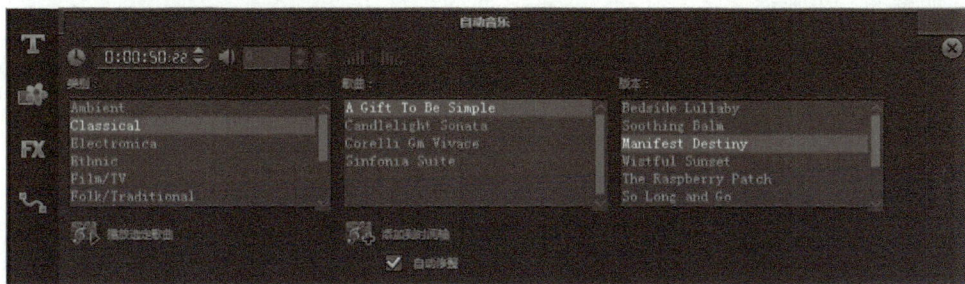

图 6-139　自动音乐选项面板

（2）添加计算机中的音频文件有以下三种方法

方法一　将素材库中音乐文件图标拖曳到音乐轨或声音轨。

方法二　右击素材库中的音频文件图标，在弹出的快捷菜单中选择【插入到】，选择下级菜单相应轨道选项。

方法三　右击时间轴上的声音轨或音乐轨的空白处，在弹出的快捷菜单中选择【插入音频】，选择下级菜单媒体类型。

（3）分离视频素材中的音频轨

选取视频素材，以鼠标右键单击该视频素材，在弹出的快捷菜单中选择【分离音频】，如图 6-140 所示。视频中的音频被分离到音乐轨中。

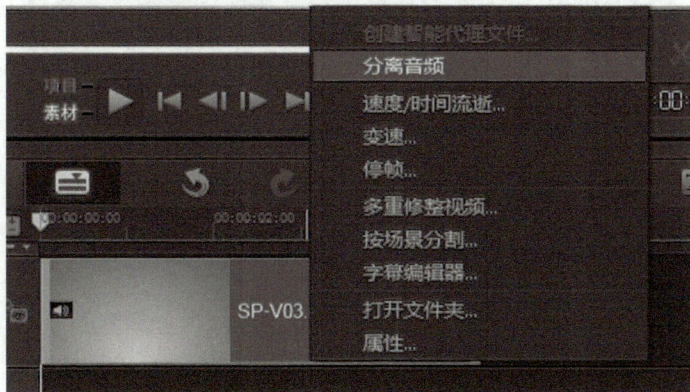

图 6-140　分离视频中的音频

(4)编辑音频文件

分割音频文件的方法和分割视频文件相同，首先选中时间轴上的音频素材，然后移动时间轴标尺到要分割的位置，点击浏览区域的剪刀图标 ✂，分割后的音频段落可以用鼠标拖动重新排列组合，并进行单独编辑，如图 6-141 所示。

图 6-141　拖动分割后的音频段落

双击时间轴上的音频文件可以打开音频编辑选项面板，可以进一步编辑音频属性，如图 6-142 所示。

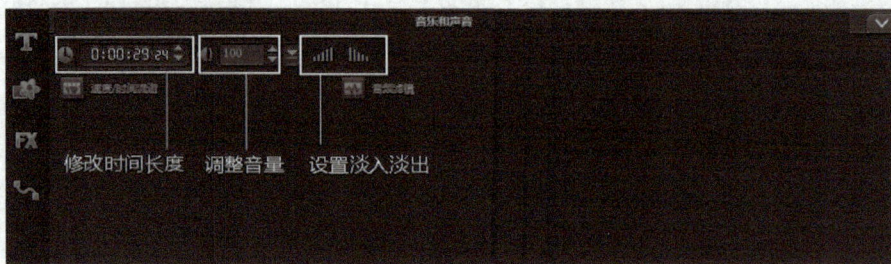

图 6-142　音乐选项面板

在音频编辑选项面板中你可以修改音频文件的时间长度，调整音频的音量，设置声音的淡入淡出效果，更改音频的速度节奏，如图 6-143 所示。添加音频滤镜，如图 6-144 所示。

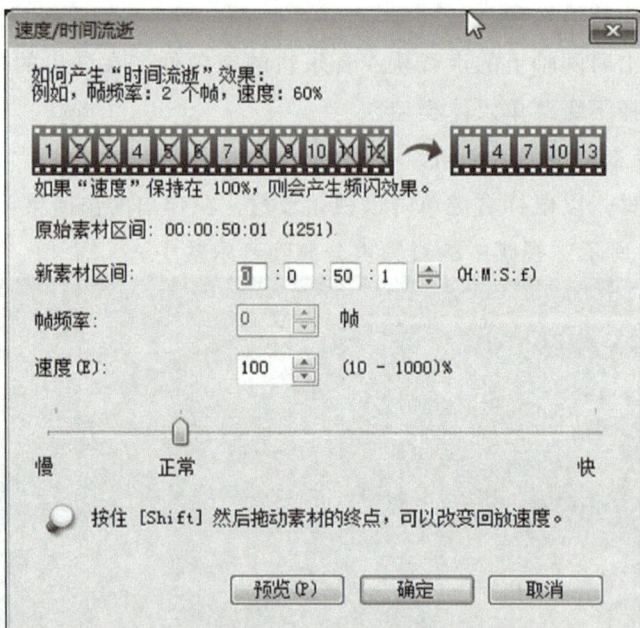

图 6-143　速度/时间选项面板

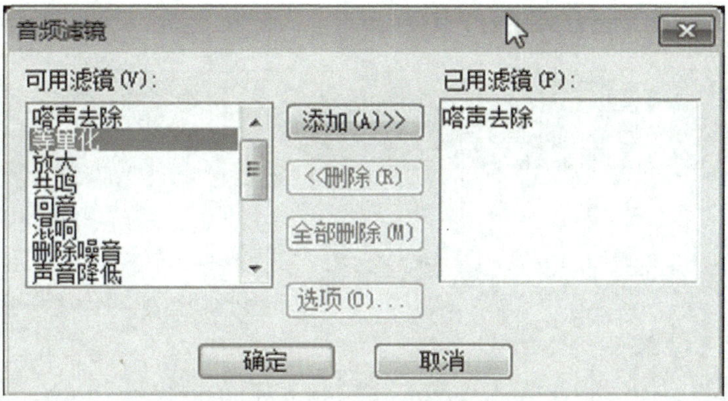

图 6-144　自定义音频滤镜选项面板

7. 片尾的制作

在【编辑】工作界面中点击图标▦，打开【即时项目】素材面板，点击【结尾】选项，如图 6-145 所示。

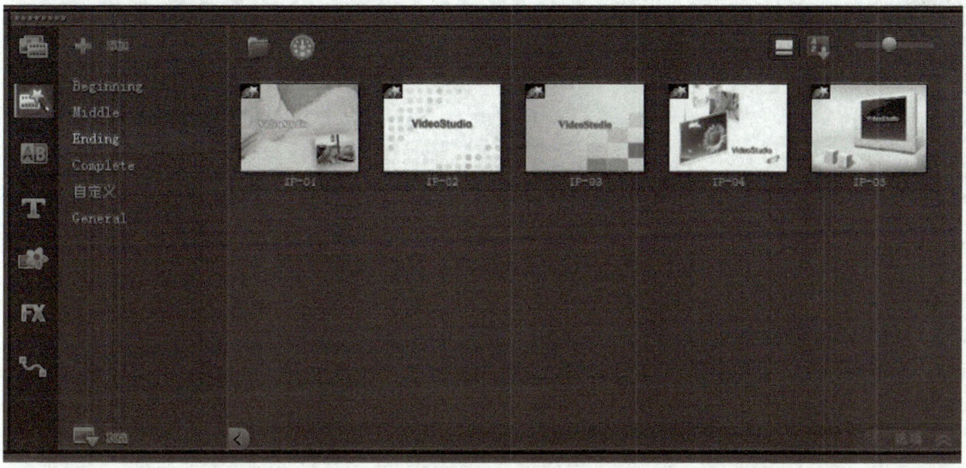

图 6-145　即时项目片尾模板素材库

拖拽图标到时间轴轨道中媒体素材的结尾处，自动生成片尾效果。片尾模板包括视频素材、音频素材以及字幕素材，将模板中的素材替换成自己的媒体素材，完成片尾的制作。

8. 作品的保存和输出

（1）保存文件

点击菜单栏中的【文件】→【保存】或【另存为】，在弹出的对话框中选择保存或另存为的位置。

（2）输出作品

打开共享工作区。会声会影提供了五种输出类型，分别是计算机、移动设备、网络视频、光盘和 3D 影片，如图 6-146 所示。

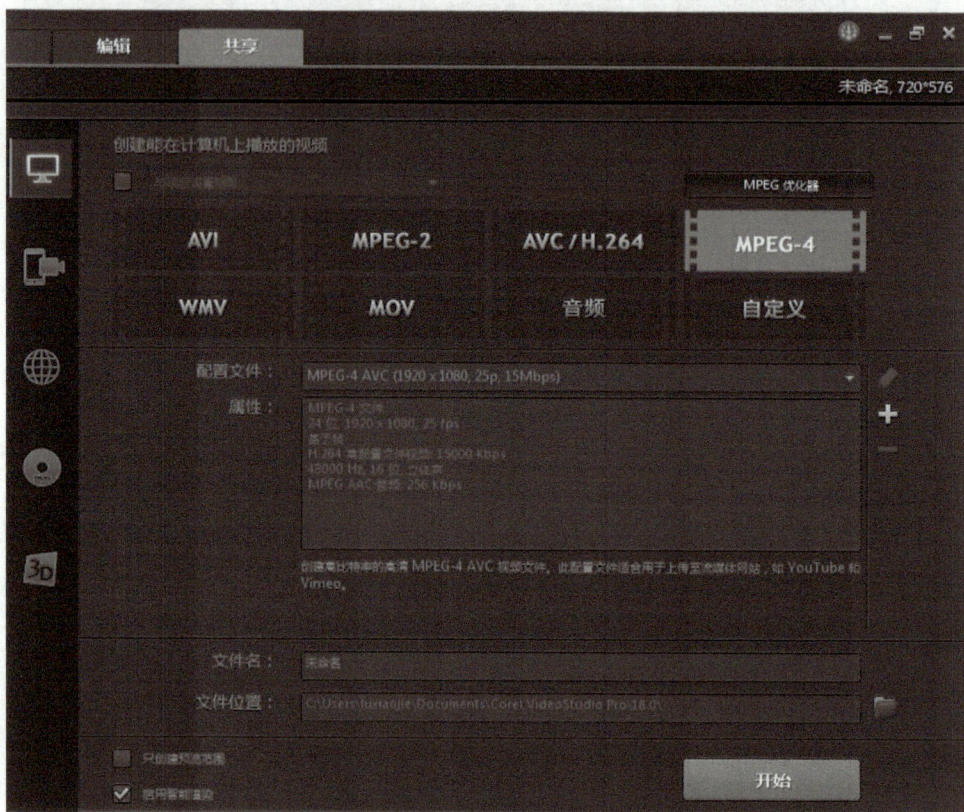

图 6-146　输出作品到计算机的选项面板

输出作品到计算机的步骤。

第一步，点击图标 ，选择输出到计算机。

第二步，选择一种视频输出格式，如图 6-146 所示选择 MPEG-4 格式。

第三步，输入文件名，选择保存位置，点击确定，开始生成视频文件，如图 6-147 所示。

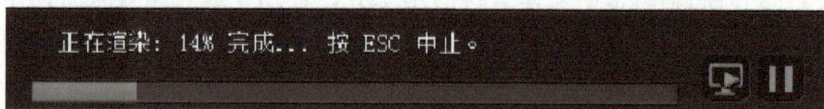

图 6-147　渲染生成视频文件

渲染结束后，你的视频作品就会输出到计算机中。这样整个视频后期编辑过程也到此结束。后期编辑是一个复杂的创作性的工作，以上所述是视频后期编辑的大致工作流程，但并不是所有的环节都必须包含上述步骤，实际使用时可根据情况加以选用。

第四节 动画素材

动画技术是采用逐帧拍摄对象并连续播放而形成运动的影像技术。动画的基本原理是利用人眼的视觉暂留特性，在上一幅画面还没有消失前播放下一幅画面，从而给观众带来流畅的视觉变化。动画能够形象地表现客观世界不存在或无法人为实现的事物，能表现抽象难以理解的事物，模拟事物的变化过程等，它比视频素材更能细致、准确地表现内容。

一、动画素材的类型

动画可以分为二维动画和三维动画，用 Flash 和 GIF Animator 软件制作的就是二维动画，用 Maya 或 3D Max 制作的就是三维动画。动画素材还可以分为矢量动画和位图动画，用 Flash 软件生成的 SWF 格式的动画就是矢量动画，用 GIF Animator 软件制作的就是位图动画，此外还有文字动画，如 COOL 3D 制作的动画。

计算机中所用到的动画格式有 FLC、GIF、SWF 格式等。

1. FLC 格式

FLC 格式是 Autodesk 公司在其出品的 2D、3D 动画制作软件中采用的动画文件格式。支持 256 色，最大的图像像素是 64000×64000，支持压缩，是一个 8 位动画文件，它的每一帧都是一个 GIF 图像，所有的图像都共用同一个调色板。其扩展名为 flc。

2. GIF 格式

GIF(Graphics Interchange Format)格式就是图像交换格式，是由 CompuServe 公司建立的 Internet 上常见的动画格式。GIF 只支持 256 色以内的图像，采用无损压缩存储，在不影响图像质量的情况下，可以生成很小的文件，它支持透明色，可以使图像浮现在背景之上。GIF 格式的另一个特点是在一个 GIF 文件中可以存放多幅彩色图像，如果把存于一个文件中的多幅图像数据逐幅读出并显示到屏幕上，就可以构成一种最简单的动画。其扩展名为 gif。

3. SWF 格式

SWF(Shockwave Flash)格式是动画设计软件 Flash 的专用格式，被广泛应用于网页设计、动画制作等领域，swf 文件通常也被称为 Flash 文件。它是基于矢量的交互式图形动画，它的图形是可伸缩的，而且能够稳定地支持任何屏幕大小的显示和多平台的平稳过渡，现在超过 99% 的网络用户都可以读取 swf 文档。其扩展名为 swf。

二、动画素材的采集

随着网络上动画素材的增多，以及动画制作软件的广泛运用，动画素材的获取可以有以下几种方法。

1. 专业软件制作

动画软件的选用可以根据需要决定，当前比较流行的专业二维动画制作软件有Flash、Animator Studio、USAnimation、RETAS 等，三维动画制作软件有 3D Max、Maya、COOL 3D、AutoCAD 等。

2. 购买动画素材库光盘

市场上有很多动画素材库光盘，用户可以根据需要购买。这些素材库提供大量的动画素材，是获取动画素材最直接、最方便的方法。

3. 网络下载

网络上的动画素材数量众多，我们可以根据需要利用搜索引擎从素材网站直接下载。但是也会遇到无法下载的情况，我们可以安装 Flash Catcher，它是一款经典的 Flash 抓取工具，在浏览有 Flash 文件的网页中可以随时抓取保存 Flash 文件，只需在 Flash 文件上单击鼠标右键即可下载，它在 IE 浏览器上应用较多。另外，硕思闪客精灵也是一款为 FLASH 动画制作者和爱好者准备的专业的 Shockwave Flash 影片反编译的工具，它能捕捉、反编译、查看和提取 Shockwave Flash 影片（swf 和 exe 格式文件）。同时，闪客精灵还可以恢复资源并把它们导出为相同格式以方便在 Flash 软件中编辑，我们可以轻松地使用它来捕捉 Flash 动画并保存到计算机上。

三、动画处理软件 Adobe Flash CC 的使用

随着互联网的发展，Flash 动画的运用越来越广泛，网络世界中有数不清的Flash 动画。在游戏制作，网络广告，影视音乐，多媒体教学等多个领域，Flash 动画都发挥着重要的作用。在网络盛行的今天，动画制作软件 Flash 已经是动画领域的一个专有名词，它还制定了交互式矢量动画的标准。Flash 软件的最新版本是Flash CC，它基于 64 位架构，更加模块化，速度和稳定性有很大提高，可以将动画导出为高清的视频和音频，拥有更强大的代码编译器，软件界面更加简洁直观，画板可以无限放大缩小，可以在时间轴上管理多个选定图层的属性，支持 HTML5。下面我们给大家介绍 Flash 软件。

(一)工作界面

Flash CC 的工作界面包括菜单栏、窗口选项卡、编辑栏、舞台、时间轴面板、工作区切换器、面板、工具箱，如图 6-148 所示。

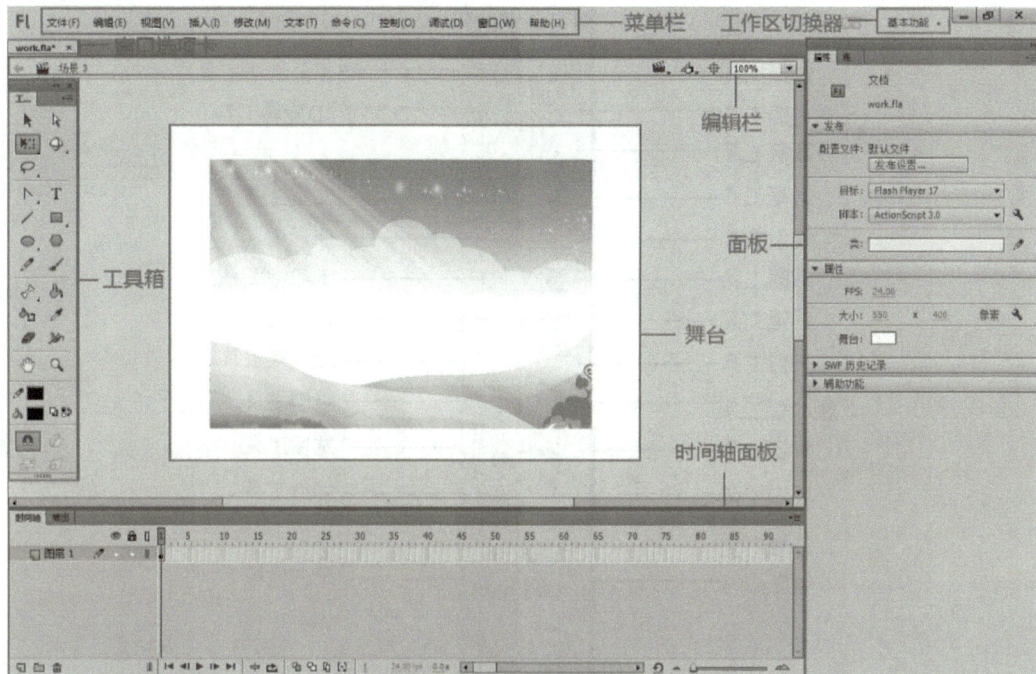

图 6-148　Flash CC 的工作界面

（1）菜单栏

菜单栏里包含 Flash 中的所有命令。

（2）窗口选项卡

显示文档名称，可以同时显示多个打开文档。

（3）编辑栏

包含场景、元件以及用于更改舞台缩放比例的信息。

（4）舞台

图像的编辑区域，动画创作的大部分工作都在这个区域完成，在输出影片时，只有这个区域内的对象会显示。

（5）时间轴面板

Flash 中制作动画的主要工作区域。

（6）工作区切换器

提供多种默认的工作区预设。

（7）面板

面板用于设置工具参数以及执行编辑命令，Flash CC 中包含了 20 多个面板，他们默认被显示在窗口的右侧，可根据需要打开、关闭或自由组合。针对不同的场景、元件，提供不同的编辑选项。

（8）工具箱

动画设计过程中最常用的工具集合，如图 6-149 所示。

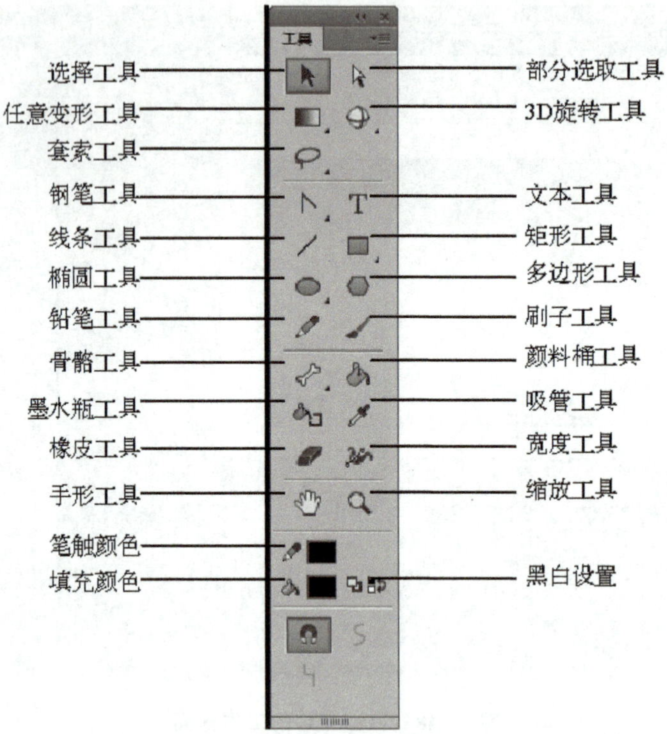

图 6-149　Flash CC 的工具箱

①选择变换工具：选择变换工具组里包含"选择工具""部分选取工具""任意变形工具""3D 旋转工具"和"套索工具"，他们可以对舞台上的元素进行选择和变形等操作。

②绘画工具：绘画工具包括"钢笔工具""文本工具""线条工具""矩形工具""铅笔工具"和"刷子工具"。这些工具的组合可以让使用者设计出理想的作品。

③视图工具：视图工具中包含"手形工具"用于调整视图区域，"缩放工具"用于放大或缩小舞台大小。

④颜色工具：颜色工具主要用于设置和切换"笔触颜色"与"填充颜色"。

(二)基本操作

1. 新建文档

打开 Flash CC 软件，点击菜单栏中的【文件】→【新建】命令，弹出"新建文档"对话框，如图 6-150 所示，对话框中包括"常规"和"模板"两个选项。

在"常规"选项中，可以根据需要选择不同的文件类型，其中：

①选项 Action Script3.0 是建立在基于脚本语言 Action Script3.0 的 FlA 格式的文件。

②选项 Air for Desktop 是用户与 AIR 应用程序的交互方式，用于确保程序在不同桌面和操作系统的一致性。

③选项 AIR for Android 是建立在基于 Andriod 设备的 FlA 格式文件。

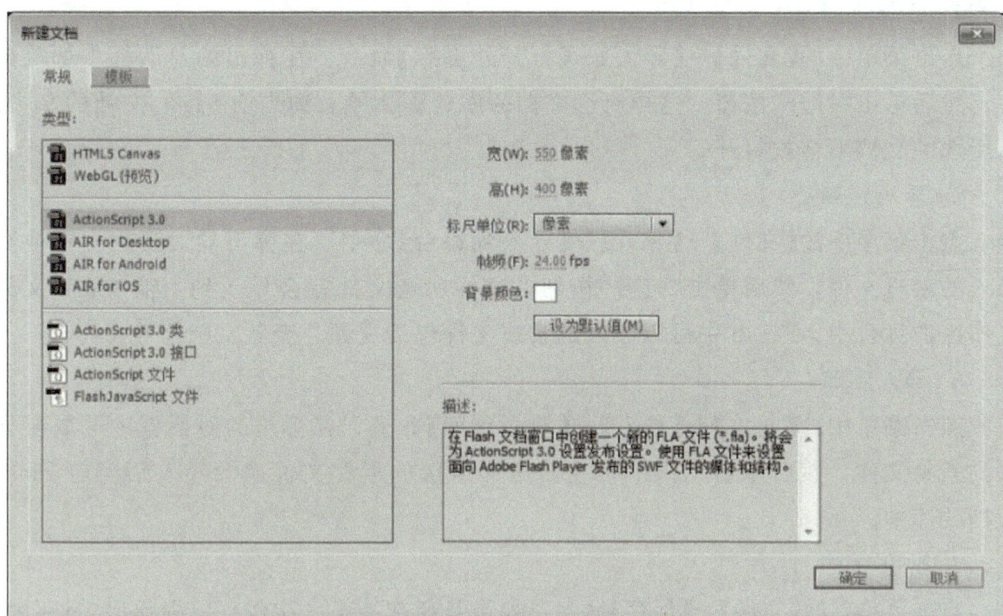

图 6-150　新建文档

④选项 AIR for iOS 是建立基于 iOS 设备的 FlA 格式文件。

⑤选项 Action Script 3.0 类是建立定义 Action Script 3.0 类的 as 格式文件。

⑥选项 Action Script 3.0 接口是建立定义 Action Script 3.0 接口的 as 格式文件。

⑦选项 Action Script 文件是建立一个 as 文件，并在脚本窗口中编辑。

⑧选项 Flash Java Script 文件是建立一个新的 Java Script 文件，并在脚本窗口中编辑。

在右侧的属性栏中可以设置文档场景的高度、宽度、背景颜色、帧频、标尺单位等参数。在"模板"选项中可以基于不同的模板创建不同的文档。

2. 打开文档

点击菜单栏中的【文件】→【打开】选项，在弹出的对话框中选择需要打开的文档，单击"打开"按钮，即可将文档打开；或者按快捷键"Ctrl＋O"，在弹出的对话框中打开文件；或直接单击并拖动文件到 Flash 软件界面，将其打开。

3. 导入文件

Flash 可以将外部素材导入到 Flash 文件中。具体方法如图 6-151 所示。

图 6-151　导入文件选项

4. 打开外部库

点击菜单中的【文件】→【导入】→【打开外部库】命令，在弹出的对话框中选取文件，然后单击"打开"按钮，这样所选文档的库资源会导入到当前 Flash 文档的库中，而所选的文档不会被打开。

5. 导入到舞台

点击菜单中的【文件】→【导入】→【导入到舞台】命令，在弹出的对话框中选取要导入的素材文件，然后单击"打开"按钮，这样所选文件就会导入到当前 Flash 文档工作区的舞台中。Flash 中可以导入的素材文件包括视频、音频、图像等。

6. 导入到库

点击菜单中的【文件】→【导入】→【导入到库】命令，在弹出的对话框中选取要导入的素材文件，然后单击"打开"按钮，这样所选的素材文件就会导入到当前 Flash 文档的库中。

7. 保存文档

点击菜单中的【文件】→【保存】命令，如果是新文档第一次保存，则弹出"另存为"对话框，在对话框中设置文件名称、文件格式和保存路径。若文件已经保存过，则不会弹出"另存为"对话框，而是直接保存。此外，点击菜单中【文件】→【另存为模板】命令，可以将文档保存为模板，方便以后基于此模板创建新文档。

8. 测试文档

当 Flash 动画制作完成后，可以通过点击菜单栏中的【控制】→【测试影片】命令，测试预览动画效果，如图 6-152 所示。也可以通过快捷键"Ctrl＋Enter"对 Flash 动画进行快速测试。

图 6-152　测试影片

9. 导出文档

Flash 文档可以整体导出为图像、影片或视频，也可以将文档中的某一对象单独导出，如图 6-153 所示。

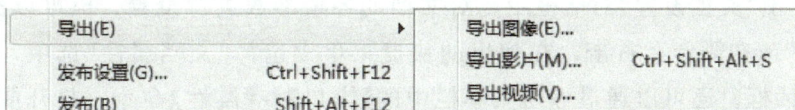

图 6-153　导出选项

10. 导出图像

点击菜单栏中的【文件】→【导出】→【导出图像】命令，在弹出的"导出图像"对话框中设置图像的名称、格式和导出位置。

11. 导出影片

点击菜单栏中的【文件】→【导出】→【导出影片】命令，在弹出的"导出影片"对话框中设置导出影片的名称、格式和导出位置。在"保存类型"下拉列表中可以看到导出的影片格式，可以看出 Flash 不但可以导出为视频格式，还可以导出为图像序列，如图 6-154 所示。

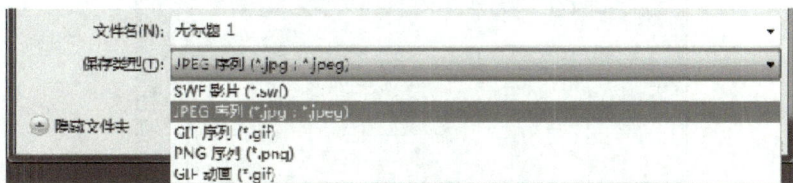

图 6-154　导出影片的类型

12. 导出视频

Flash CC 可以将动画导出为 mov 格式的视频。点击菜单栏中的【文件】→【导出】→【导出视频】命令，在弹出的"导出视频"对话框中设置导出视频的名称和导出位置，如图 6-155 所示。

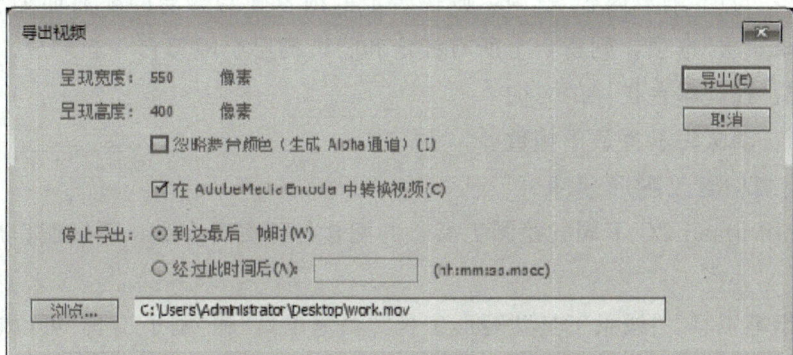

图 6-155　导出视频对话框

13. 修改文档的属性

当在使用 Flash CC 创作动画时，有时文档的属性不符合动画制作的要求。比如，舞台的大小、背景等属性需要修改，这时可以单击菜单栏中的【修改】→【文档】命令，在弹出"文档设置"对话框中，对文档的各项参数进行设置。也可以通过快捷键"Ctrl＋J"或在舞台上右击，在弹出的快捷菜单中选择"文档属性"选项，调出"文档设置"对话框。还可以通过点击菜单栏中的【窗口】→【属性】命令，打开属性面板，来修改文档的属性，如图 6-156 所示。

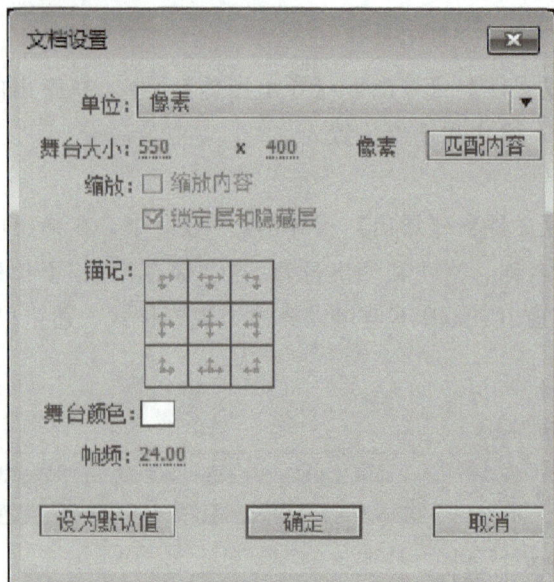

图 6-156　文档属性面板

文档的各项属性参数如下。

①单位：用来指定工作区中标尺的单位。

②舞台大小：动画显示窗口的大小。

③舞台颜色：动画的背景颜色。

④缩放：勾选"缩放内容"选项，则舞台上的内容随着舞台的缩放而缩放；勾选"锁定层和隐藏层"选项，则舞台上所有锁定和隐藏的层会随舞台一起缩放。

⑤锚记：控制舞台扩展的方向。

⑥帧频：动画每秒播放的帧数。

(三)绘制和修改图形图像

通过使用 Flash CC 不同的绘图工具，并配合各种编辑命令，可以制作出精美的矢量图形。

使用"钢笔工具""线条工具""矩形工具""铅笔工具"和"刷子工具"可以在舞台上绘制出矢量线条或形状，如图 6-157 所示。

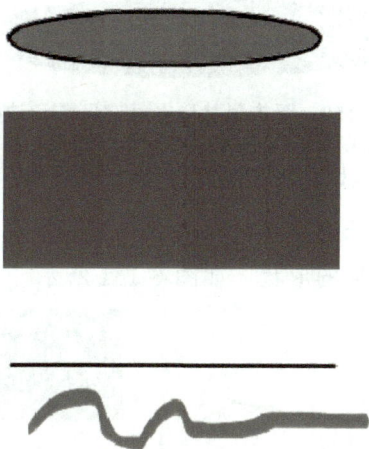

图 6-157　使用绘制工具绘制图形和线条

　　用"选择工具" 选中绘制的线条或形状，在属性面板中可以修改线条或形状的位置、大小、颜色等属性，如图 6-158 所示。"填充和笔触"属性中，所选对象不同，可修改设置的属性也不同。

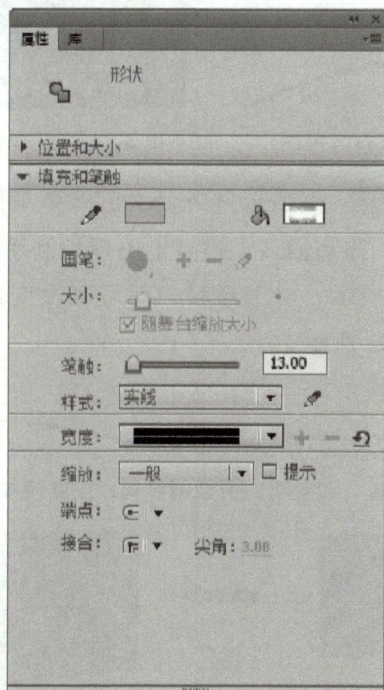

图 6-158　绘制形状的属性面板

　　用"选择工具" 双击绘制图形的填充区域，可以同时选中填充区域和其边框线条，如图 6-159 所示，然后可以在属性面板中修改图形的位置、大小，边框线条的笔触颜色、笔触粗细、笔触的宽度样式，填充区域的颜色等属性。

图 6-159　双击形状选择填充区域和边框

　　将"选择工具" 移动到线条端点或者图形边框线条的交点，"选择工具"箭头下方出现折线 ，这时拖动线条的端点可以改变线条的长度和方向，如图 6-160 所示。拖动线条的交点可以改变图形的形状，如图 6-161 所示。

图 6-160　改变线条的长度和方向　　　　图 6-161　改变形状的形态

　　将"选择工具" 移动到线条上或者图形边框线条上，当"选择工具"箭头下方出现弧线 时，点击拖动线条，可以改变线条的弯曲形态，如图 6-162 所示。拖动图形边框线条可以改变图形的形状，如图 6-163 所示。

图 6-162　改变线条的形态　　　　图 6-163　改变形状的边界形态

　　选择"部分选取工具" ，然后选择舞台上的线条或图形的边框线条，则线条上出现锚点，按住"Alt"键，拖动锚点，锚点上出现控制手柄，通过控制手柄可以改变线条的形态，如图 6-164 所示。对于形状，则可以改变边框线条形态，填充区域的形状也会改变，如图 6-165 所示。

图 6-164　调整锚点的控制手柄，改变线条形态

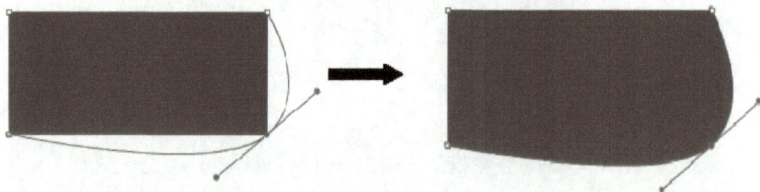

图 6-165　调整锚点的控制手柄，改变形状形态

　　使用"选择工具" ，在舞台上单击并拖动鼠标可以框选出图形的部分区域，如图 6-166 所示。可以选中图形的部分区域，进行移动、缩放、旋转、填充颜色、删除等编辑，如图 6-167 所示。

图 6-166　选择形状的部分区域

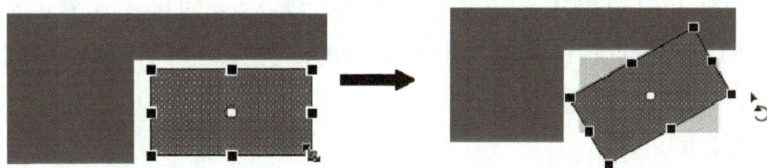

图 6-167　对选中的形状区域执行变换操作

　　导入到 Flash 中的图像文件要执行以上操作，必须首先将图像执行"分离"操作，将图像转化成矢量图形，如图 6-168 所示。

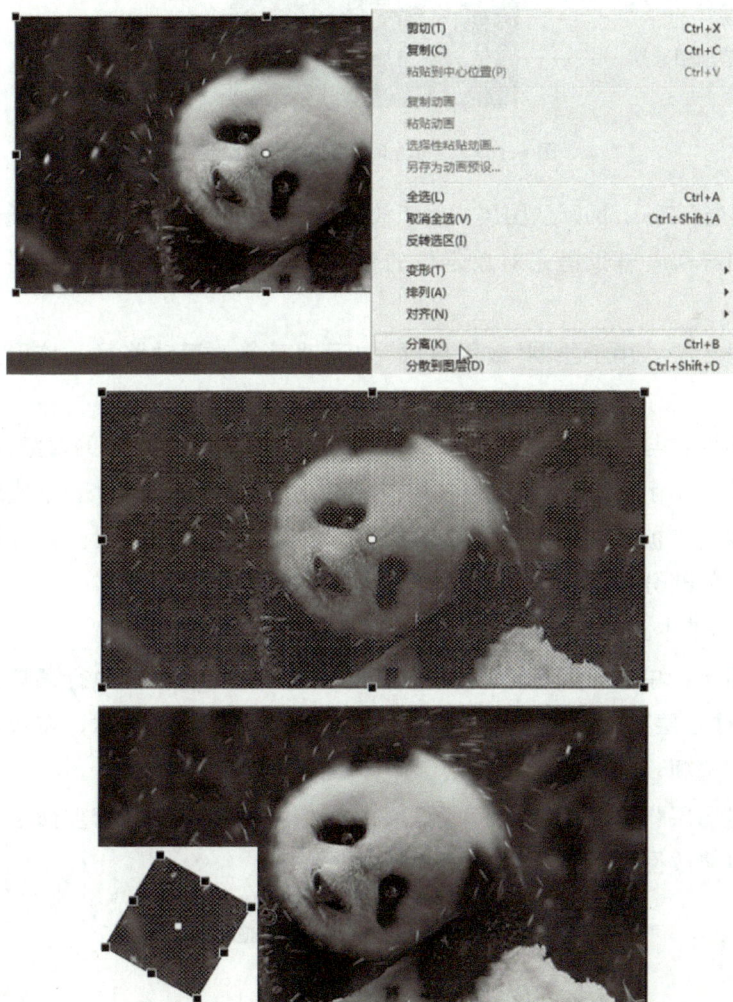

图 6-168　将图像"分离"后，进行编辑操作

(四)时间轴面板的使用

时间轴面板是控制动画播放的主要区域，时间轴上的关键帧可以记录动画播放的时间属性。关键帧之间的区域自动补间填充，可以提高制作动画的效率。在关键帧中加入 ActionScript 代码，可以实现交互功能。

1. 时间轴上的图层

Flash 时间轴上的图层主要用于放置和显示舞台上的媒体元素，显示特性与 Photoshop 中的图层显示特性类似，上层图层的素材会遮挡下层素材，不同图层上的素材可以独立编辑，互不影响。

(1)图层的类型

按照功能划分，主要有普通图层、引导图层和遮罩图层，如图 6-169 所示。

图 6-169　Flash 时间轴中层的类型

①普通图层：Flash 的默认图层，用于放置基本的动画元素，如位图对象、元件等。

②普通引导层：辅助静态对象定位的作用，不使用"被引导层"，层上内容不会被输出。

③传统引导层：用于绘制"被引导层"中运动对象的运动路径，该层上内容不会被输出。

④被引导层：与引导层关联，用于创建沿"引导层"路径运动的对象及动画。

⑤遮罩层：利用遮罩层可以将与其相链接图层中的图像遮盖起来，创建出多种效果。

⑥被遮罩层：被遮罩层是位于遮罩层下方并与之关联的图层。被遮罩层中只有被遮罩层遮盖的部分才可见。

(2)图层的基本操作

①创建图层：单击时间轴面板上的"新建图层"按钮 ，或执行菜单栏中【插入】→【时间轴】→【图层】命令，或鼠标右键单击时间轴中的图层名称，在快捷菜单中选择"插入图层"选项，即可创建新图层。

②重命名图层：为了更好地管理图层内容，可以对图层进行重命名。双击图层的名称，可以修改图层的名称，如图 6-170 所示。

图 6-170　重命名图层

③复制图层：右键单击要复制的图层，在弹出的快捷菜单中选择"复制图层"选项，

如图 6-171 所示。执行命令后,在当前图层上方复制出一个新的图层。

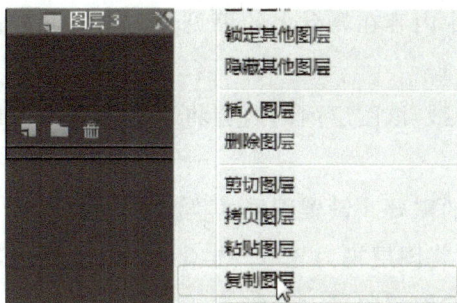

图 6-171 复制图层

若要将图层粘贴到遮罩层或引导层,必须先在该遮罩层或引导层下选择一个图层,然后再粘贴。此外,不能在遮罩层下粘贴遮罩层和图层文件夹、不能在引导层粘贴引导层和图层文件夹。

④删除图层:选择要删除的图层,单击时间轴面板下方的"删除"按钮🗑,或右键单击图层,选择快捷菜单中的"删除图层"命令,即可将其删除,如图 6-172 所示。

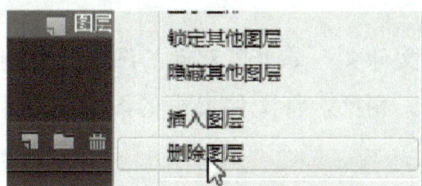

图 6-172 删除图层快捷方式

⑤设置图层属性:点击菜单栏中【修改】→【时间轴】→【图层属性】命令,或者双击图层名称左侧的图标,或右键单击图层,选择快捷菜单中的"属性"选项,打开"图层属性"对话框,如图 6-173 所示。可以在此修改图层的名称、类型、轮廓颜色和图层高度等属性。

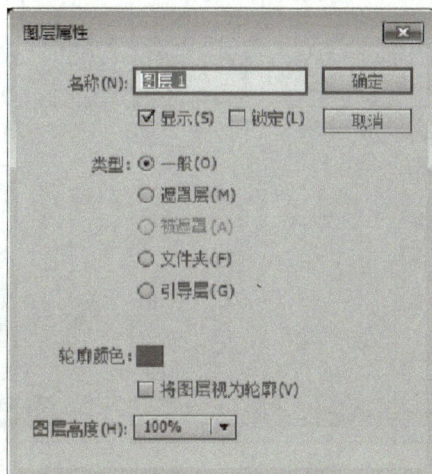

图 6-173 图层属性面板

• 名称：可在文本框中输入新的图层的名称。

• 显示：控制图层中内容在舞台上的可见性，与时间轴面板中的眼睛图标按钮作用相同。

• 锁定：勾选此项后，该图层内的内容将不能被选中和编辑，与时间轴中的按钮作用相同。

• 类型：根据不同的需要，设置图层的类型。

• 轮廓颜色：勾选"将图层视为轮廓"选项后，该图层内容以透明轮廓的形式出现在舞台上，通过设定轮廓颜色可以修改轮廓的显示颜色。

• 图层高度：用于设置图层在"时间轴"面板中的显示高度。

⑥调整图层顺序：可以单击选中图层，并拖动图层到相应的位置。

⑦创建图层文件夹：和 Photoshop 相似，为便于组织和管理 Flash 中的图层，可以创建图层文件夹，将相关图层归入到图层文件夹中，便于查找和编辑。方法为：单击时间轴面板中的"新建文件夹"按钮，或者执行【插入】→【时间轴】→【图层文件夹】命令，或者右键单击时间轴面板中的图层或图层文件夹名称，即可创建图层文件夹。

⑧将图层移入或移除文件夹：单击要移动的图层，并拖拽到图层文件夹的下方，可以将图层移入到文件夹。相反，将文件夹中的图层拖拽到文件夹外，可以移除文件夹。

2. 使用场景

每个 Flash 文档中都可以包含若干个场景，文档中的帧按场景顺序连续编号，播放时依次顺序播放，就如同将几个不同的 Flash 文件合并在一起，从而创建一个更丰富的动画。

（1）打开场景面板

执行【窗口】→【场景】命令，或按快捷键 Shift＋F2，打开场景面板，如图 6-174 所示。

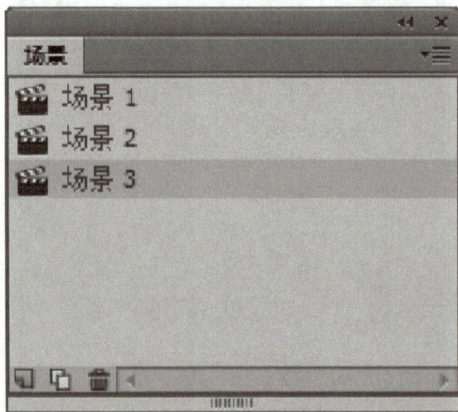

图 6-174　场景面板

场景面板下方的按钮分别为：添加场景、重置场景、删除场景。单击并拖动场景图标可以改变场景的顺序。

（2）查看场景的内容

执行【视图】→【转到】命令，在子菜单中选择要查看的场景，如图 6-175 所示。或者单击文档窗口右上角的"编辑场景"按钮，从弹出的菜单中选择不同的场景进行查看，如图 6-176 所示。

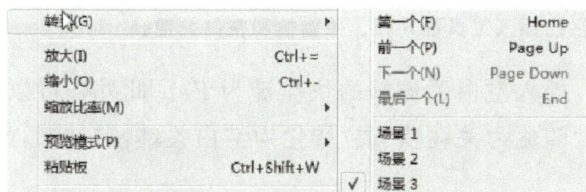

图 6-175　通过菜单栏查看场景　　　　图 6-176　通过编辑栏查看场景

3. 时间轴上的帧

Flash 时间轴上的帧相当于一幅画面，动画以帧频的速度播放画面，产生流畅的动画效果。

（1）帧的类型

时间轴上的帧的种类主要有普通帧（过渡帧）、关键帧、空白关键帧，如图 6-177 所示。

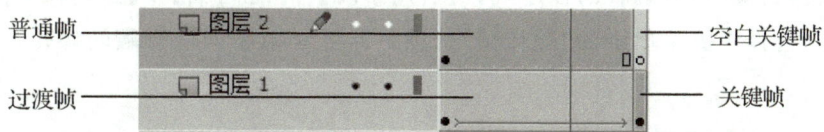

图 6-177　帧的类型

①普通帧：显示为灰色背景，通常在关键帧后面，起到延续时间的作用。

②过渡帧：显示为彩色背景，由普通帧创建补间动画后转化而来，通常在关键帧后面，过渡帧依附于关键帧，不能单独存在，其前后必须有关键帧。

③空白关键帧：呈现为一个空白圆，表示该关键帧中不包含任何对象。

④关键帧：呈现为一个实心圆点，空白关键帧中添加内容后会转化为关键帧，关键帧则记录舞台对象属性的变化。

（2）帧的基本操作

①插入帧/插入关键帧/插入空白关键帧：在时间轴中单击选中相应的帧，执行【插入】→【时间轴】→【帧】命令，或者按快捷键 F5，或单击右键，在快捷菜单中选择"插入帧"选项，插入关键帧和插入空白关键帧操作与插入帧的操作类似，如图 6-178 所示。

图 6-178　利用菜单栏的插入工具插入帧、关键帧和空白关键帧

　　插入关键帧的快捷键为 F6，插入空白关键帧的快捷键为 F7。此外，可以右键单击普通帧，在快捷菜单中选择"转化为关键帧"或"转化为空白关键帧"选项，来插入相应的帧。

　　②复制、粘贴帧：选中要复制的帧或帧序列，单击右键，在快捷菜单中选择"复制帧"选项，然后要粘贴的位置，单击右键，在快捷菜单中选择"粘贴帧"选项。或者执行菜单栏中的【编辑】→【时间轴】→【复制帧】命令，然后要粘贴的位置，执行菜单栏中的【编辑】→【时间轴】→【粘贴帧】命令。

　　③删除、清除帧：选中要删除的帧或帧序列，单击右键，在快捷菜单中选择"删除帧"选项，或者执行菜单栏中的【编辑】→【时间轴】→【删除帧】命令，即可删除所选的帧。清除帧操作和删除操作类似。

　　④移动帧：单击左键选中要移动的帧，拖动帧到相应的位置。

　　⑤翻转帧：选中要翻转的帧序列，执行【修改】→【时间轴】→【翻转帧】命令，或单击右键，选择快捷菜单中的"翻转帧"选项，即可对帧序列进行翻转操作，如图 6-179 所示。

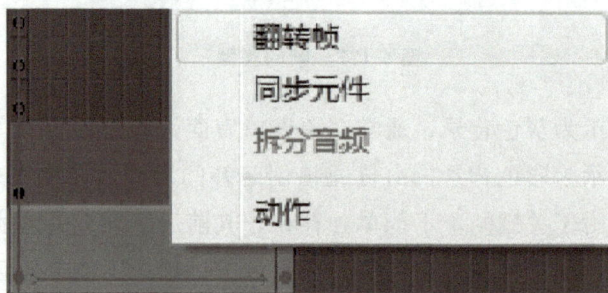

图 6-179　使用右击快捷选项翻转帧

　　⑥使用绘图纸外观：单击时间轴面板下方的"绘图纸外观"按钮 ，拖动控制点，如图 6-180 所示。在"起始绘图纸外观"和"结束绘图纸外观"标记之间的所有帧内容被重叠显示在一个帧的画面中，如图 6-181 所示。

图 6-180　绘图纸外观

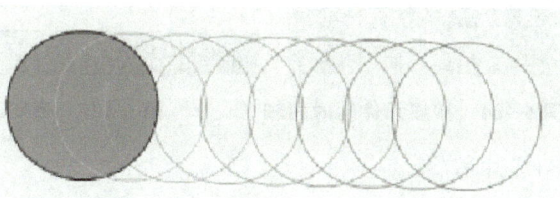

图 6-181　绘图纸外观下的动画轨迹

拖动"起始"和"结束"控制点，改变绘图纸外观的范围。绘图纸外观可以在舞台上一次查看若干个帧的内容，其中当前帧正常显示，其他帧呈半透明显示，这种方法可以非常直观地看到物体的运动轨迹，便于用户编辑修改。

⑦动画播放控制：使用"控制"菜单下相应的命令，如图 6-182 所示，或使用时间轴面板下的"播放控制"按钮组，如图 6-183 所示，对当前制作的动画效果进行预览。

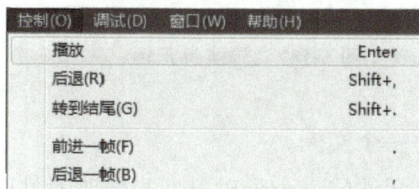

图 6-182　控制动画播放

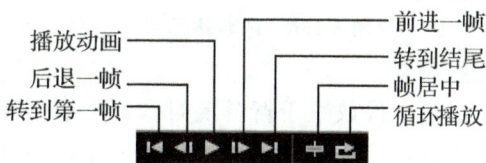

图 6-183　控制动画播放

（五）元件、实例和库

在 Flash 动画中，元件和实例是组成动画的基本元素，通过使用不同的元件和实例可以创作出丰富的动画。库面板对文档中的视频、图片、声音等素材资源进行统一管理，以方便在动画制作时使用。下面分别对元件、实例和库面板进行介绍。

1. 元件

元件是 Flash 动画文档的基本组成元素，元件就是 Flash 舞台上的演员，Flash 通过创建和调用元件来完成动画的内容，舞台上的图像、声音、视频、音频都可以转化成元件。

Flash 中元件的类型包括图形元件、按钮元件、影片剪辑元件。

（1）图形元件

主要用于静态图像，并可用来创建连接到时间轴的可重用动画片段，图形元件与主时间轴同步运行。

（2）按钮元件

创建用于响应单击、划过或其他动作的交互式按钮。双击按钮元件，可以看到每个按钮元件都是由"弹起""指针经过""按下"和"单击"四种状态，如图6-184所示，可以分别定义四种状态属性。如图 6-185 所示。

图 6-184　按钮元件的时间轴

图 6-185　自定义按钮元件的四种状态

（3）影片剪辑

用于创建动画片段，并在主场景中重复应用，"影片剪辑"元件的时间轴和主时间轴是相互独立，互不影响的。

三种元件都可以通过点击菜单栏【插入】→【新建元件】命令，选择相应元件来创建，如图 6-186 所示。也可以选择舞台上的元素，右击在弹出的快捷菜单中选择"转化为元件"命令，选择相应元件来创建，如图 6-187 所示。

图 6-186　创建新元件

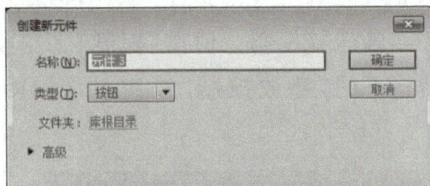

图 6-187　转换为元件

2. 实例

当把元件放置于舞台上时，就形成了元件的一个实例。

实例与元件的关系是：实例隶属于元件，是元件的一个子对象，当修改元件时，会更新该元件的所有实例；实例拥有元件的属性，如位置、大小、亮度、色调和透明度等，当改变实例的这些属性时，不会影响到元件本身，也不会影响到此元件生成的其他实例的属性。

3. 库

Flash 文档中所有的视频、音频、图形图像等媒体素材，以及创建的元件，都存放在该文档的库面板中，点击菜单栏中的【窗口】→【库】命令，或者按快捷键"F11"打开库面板，如图 6-188 所示。要使用库面板中的素材时，可以直接用鼠标左键单击素材，并拖动到舞台上。

图 6-188　库面板

(六)基本动画制作

Flash 中提供了多种制作动画的方法，这些动画的基本类型包括：逐帧动画、补间形状动画、传统补间动画和补间动画。

1. 逐帧动画

逐帧动画通常通过一个具有一系列连续关键帧的图层来表示。其中的每一帧内容都在发生变化，动画记录每一帧的变化。动画播放时，将每一帧上的内容依次显示出来。因此，同等长度的动画文件，逐帧动画比其他动画文件大得多。如图 6-189 所示逐帧动画的制作。

图 6-189　逐帧动画效果

2. 补间形状动画

补间形状动画是自动补间填充关键帧之间的帧，实现形状变化的动画效果，其补间区域背景为绿色，要求起始帧和结束帧必须是关键帧。具体操作：在起始关键帧内绘制矢量图形正方形，然后在结束关键帧时绘制圆形形状。选择关键帧之间的任一普通帧，然后执行菜单栏【插入】→【补间形状】命令，创建补间形状动画，如图

6-190 所示。或者右键单击普通帧，在快捷菜单中选择"创建补间形状"选项。执行命令后，关键帧之间的普通帧变为过渡帧，过渡帧背景变为绿色，如图 6-191 所示。

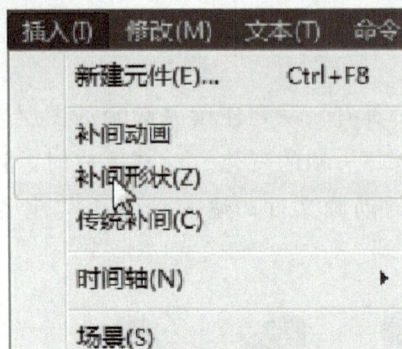

图 6-190　使用菜单插入补间形状

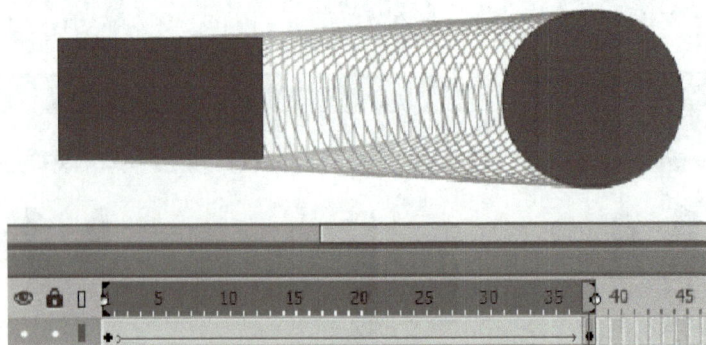

图 6-191　绘图纸外观轮廓下的补间形状动画变化轨迹

3. 传统补间动画

　　传统补间动画是自动补间填充关键帧之间的帧，实现运动变化的动画效果，其补间区域背景为蓝色，要求起始帧和结束帧必须是关键帧，并且两个关键帧中的运动对象必须是同一个元件。对元件进行移动、缩放、旋转、变形以及更改颜色等操作后，执行创建传统补间动画命令，两个关键帧之间的普通帧变为过渡帧，并自动形成元件改变状态的动画，如图 6-192 所示。

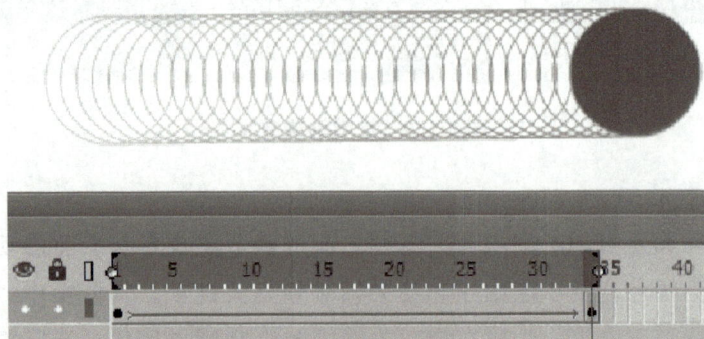

图 6-192　绘图纸外观轮廓下的传统补间动画运动轨迹

编辑修改传统补间动画：创建传统补间动画后，可以对动画效果进行更精细地控制。选择动画上的任意一帧，调整该帧中元件的位置，该帧自动转换为关键帧，如图 6-193 所示。或在"属性"面板中修改其他参数，可以更精确地设置动画。

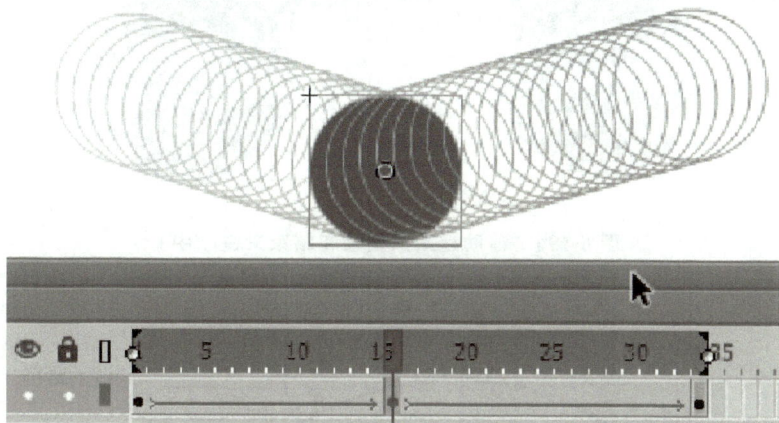

图 6-193　修改过渡帧的位置，该帧转换为关键帧，动画轨迹发生变化

4. 沿路径创建传统补间动画

Flash 中绘制的路径可以与传统补间动画相结合，使元件沿路径进行运动。首先在被引导层创建传统补间动画，如图 6-194 所示。

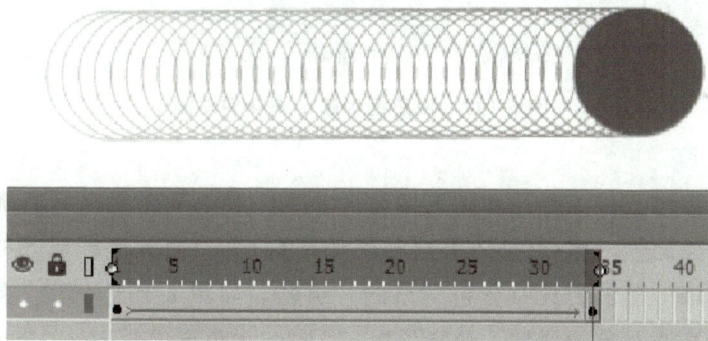

图 6-194　在被引导层创建传统补间动画

然后右键单击创建了传统补间动画的图层，在弹出的快捷菜单中选择"添加传统运动引导层"选项，如图 6-195 所示。

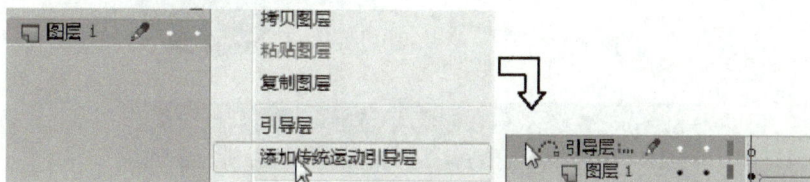

图 6-195　为图层添加传统运动引导层

在"引导层"上绘制路径，然后分别选择并移动"被引导层"中的起始关键帧和结

束关键帧上的元件，使元件的中心吸附到路径的起点和终点，如图 6-196 所示，完成动画制作。在绘图纸外观下的动画效果，如图 6-197 所示。

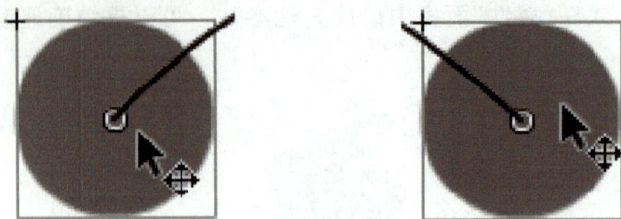

图 6-196　移动起始关键帧和结束关键帧中
的元件中心，吸附到路径的起点和终点

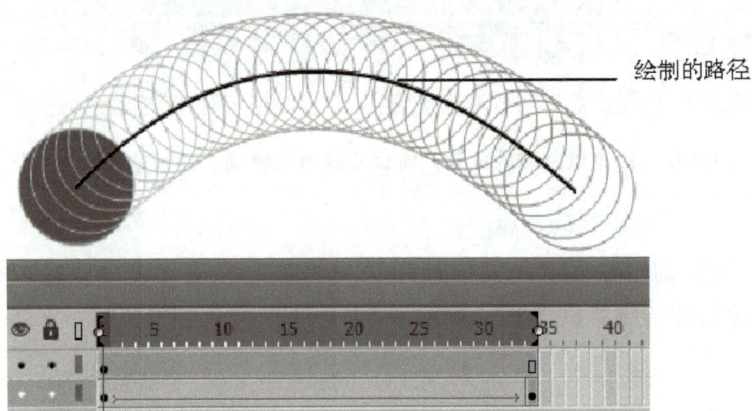

图 6-197　沿路径创建传统补间动画

5. 补间动画

补间动画相对于传统补间动画更加灵活，当图层中某个对象具有随时间变化的属性时，选中关键帧，执行【插入】→【补间动画】命令，为关键帧插入补间动画，补间范围在时间轴中显示为具有蓝色背景的一组帧，如图 6-198 所示。在补间范围内的任意一帧上修改对象的属性，包括位置、Alpha 和色调等。Flash 会自动记录属性关键帧的值，并自动生成关键帧，如图 6-199 所示。

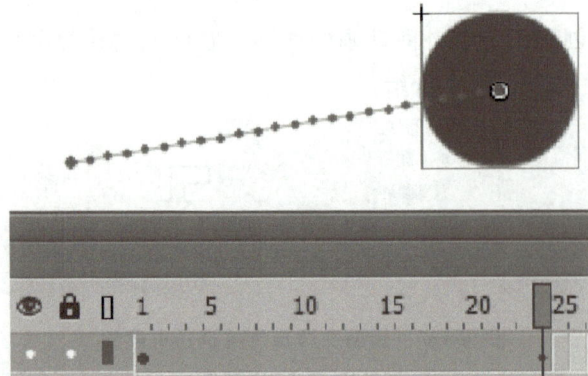

图 6-198　创建补间动画

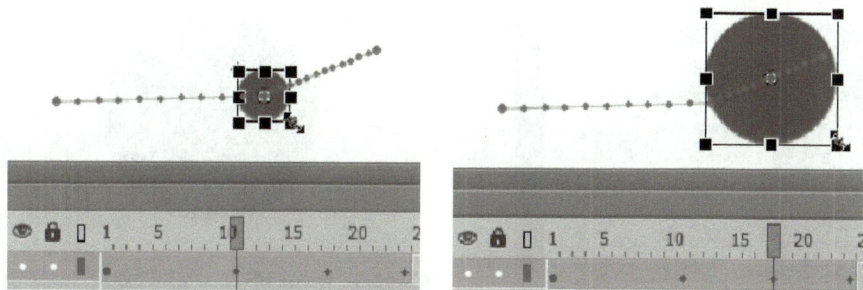

图 6-199　改变补间动画过渡帧的属性

(七)高级动画制作

Flash 中除基础动画类型外，还有两种动画类型可以让使用者创建出更高级的动画，它们是遮罩动画和 3D 动画。

1. 遮罩动画

遮罩动画可以指定和控制动画内容的显示范围，制作出类似探照灯一样的效果，如图 6-200 所示。

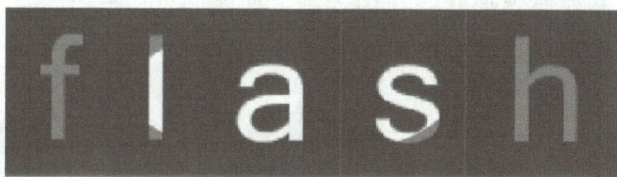

图 6-200　利用遮罩层实现探照灯效果

创建遮罩动画时，遮罩层和被遮罩层成组出现，遮罩层位于上方，并紧邻下方的被遮罩层，用来定义被遮罩层中对象的显示形状和范围，即遮罩层中有像素的填充区域作为"显示窗口"来显示下层对应区域的内容，其余部分都被隐藏掉。被遮罩层位于下方，用于放置待显示对象，如图 6-201 至图 6-204 所示遮罩动画的设置过程及显示效果。

图 6-201　在图层 1 上放置图像文件

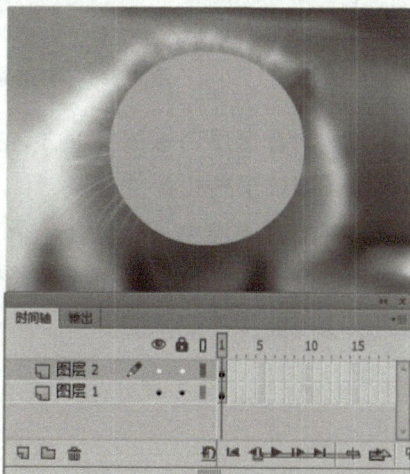

图 6-202　在图层 2 上绘制图形

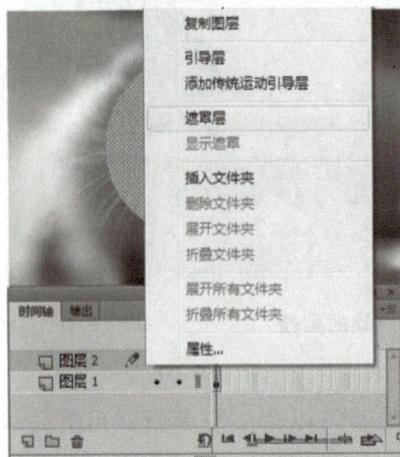

现代教育技术应用

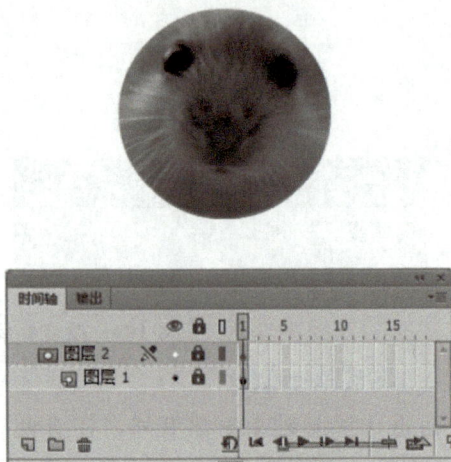

图 6-203　右击图层 2 选择遮罩层选项　　　　　　　　图 6-204　显示效果

　　遮罩层和被遮罩层上都可以创建基本动画，例如，可以对遮罩层中的形状，使用补间形状动画，制作遮罩形状变化的动画，如图 6-205 所示。对于类型为影片剪辑、图形图像的遮罩层，也可以使用补间动画。

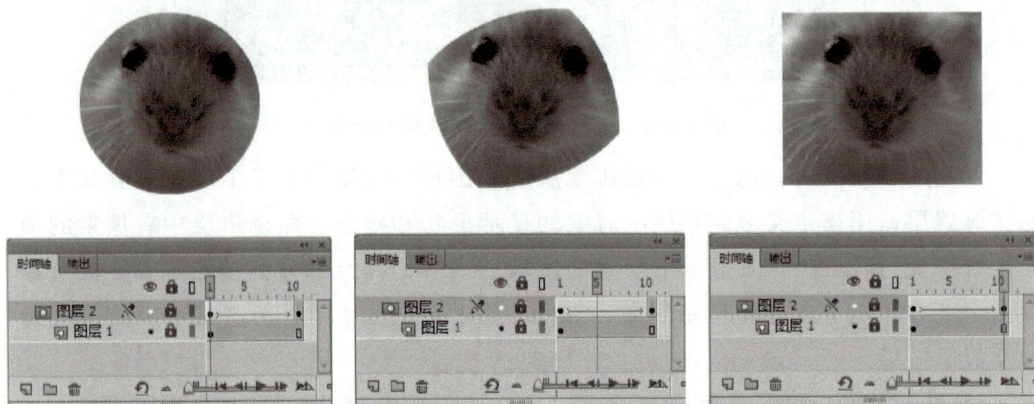

图 6-205　将遮罩层设置补间形状动画

　　此外，拖动普通层到遮罩层下方，则普通层转化为被遮罩层。将被遮罩层拖出遮罩项目组，则该层转化为普通层。

　　注意：一个遮罩层中只能包含一个遮罩项目，遮罩层不能在按钮内部，也不能将一个遮罩应用于另一个遮罩。此外，遮罩层上的对象不能使用 3D 工具，包含 3D 对象的图层也不能用作遮罩层。

2. 3D 动画

Flash 中的"3D 平移工具" 🦯 和"3D 旋转工具" 🔾 可以将图形对象在三维空间中进行移动和旋转，使动画更有立体感。使用之前，必须将图形对象转换为影片剪辑元件。

（1）使用"3D 平移工具"

选择"3D 平移工具"后，舞台上影片剪辑对象显示出 x、y、z 三个轴，其中 x、y 轴控件有箭头标注，拖动箭头可以沿轴移动；z 轴控件是影片剪辑中间的黑点，上下拖动 z 轴控件可以沿 z 轴上下移动对象，如图 6-206 所示 3D 平移效果。

图 6-206 使用"3D 平移工具"移动影片剪辑

（2）使用"3D 旋转工具"

使用"3D 旋转工具"选中影片剪辑对象后，会出现相应的控件，其中 x 控件为红色，y 控件为绿色，z 控件为蓝色。橙色控件为自由旋转控件，可以同时绕 x、y、z 轴旋转，如图 6-207 所示 3D 旋转效果。

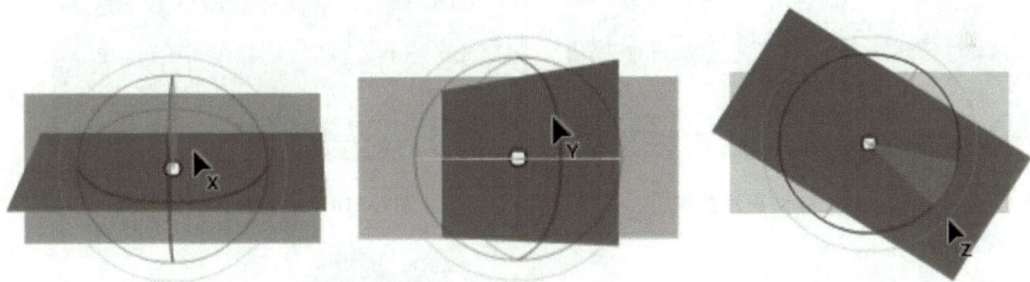

图 6-207 "3D 旋转工具"旋转影片剪辑

（3）创建 3D 动画

新建一个文档，在舞台上，绘制矩形图形，将其转换成"影片剪辑"元件，然后右键单击图层关键帧，选择"创建补间动画"选项，如图 6-208 所示。

图 6-208　创建补间动画

　　将时间轴上的播放指针移动到过度帧的最后一帧，然后对"影片剪辑"元件进行 3D 平移和旋转操作，如图 6-209 和 6-210 所示，操作完成后，在"绘图纸外观"查看 3D 动画效果，如图 6-211 所示。

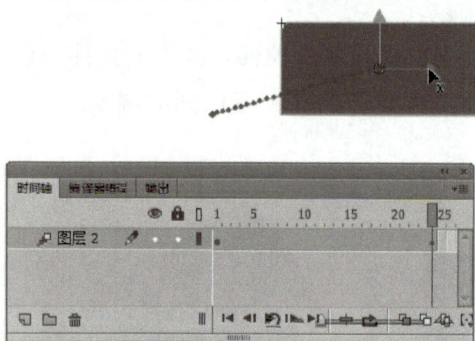

图 6-209　移动影片剪辑

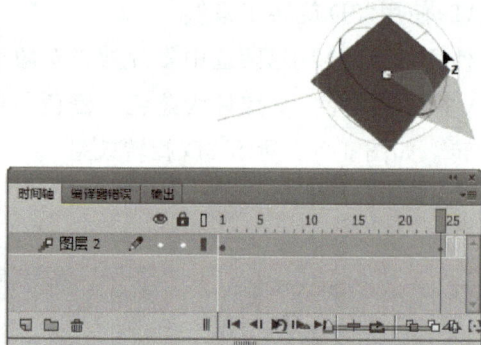

图 6-210　旋转影片剪辑

图 6-211　使用"绘图纸外观"查看 3D 动画效果

（八）文字的应用

Flash 中的文本包括静态文本和动态文本。

1. 创建静态文本

用鼠标单击工具栏中的图标 **T**，或直接按键盘上的 T 键，就可选中文本工具，"属性"面板显示文本的属性。如果没出现属性面板，可以执行菜单栏中的【窗口】→【属性】命令，调出"属性"面板。

选择文本工具后，在舞台上单击，输入文字。鼠标指针在指向文本框的边框时将变为箭头与十字形，拖动鼠标将会改变文本框在舞台上的位置，如图 6-212 所示。

图 6-212　输入文字，用鼠标移动文字位置

2. 字体属性的设置与修改

输入文字后，点击文字区域以外，可以停止文字的输入。要修改文字属性，先使用文字工具将文字全部选中，在文字的"属性"面板中可以修改静态文本的属性，如图 6-213 所示。

图 6-213　文字属性面板

文字"属性"面板可以对文本的字符属性和段落属性进行设置。

3. 创建输入和动态文本

"动态文本"和"输入文本"文本域中的文本在动画播放时可以编辑和改变，当创建文本域时，可以为这个文本域指定一个变量。

创建输入文本的操作步骤如下。

第一，在工具栏中选择"文本"工具，此时右边出现文本属性面板。

第二，在文本类型下拉列表框中选择"输入文本"。

第三，在舞台上单击，确定文本区域的位置。右侧显示出更多文本域的属性。

第四，在"选项"属性面板中输入文本区域变量的名称，如图 6-214 所示。

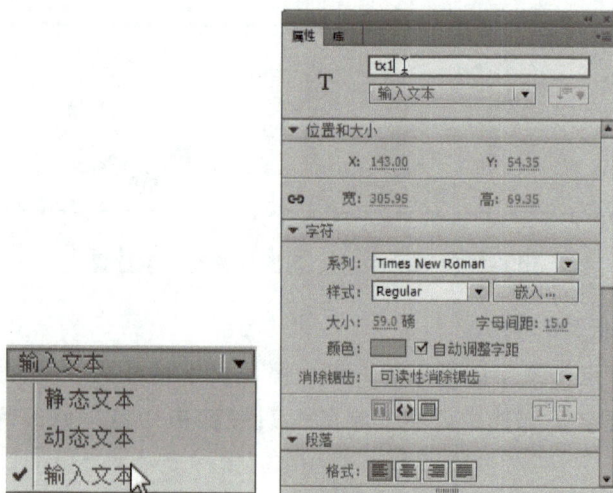

图 6-214 选择输入文本

如果选择动态文本，表示在舞台上创建用于随时更新的信息。

4. 分离文本和分散到图层

选择舞台上的文本对象，右键单击，在弹出的快捷菜单中选择"分离"选项，将文本对象按字母分离开，如图 6-215 所示。执行"分离"命令后，文本对象被分离成一个个的文字对象，可以单独进行编辑。

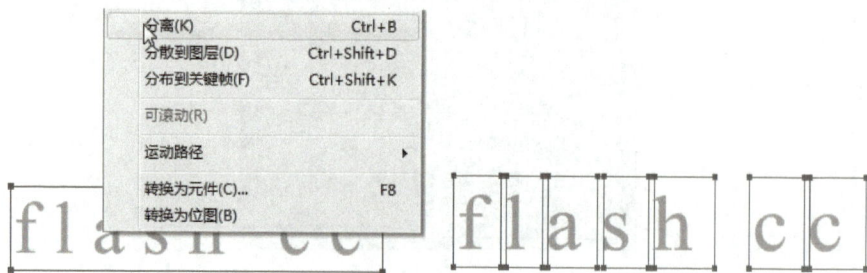

图 6-215 对文本对象执行"分离"命令

全选被分离的文本对象，单击右键，在弹出的快捷菜单中选择"分散到图层"命令，将文本对象的每个字母分别插入到新建图层中，新建图层以文字字母命名，如图 6-216 所示。

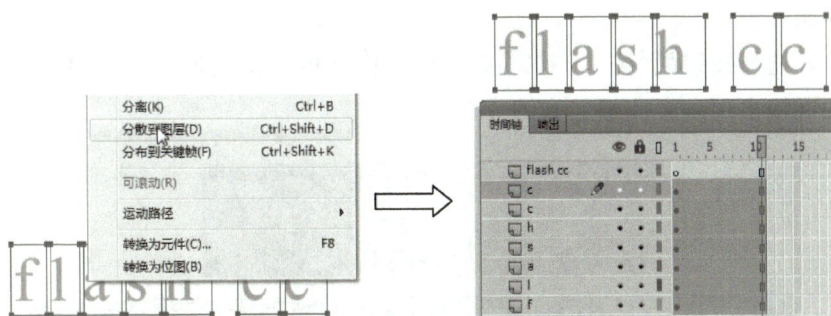

图 6-216 将文本对象分散到图层

(九)声音和视频的应用

Flash 可以将声音和视频导入到动画文档中，使其成为动画的组成部分，从而制作出内容更加丰富的动画。

1. 导入声音文件

Flash 中导入声音文件的方法与导入普通文件相同。但 Flash 中声音文件主要用于动画背景音乐或者按钮声音效果，所以一般声音文件首先要导入到库中，以便于管理和应用。

在菜单栏中执行【文件】→【导入】→【导入到库】命令，在打开的对话框中选择并打开所需的声音文件。按快捷键"F11"，打开"库"面板，可以看到导入的声音文件，如图 6-217 所示。

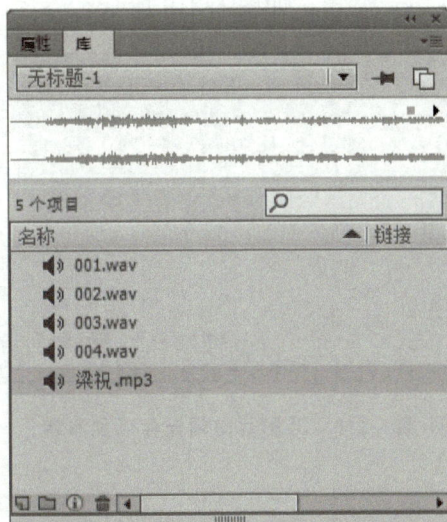

图 6-217 将声音文件导入到库面板中

2. 为按钮添加声音

第一，将"库"面板中的按钮元件拖放到舞台上，双击按钮元件，进入按钮元件的编辑界面。

第二，选择按钮的"按下"状态关键帧，然后将声音文件拖拽到舞台上，此时，"按下"关键帧出现声音波形，如图 6-218 所示。

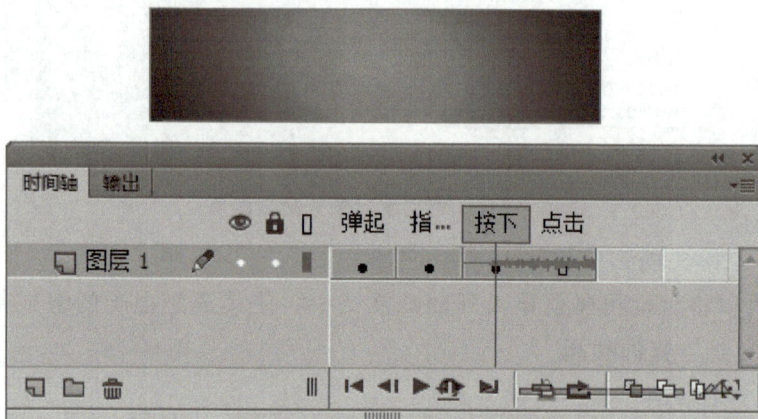

图 6-218　为按钮元件添加声音

3. 为影片剪辑添加声音

第一，将"库"面板中的"影片剪辑"元件拖放到舞台上，双击按钮元件，进入按钮元件的编辑界面。

第二，选择"影片剪辑"图层中的关键帧，然后将声音文件拖拽到舞台上，此时，"影片剪辑"时间轴上出现声音波形，如图 6-219 所示。

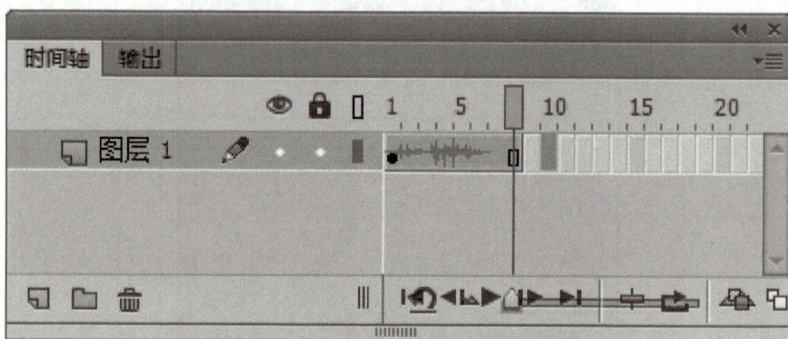

图 6-219　为影片剪辑元件添加声音

4. 编辑声音

在 Flash 中，可以定义声音的起始点、控制播放时声音音量大小。

（1）查看声音的属性

双击"库"面板中声音文件前的喇叭图标，可以弹出"声音属性"对话框，如图 6-220 所示。

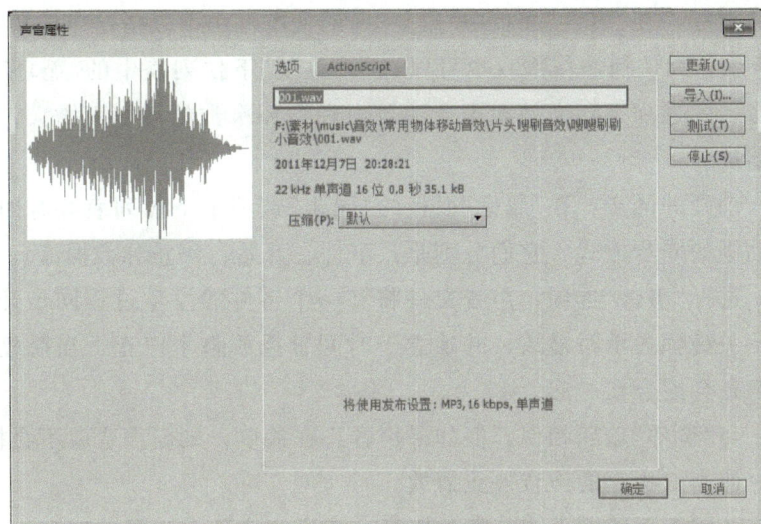

图 6-220　声音属性对话框

①名称：显示当前声音文件名称，也可为声音设置新的名称。

②压缩：设置声音文件在 Flash 中的压缩方式。

③更新：声音文件被编辑后，可以单击此按钮更新文件属性。

④导入：导入新的声音文件，并替换掉现在的声音文件，但文件名称不变。

⑤测试：对声音文件进行测试。

⑥停止：停止正在播放的声音。

（2）修改和编辑声音属性

单击时间轴上的声音波形，即选择舞台上的声音文件对象，打开声音的属性面板，如图 6-221 所示。

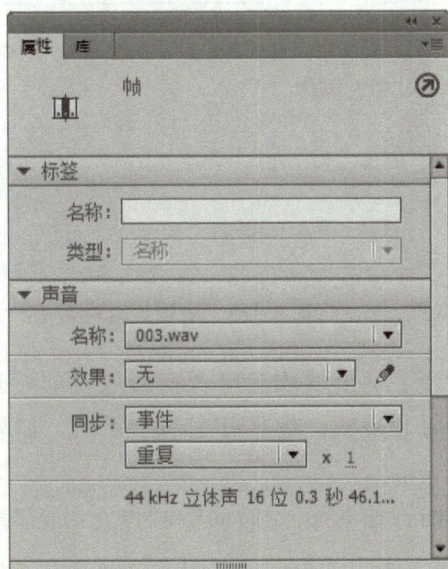

图 6-221　声音文件的属性设置

①声音的重复：在"属性"面板中"重复"后的文本框中可以指定声音播放的次数，如图6-221所示，默认播放依次。也可以选择"重复"下拉列表中的"循环"选项，以循环播放声音，此选项下，文件大小会随着声音循环次数的增加而增大，所以不建议使用循环播放。

②声音与动画的同步：在"属性"面板的"同步"选项中下拉列表共有四个选项来设置声音与动画的同步方式，它们分别是：事件、开始、停止和数据流。

• 事件：选择"事件"选项，声音文件将和一个事件的发生过程同步开始，声音在事件的起始关键帧显示时播放，并独立于时间轴播放整个声音。当播放发布的影片时，事件声音会混合在一起。

• 开始：与"事件"选项相似，但如果声音正在播放，则新声音就不会播放。

• 停止：使当前指定的声音停止播放。

• 数据流：用于互联网上同步播放声音，声音流会随着动画的结束而停止播放。

(3)声音编辑器

使用"声音编辑器"可以定义声音的起始点、终止点、音量大小等。

单击选中需要编辑声音的动画帧，在"属性"面板中的"效果"下拉列表中选择"自定义"选项，如图6-222所示，或者单击按钮 ✎，弹出"编辑封套"对话框，在该对话框中可以对声音文件进行各种编辑，如图6-223所示。

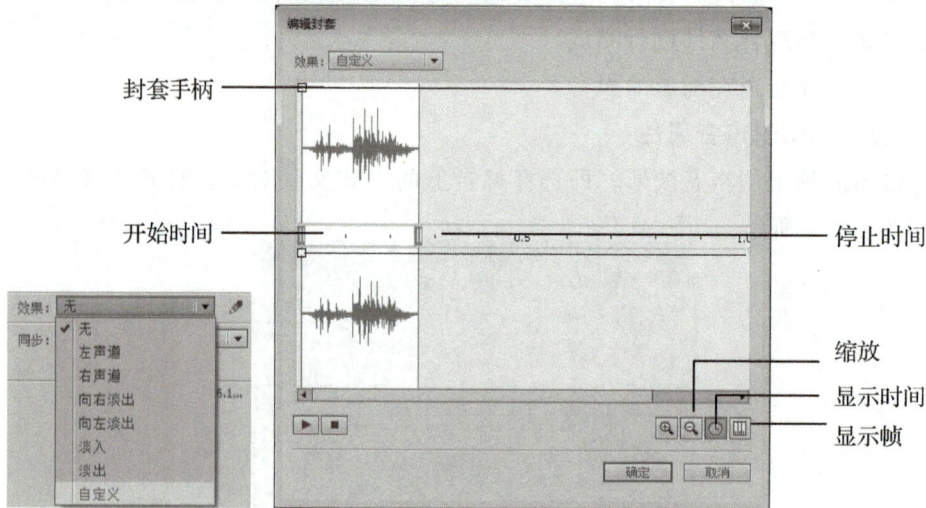

图6-222　效果中选择"自定义"　　　图6-223　编辑封套对话框

①封套手柄：拖动封套手柄可以改变声音在播放时的音量大小。如图6-223所示。单击封套线可以增加封套手柄，最多可达八个手柄，如果要删除手柄，可以拖动手柄至窗口外面。

②开始时间和停止时间：拖动"开始时间"和"停止时间"控件，可以改变声音播放的起始时间和终止时间。

③放大/缩小：使用缩放按钮可以放大或缩小窗口中的声波图形。

④秒/帧：用来转换窗口中的度量标尺的单位，度量单位为秒数或帧数。

⑤为声音添加预设效果：在"属性"面板中选择"效果"选项的下拉列表，如图 6-223 所示，选择其中的项目，可以对声音设置预设效果。

5. 导入视频文件

(1)导入视频

在菜单栏中执行【文件】→【导入】→【导入视频】命令，弹出"导入视频"对话框，如图 6-224 所示，Flash 中只能导入 F1V 和 F4V 格式的视频文件。

导入对话框中的三个视频导入选项分别是：使用播放组件加载外部视频、在 SWF 中嵌入 FLV 或 F4V 并在时间轴中播放、将 H.264 视频嵌入时间轴。

①使用播放组件加载外部视频：导入视频并通过 FLVPlayback 组件创建视频外观。

②在 SWF 中嵌入 FLV 或 F4V 并在时间轴中播放：将 FLV 或 F4V 格式的视频文件嵌入到 Flash 文档中。将视频内容直接嵌入到 Flash 文档中，发布文件的体积会明显变大，这种方式不适合大的视频文件。

③将 H.264 视频嵌入时间轴：将使用 H.264 压缩编码的视频嵌入时间轴，这种方式导入的视频不能导出到发布的 SWF 文件中，只能嵌入到时间轴上，作为设计动画的参考。

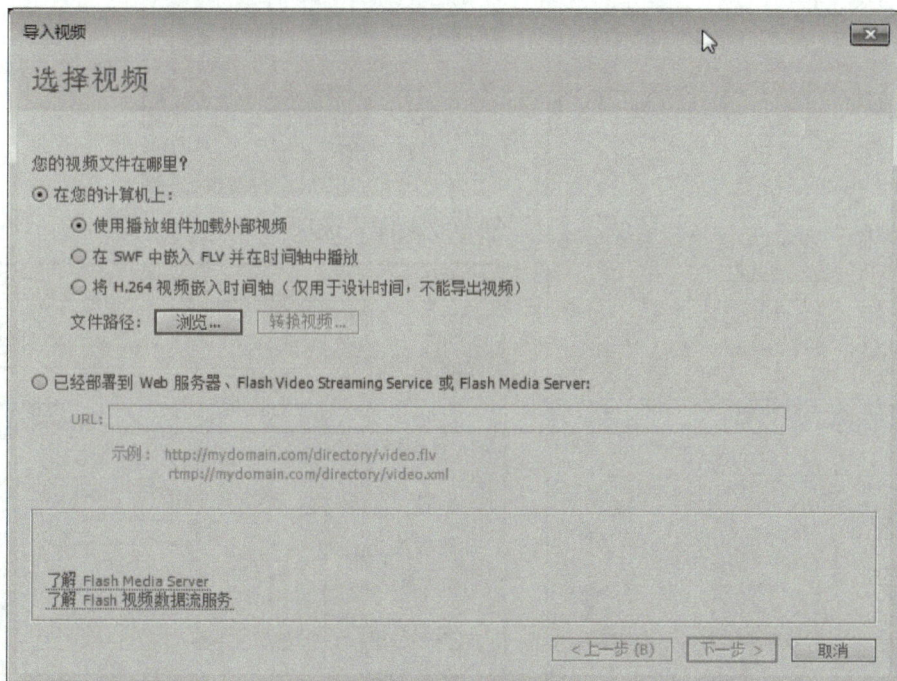

图 6-224　导入视频对话框

选择"使用播放组件加载外部视频"选项，单击"浏览"，打开 windows 浏览器，找到所需的视频文件，单击"打开"，则视频文件导入到舞台上，在"库"面板中也可以看到导入的视频文件，如图 6-225 所示。

图 6-225　导入到库面板和舞台中的视频

（2）设置视频文件的属性

Flash 文档中，在"属性"面板中，可以更改视频剪辑实例的名称、位置和大小、色彩效果、显示效果、辅助功能、组件参数以及为视频添加滤镜等，如图 6-226 所示。

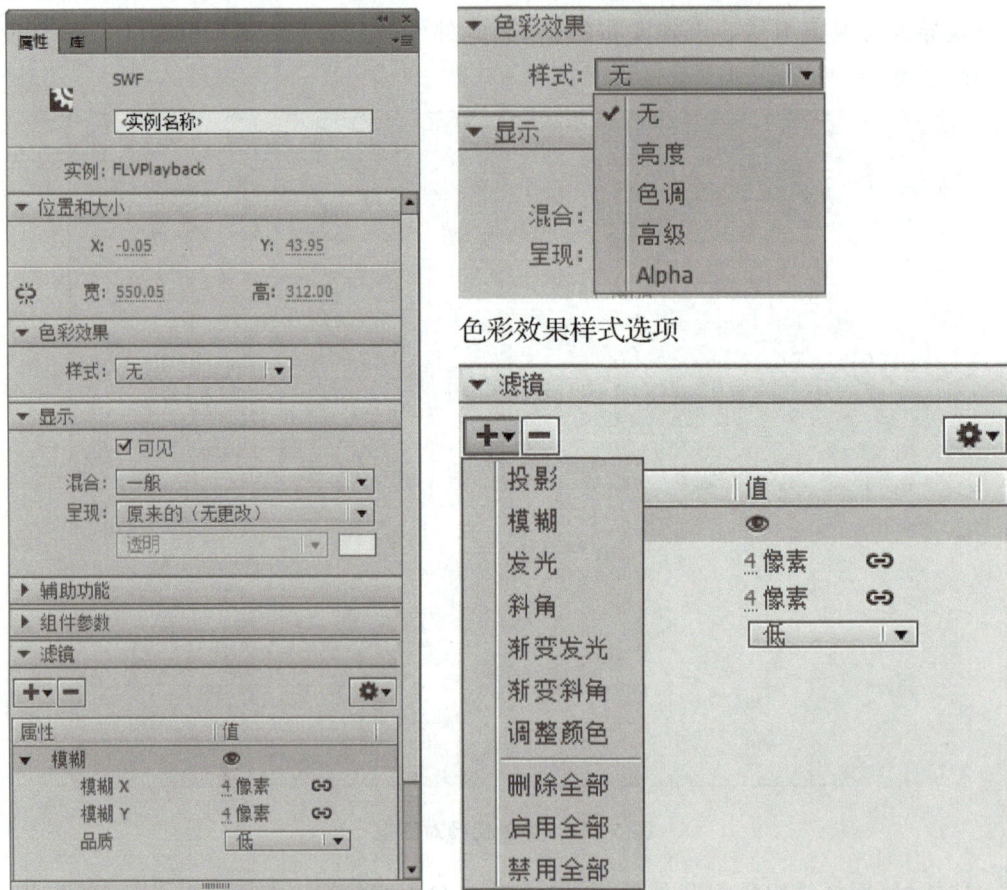

色彩效果样式选项

滤镜的种类

图 6-226　视频文件的属性面板

(十)发布输出动画

动画制作完成后，测试动画，观看播放效果，查看是否符合预期的效果，有无需要修改之处，最后发布动画，完成作品。

点击菜单栏中的【文件】，下拉菜单中共有三个关于发布的命令："发布设置""发布预览"和"发布"命令。执行【文件】→【发布设置】命令，弹出"发布设置"对话框，如图 6-227 所示。

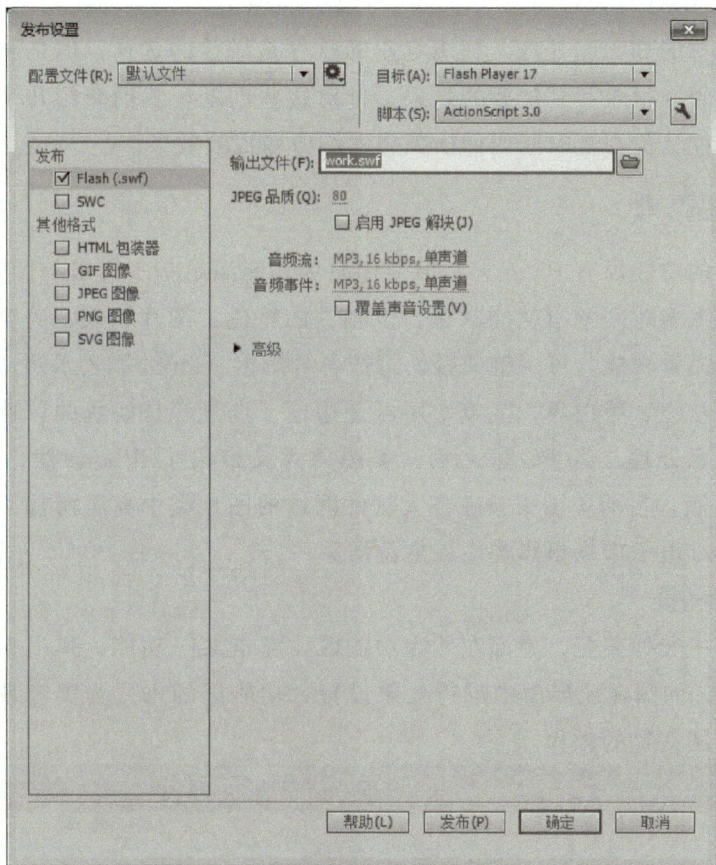

图 6-227 动画的发布设置

各项参数如下：

①输出文件：设置文件保存路径。

②JPEG 品质：控制位图压缩，数值越小，图像的品质越低，生成的文件就越小；反之数值越大，图像的品质就越高，压缩比越小，文件越大。

③启用 JPEG 解块：勾选此项可以使高度压缩的 jpeg 图像显得更为平滑。

④音频流/音频事件：对 SWF 文件的所有声音流或事件声音设置采样率和压缩。

⑤覆盖声音设置：勾选此项，Flash 会创建一个较小的低保真版本的 SWF 文件。若取消选择，则 Flash 会按照文档中包含的所有音频流的最高设置进行发布，这可能会增加文件大小。

除了可以设置发布成 SWF 格式的动画文件以外，还可以选择发布设置为 PNG、JPEG、GIF 等格式的文件。完成动画的发布设置后，执行菜单栏的【文件】→【发布】命令，Flash 会按照发布设置，生成一个指定类型的文件。

第五节　实用小软件

对各种素材的加工和处理，利用专业的软件是最佳的选择，但是需要长时间的学习和练习，否则很难得到想要的效果。针对这些问题，我们介绍几个简单又实用的工具软件，能让你在短时间内做出理想的图像和视频效果。

一、美图秀秀

美图秀秀的功能没有 PS 强大，但操作简单、能满足基本需求的图片处理软件，使用者不用花太多时间学习就能掌握。该软件的特色：图片特效、美容、场景、拼图、边框、饰品等功能，可一键式轻松打造各种影楼、lomo 等艺术照；强大的人像美容，可祛斑祛痘、美白等；宝宝专用可爱边框、场景等是妈妈的首选；非主流炫酷、个性照随意处理。继 PC 版之后，美图秀秀又推出了 iPhone 版、Android 版、iPad 版及网页版，目前美图秀秀在各大软件网站的图片类中高居榜首，同时在 App Store、Android 电子市场摄影类中长期位居第一。

（一）美容功能

在菜单栏中选择美容，界面左侧为功能区，点击某一功能，弹出相应界面，如图 6-228 所示，如图在此界面中进行效果设置；功能区的末尾为美容教程模块，点击可联网查看图完整的教程。

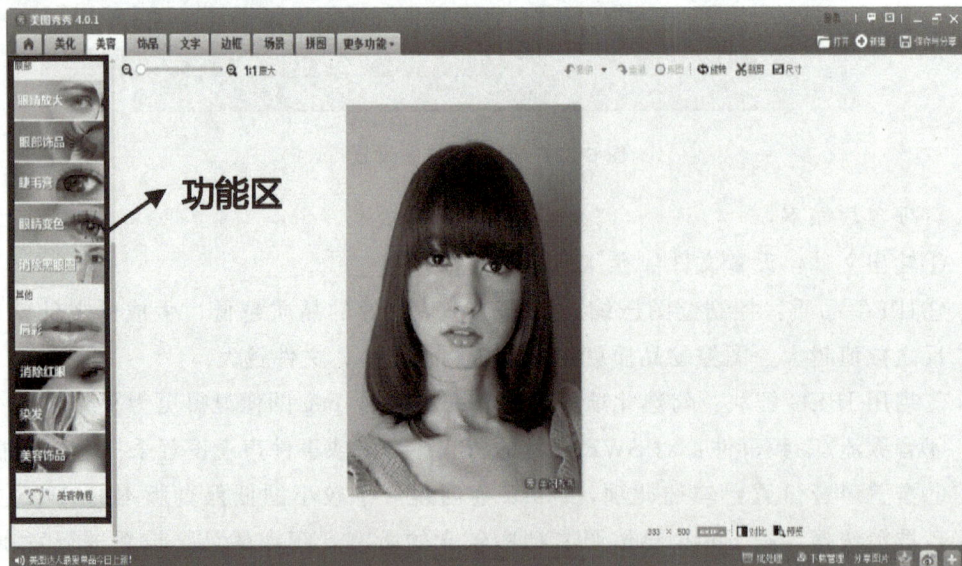

图 6-228　软件界面

以瘦脸瘦身功能为例：选择局部瘦身或整体瘦身模式，按左上角框中提示进行操作，此时仍可选择功能区末尾的瘦身瘦脸模块教程进行学习，调整完毕，若对调整效果满意，点击应用；不满意，点击取消，此时所有处理都会消失，如图6-229所示。照片处理前后的效果对比，如图6-230所示。

图6-229　瘦脸瘦身功能

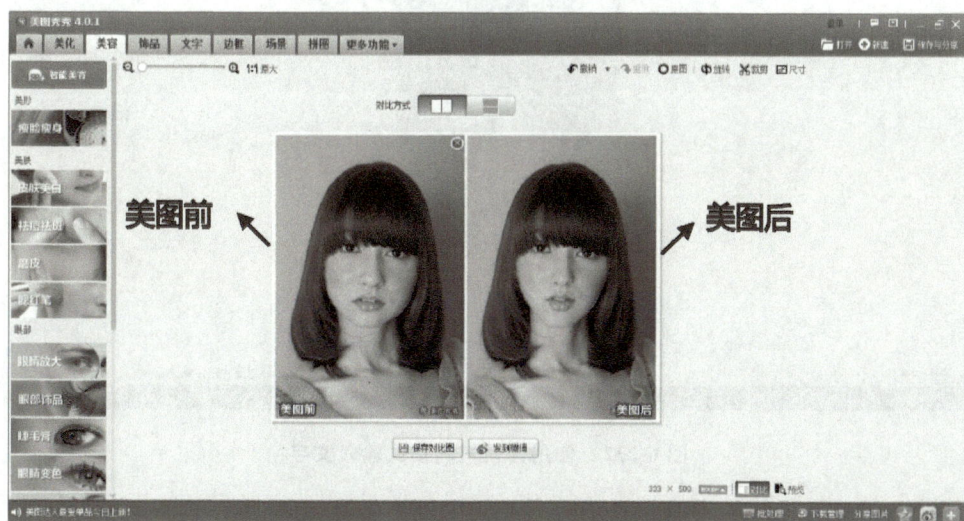

图6-230　为照片处理前后的效果对比

（二）饰品功能

在菜单栏中选择饰品，在界面左侧选择静态或动态饰品，如选择静态饰品中卡通形象模块的蝴蝶结，此时在界面的右侧就会出现一系列可供选择的蝴蝶结素材，点击某一素材，素材就会出现在图像上，再根据需要进行调整即可，如图6-231所示。

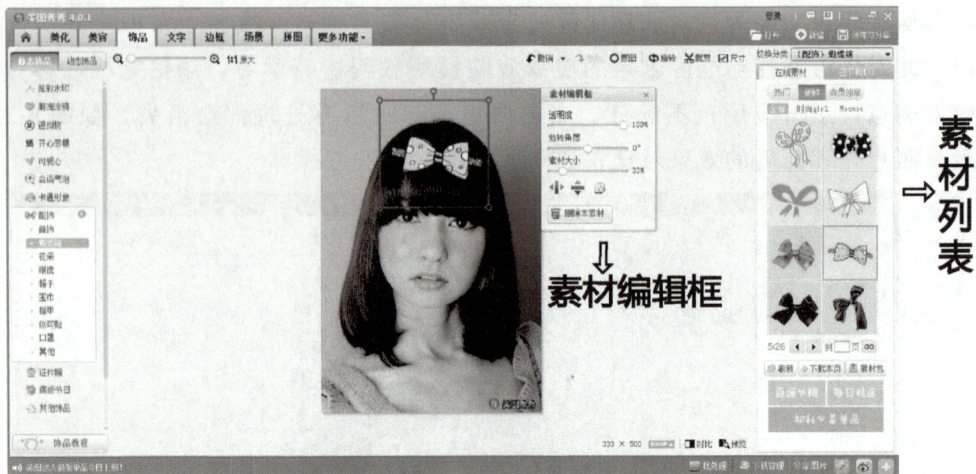

图 6-231　使用饰品功能

　　值得注意的是，饰品中的会话气泡模块，可以和文字功能相结合，选择会话气泡模块下的某一空白气泡素材，输入文字即可，如图 6-232 所示。

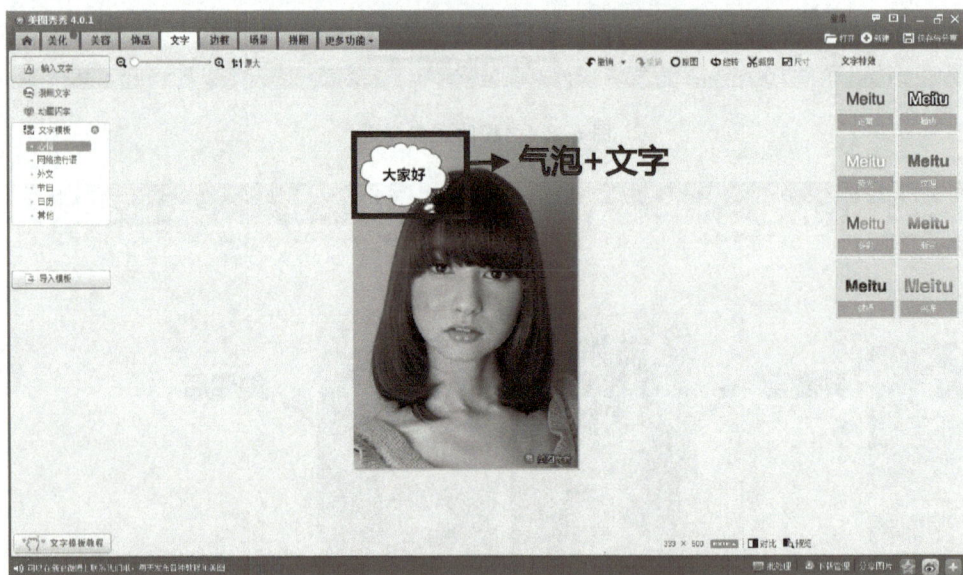

图 6-232　使用会话气泡模式输入文字

(三)文字功能

　　在菜单栏中选择文字，在界面左侧有四个功能模块，其中漫画文字模块的原理与上述气泡加文字类似，输入文字和文字模板两个模块较为简单，不在逐一介绍，重点讲解动画闪字模块，选择动态闪字，再在界面右侧选择某一素材，输入文字，进行预览，若效果满意，点击保存，可选择保存为静态或动态图片，如图 6-233 所示。

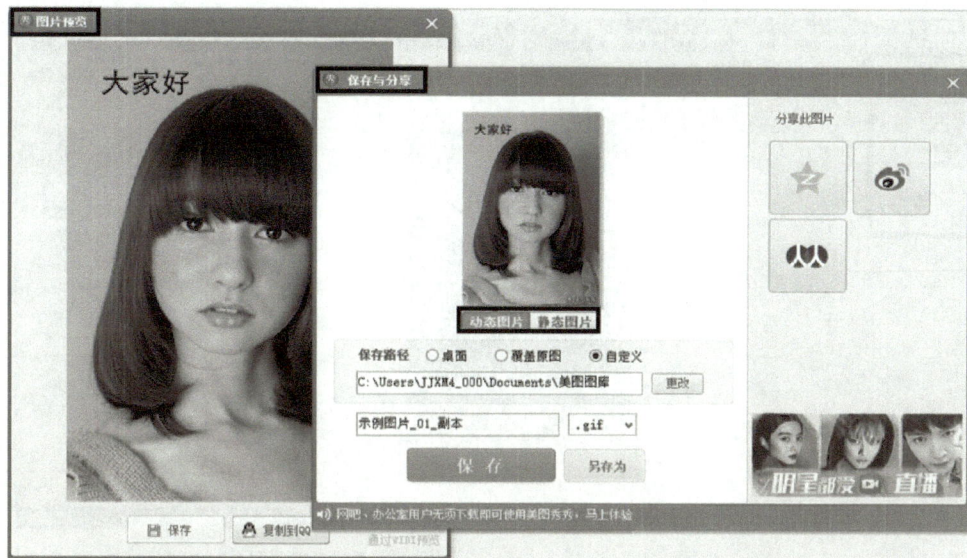

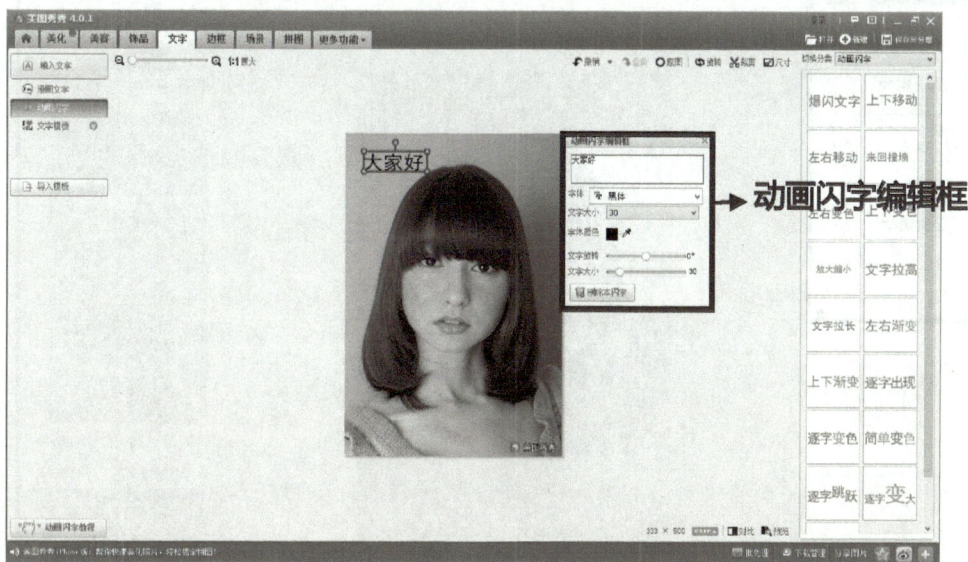

图 6-233　制作动态闪字

(四)边框功能

此功能模块用于给图片加边框，在菜单栏中选择边框，在界面左侧选择某一类边框模块，在界面的右侧会出现此模块的边框列表，点击某一具体边框即可。在此，重点介绍文字边框模块，按上述加边框的步骤，在弹出的新界面中，输入文字，即可得到文字边框，如图 6-234 所示。

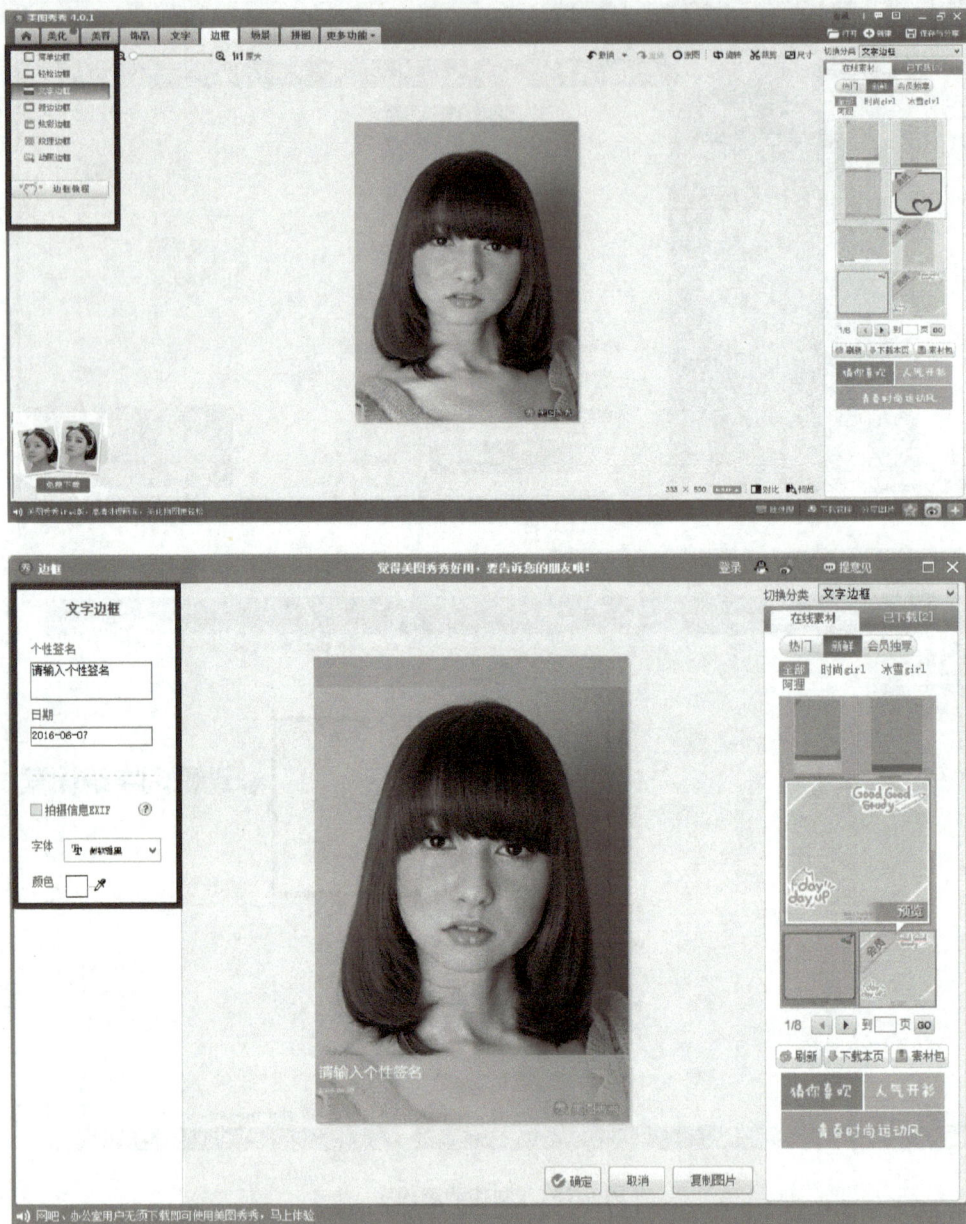

图 6-234　为图片加文字边框

(五)场景功能

场景功能实质就是另一种形式的边框，在此不在复述。值得注意的一点是，在抠图换背景时，选择一种合适的抠图样式，即可实现多样的抠图效果，如图 6-235 所示。

图 6-235 使用场景功能

(六)拼图功能

在菜单栏中选择拼图，在界面左侧选择某一拼图模式，在弹出界面的右侧，选择某一背景，增加、删除、替换图片，并对图片进行相应调整，得到满意效果后，保存即可，如图 6-236 所示。

图 6-236　拼图功能

(七)摇头娃娃

摇头娃娃是美图秀秀的一个特色功能,有单人和多人两种模式可选,选择其中一种模式,点击抠图,有三种抠图方式。例如,选择手动抠图,完成后点击完成抠图,然后点击右侧素材中的某一类型,在下方可进行速度的调节,之后单击保存即可,如图 6-237 所示。

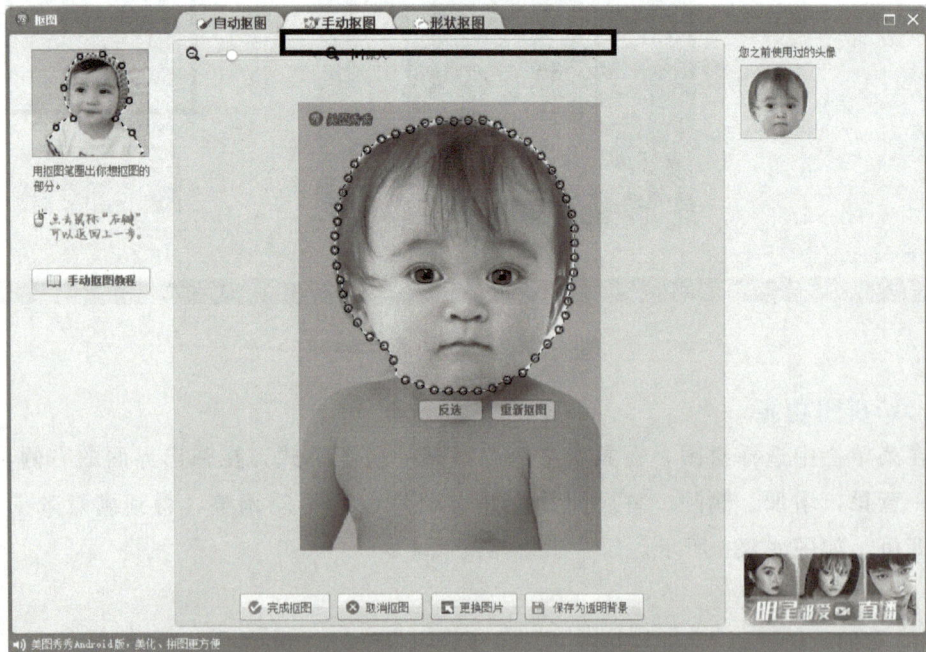

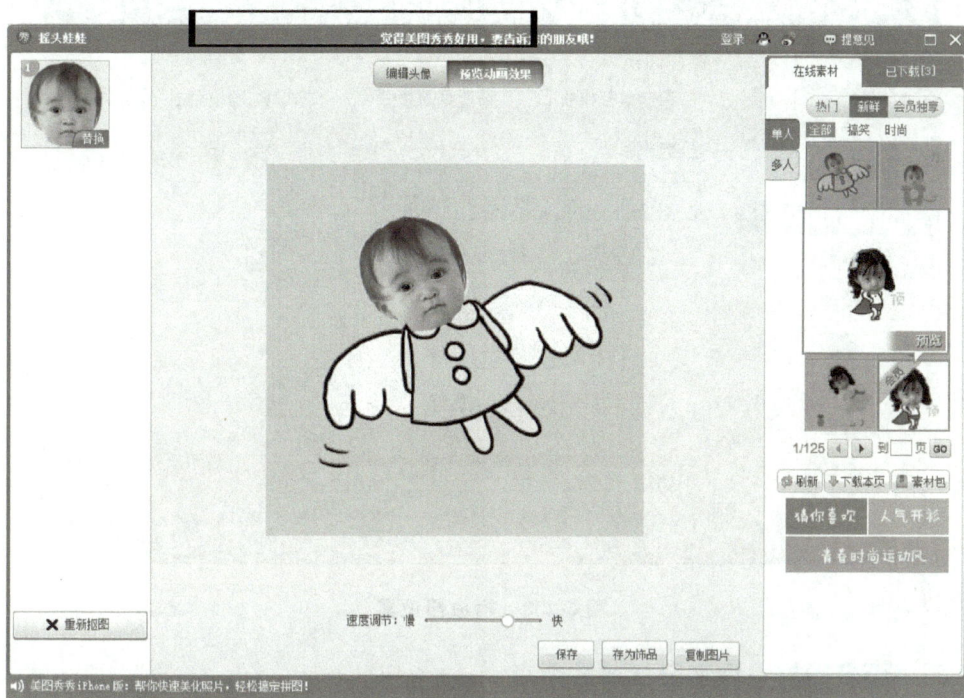

图 6-237　制作摇头娃娃

二、QQ 影音

QQ 影音是由腾讯公司推出的一款支持绝大数影片和音乐文件的本地播放器。

QQ 影音首创轻量级多播放内核技术，深入挖掘和发挥新一代显卡的硬件加速能力，软件追求更小、更快、更流畅的视听享受。它可以视频截图、剧情连拍，还具有视频截取和 GIF 截取功能，可以帮助你将精彩片段截取出来独立保存，不仅如此，音视频转码、压缩、合并都是 QQ 影音的方便之处。

QQ 影音的特色功能如下。

(一)高清加速的智能启动

播放高清影片需要更多的计算资源，如果计算机显卡支持加速功能，QQ 影音就能够有效利用发挥您的显卡的潜力，让高清影片播放更加流畅。

打开 QQ 影音程序，按 F5 键打开"播放器设置"对话框，切换到"高清加速"标签页，可以看到这里已经自动设置为"稳定兼容模式"，也就是 QQ 影音自动选择合适的解码器并智能启动高清加速。若有特别的需要，也可以选择"自定义优化模式"对分离器、视频解码器、音频解码器进行设置，如图 6-238 所示。

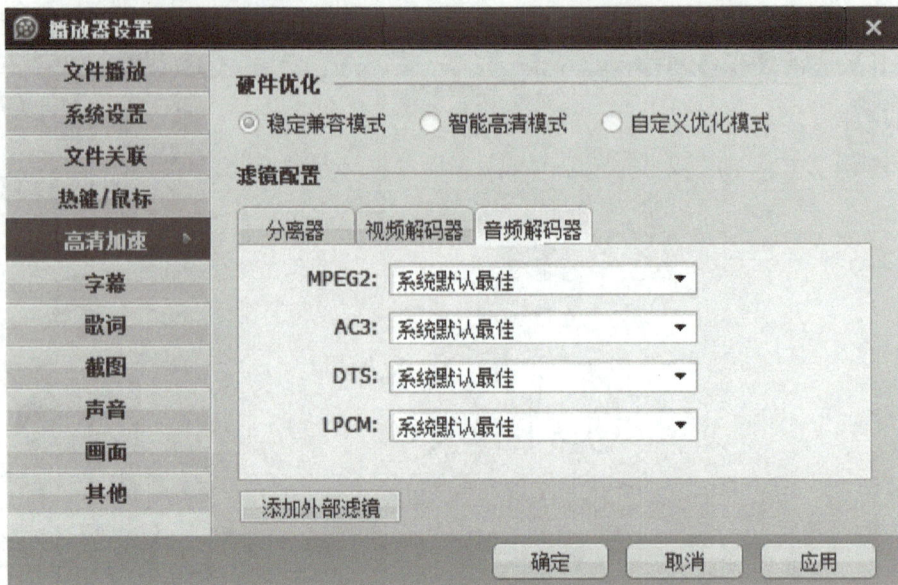

图 6-238　播放器设置

(二)历史播放设置和记忆播放断点

当我们用 QQ 影音观看视频时，每次都从电脑硬盘里找我们想要观看的影片，是比较不方便的，这时我们可以用 QQ 影音的自动保存最近列表的功能，只需在播放列表右击，选择最近播放列表中的自动保存最近列表即可，如图 6-239 所示。

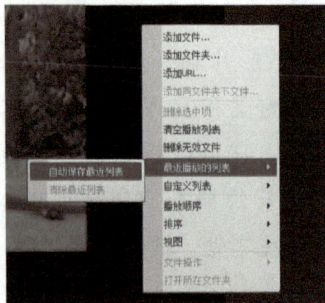

图 6-239　自动保存播放列表

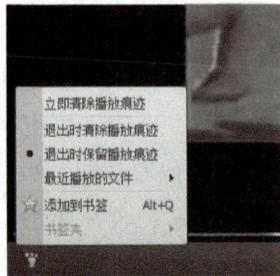

图 6-240　保留播放痕迹

若本次没有看完，下次观看时，想从上次退出时的进度点处继续观看，只需点击界面左下角小脚印型的播放记忆按钮，选择退出时保留播放痕迹即可，如图 6-240 所示。

(三)连续剧智能载入、自动排序、智能载入连续剧播放设置

我们在网上对连续剧下载之后都统一保存在文件夹中，但现在很多电视剧下载之后以中文名显示，而普通的播放器只能对英文进行排序，但 QQ 影音支持对中文名文件的排序，可以有效地识别文件名中的一二三、上中下、前后等标识，只需一键即可排好序，如图 6-241 所示。

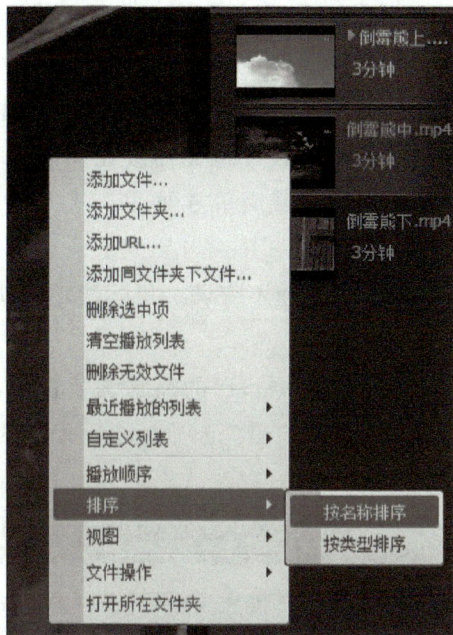

图 6-241　对下载内容排序

在网上下载的视频，通常都是按照同一规格制作出来的，而用户在观看这些连续剧时，有时需要做一些设置，而看完这一集在下一集中播放时又自动跳回到了默认设置。在 QQ 影音中有个智能加载连续剧设置功能，只需按下 F4 键，打开"播放效果调节"对话框，进行相应设置并勾选"始终使用此设置"项，它就会自动记忆连续剧的设置，在用户查看下一集时，会按照上回播放文件调整视频。如果播放其他视频时，按下快捷键"Z"即可去除历史播放文件设置和连续剧的设置，如图 6-242所示。

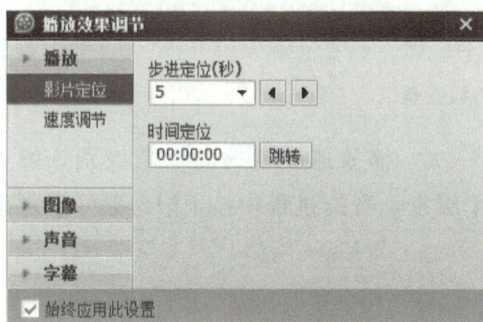

图 6-242　影片播放定位

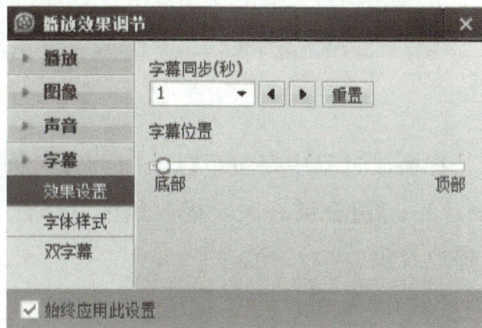

图 6-243　字幕功能

(四)强大的字幕功能

QQ 影音具有双字幕、字号任意调节、超长字幕自动折行、拖拽加载字幕等功能。

当我们观看视频时，有时需要根据自己的需求调整字幕，这时只需按下 F4 键，打开"播放效果调节"对话框，切换到"字幕"标签页，进行相关设置即可，如图6-243所示。

当我们观看一部没有字幕的电影时，如果需要加载外挂字幕，在 QQ 影音中，无需将字幕名称修改成和电影名称一致，也无需放在同一个文件夹里，只需轻轻拖拽，将字幕拖到播放窗口中即可，加载简单方便。

（五）音量的人性化设置

QQ 影音具有智能调整音量、变速不变调、鼠标滚轮和快捷键↑放大 10 倍音量的功能。

当我们观看视频时，有时需要根据自己的需求调节音量，这时只需按下 F5 键，打开"播放效果调节"对话框，选择"声音"选项卡进行相应的设置即可，如图 6-244所示。

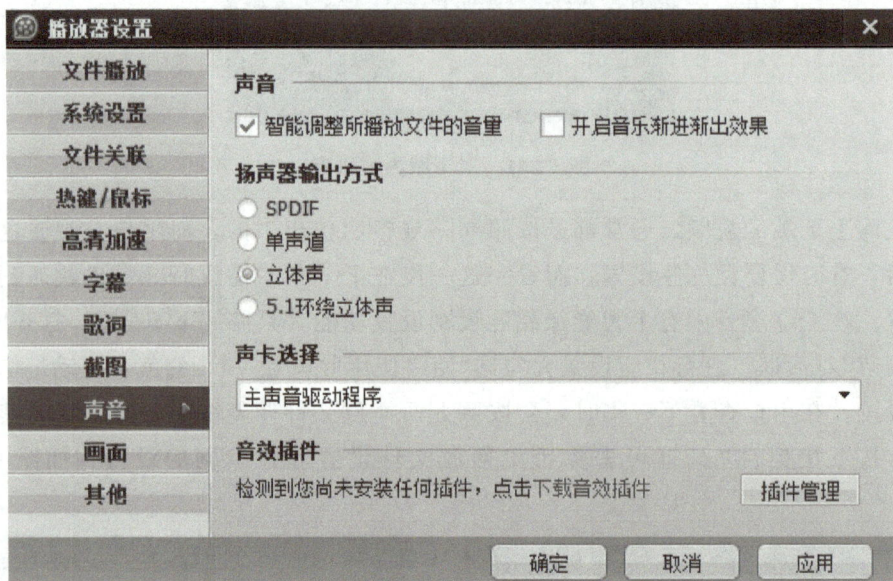

图 6-244　调整音量

在播放过程中每按下【Ctrl＋↑】组合键一次，播放速度就提高一个级别，按下【Ctrl＋↓】组合键一次，播放速度就降低一个级别，变速过程中按下【R】键可恢复正常播放速度。

（六）隐私保护

QQ 影音在用户隐私方面的保护更加直观和人性化，易用性也更强。在 QQ 影音主界面左下角的小脚印按钮就可以帮助这些用户自动"扫掉"脚印。在这里只需选择"立即清除播放痕迹"选项就可以清除播放历史了。如果希望每次关闭播放器时自动清除播放记录，可以选中"退出时清除播放痕迹"，就可以在退出时把播放列表和打开文件的位置一起清除掉，如图 6-245 所示。

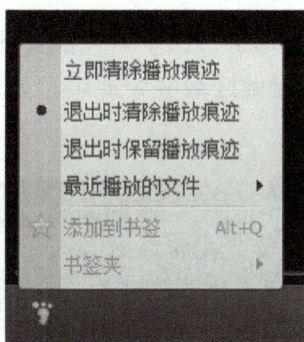

图 6-245　隐私保护设置

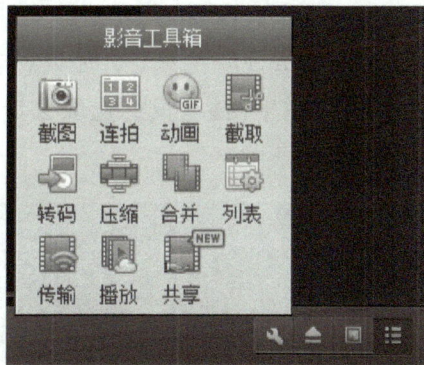

图 6-246　DIY 功能

（七）DIY 功能

我们观看视频时，若想要截取部分画面（图像、视频或 GIF），这时只需点击工具栏小扳手型的影音工具箱按钮，选择相应的功能，进行相关的操作即可，如图 6-246 所示。

（八）支持视频 90 度旋转、字幕跟随视频旋转

当我们用手机或 Pad 拍摄影像时，时常忽视拍摄的方向，导致拍摄出的画面不便于观看，这时，我们就要用到画面旋转功能，只需在播放界面单击右键，选择画面、画面旋转，进行调整即可，如图 6-247 所示。

图 6-247　旋转视频效果

（九）智能去除影片黑边

当我们用 QQ 影音播放有黑边的视频时（比如，把一个 16：9 的视频嵌在一个 4：3 的框架里），这时我们要用到智能去黑边功能，只需在全屏时，在屏幕的右上角，点击"智能去除黑边"即可，如图 6-248 所示。

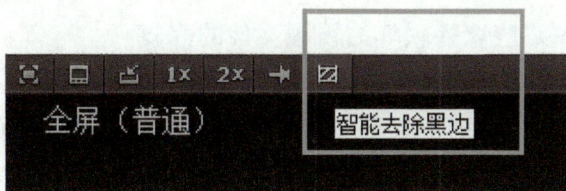

图 6-248　智能去除黑边

(十)Ctrl＋鼠标选取区域放大

当我们用 QQ 影音观看视频时，如果想看画面中的某一细节时，需要用到区域放大功能，只需按住 Ctrl 键＋鼠标选取区域，对画面做区域放大即可，如图 6-249 所示。

图 6-249　放大画面局部局域

三、格式工厂

格式工厂（Format Factory）是由上海格式工厂网络有限公司创立于 2008 年 2 月，是面向全球用户的互联网软件。

主打产品"格式工厂"发展至今，已经成为全球领先的视频图片等格式转换客户端。格式工厂致力于帮用户更好地解决文件使用问题。

(一)多种媒体格式的相互转换

格式工厂支持多种视频、音频及图片格式的转换，它支持的视频格式有 MP4、3GP、AVI、MKV、WMV、MPG、VOB、FLV、SWF、MOV、RMVB 格式，支持的音频格式有 MP3、WMA、FLAC、AAC、MMF、AMR、M4A、M4R、OGG、MP2、WAV，支持的图片格式有 JPG、PNG、ICO、BMP、GIF、TIF、PCX、TGA，在其支持的格式中可实现相互转换；此外，格式工厂还支持 iPhone、iPad、PSP 等设备指定的格式。

(二)转换过程中某些意外损坏的视频文件的修复

通过转格式来修复即可，我们在日常经常会遇见这种情况。比如，下载的视频到了最后一点无法下载了，那下载下来的部分又不能看，这个时候就可以通过转格式方法，让视频可以顺利播放。这种修复可能存在一定的信号损失，所以转码过程中，参数设置很重要。

(三)多媒体文件的"减肥"或"增肥"

根据实际情况来给多媒体文件"减肥"或"增肥"，以视频为例，大多数视频"增肥"后将提高清晰度、帧率等，我们只需选择相关文件，在输出设置里更改视频码率，点击确定后，进行转换即可，如图 6-250 所示。

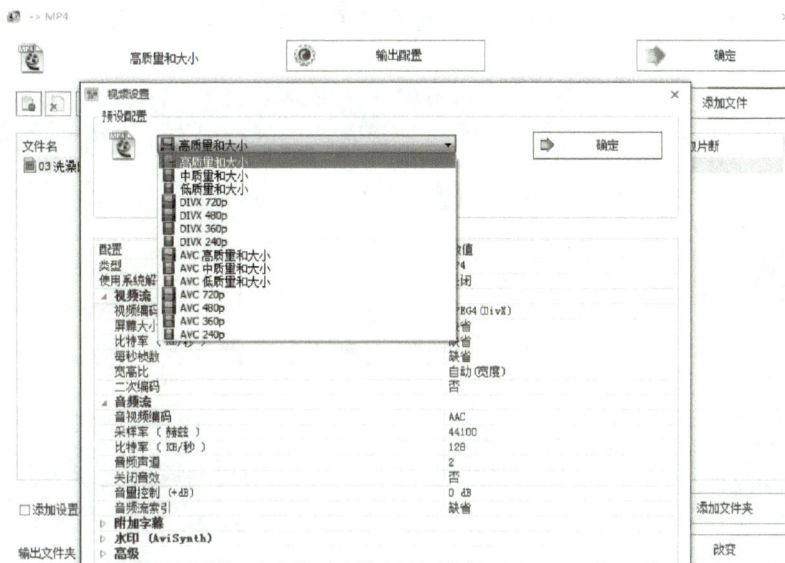

图 6-250 视频格式转换的设置

(四) 图片文件的转换

格式工厂支持图片的缩放、旋转、水印等功能，我们只需选择图片文件，在输出设置中进行相关的参数设置即可，如图 6-251 所示。

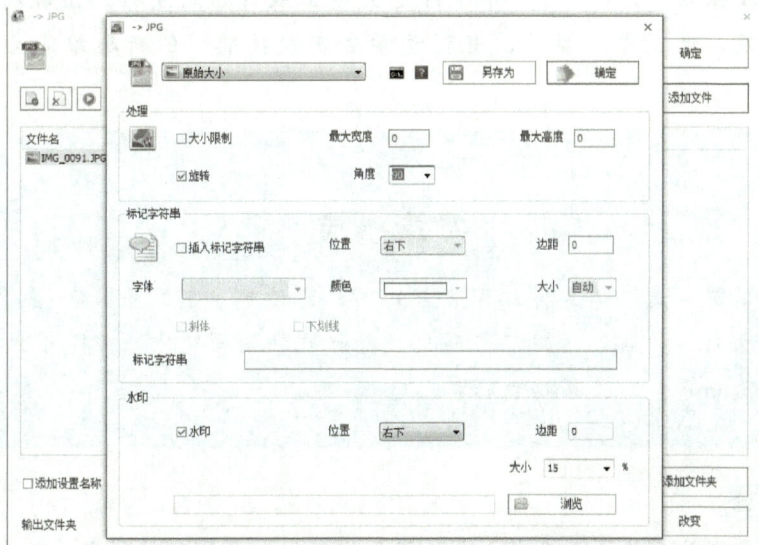

图 6-251 转换图片文件的输出设置

（五）DVD 视频的抓取

将 DVD 放入光驱，打开格式工厂，在界面左侧选择"光驱设备、DVD、CD、ISO"中的"DVD 转到视频文件"，点击进入设置页面，屏幕大小设置为 default 默认，视频格式通常选择 AVI 格式，因为其失真度最低，不推荐选择 RMVB 格式。点击"转换"，再点击主菜单上的"开始"就可以了，如图 6-252 所示。

图 6-252　备份 DVD 到本地硬盘

拓展阅读

由黄磊、陈迪主编的 21 世纪高等院校示范性实验系列教材《图像和视音频素材制作实验教程》2014 年 7 月由华中师范大学出版社出版发行。该教材结合大量实例进行讲授，便于学生操作，有利于学生实践技能、创新思维能力的培养和提高。

本章小结

本章的重点是媒体素材的采集与处理，通过学习掌握图像素材、音频素材、视频素材、动画素材的常用采集方法和软件处理技术，并能根据实际需要，合理选用素材，提高教学效果。

思考与讨论

1. 视频和图片都能展示五颜六色的视觉信息，在多媒体软件中，你会怎样安排这两类媒体素材呢？

2. 如何从 VCD 中截取音频素材和视频素材？

3. 如何应用 Flash 软件制作适合网络播放的动画素材？

4. 案例研究：选用所学专业的一门网络课程，分析其中选用的媒体类型是否合理？如何改进？

综合实践项目

围绕某一主题，自己拍摄或制作图片、音频、视频和动画等素材，或对已有素材进行编辑或修改，然后使用会声会影将这些素材进行集成，生成一个能完整表达某一含义的微视频。要求媒体元素齐全，并添加字幕。

第七章　信息化教学评价

学习目标 ▶

1. 说明信息化教学评价的含义。
2. 了解信息化教学评价的特点、原则。
3. 掌握信息化教学评价的方法。

内容概览 ▶

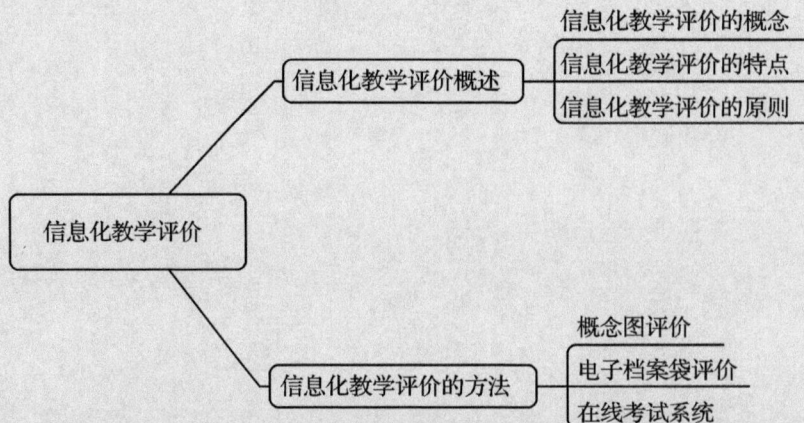

信息化教学评价能够促进学生素质的全面发展，形成性评价和总结性评价相结合，能帮助教学评价成为学生认识自己、激励自己的教育方式和教师改进教学的反馈方式。这样不仅有利于学生综合素质的发展，而且还能倡导灵活、开放、多样的考试方式，通过给予学生更大的自主选择空间来激励学生学习，帮助他们有效调控学习过程，使其成为学习的主人，从而帮助他们获得成就感，增强自信，培养合作精神、问题解决能力、创新能力。

第一节　信息化教学评价概述

一、信息化教学评价的概念

随着现代信息技术的发展，其在教育中得到了较为广泛的应用，教育观念及教学策略等正在发生着深刻的变革，这些变化必然引起作为重要教学环节的教学评价的相应变化，信息技术在教育中的应用致使教学评价不再是传统方式的教学评价，信息化教学评价随之诞生。所谓信息化教学评价，是指根据信息化教学理念（目标/人才观/教学模式等），运用系列评价技术手段对信息化教学效果进行评价的活动[①]。可从以下两个方面认识信息化教学评价。

(一)以信息化教学评价理念为指导

在传统的教学评价中，评价一个学生学习成绩的标准主要是看考试成绩分数的高低，导致培养出的学生是死记硬背、不能灵活应用知识，缺乏创新，这样的学生难以满足信息时代发展的需求，改变人才培养的理念势在必行。信息化教学评价恰是能迎合这一需求而出现的一个评价理念，该理念主张借助信息技术的优势，在教学评价的过程中以学生的学习过程、学生的发展为中心，提倡评价方式的多样化、评价主体的多元化、评价标准的多向性，而且要重视学生多元智能的发展、个性差异以及学生的学习能力、问题解决能力、创新能力等能力的培养。

(二)以现代信息技术为评价手段

在传统的教学评价中，单元测验、期中考试、期末考试是教学过程中常用的评价手段，它虽然具有质量易控、比较客观公正的优点，利于评价学生的认知目标的达成情况，在检测学生的知识与技能方面具有独到的优势，但是对于高级的认知和复杂的能力却不易甚至无法检测出来。一些具有创新精神的教师虽然也有使用纸质档案袋记录学生的学习过程，促进了学生的成长，但是使用的纸质档案袋对学生日常信息的收集、展示和实施等方面都有诸多不便，特别是不利于学生间的交流、互

---

① 祝智庭，钟志贤. 现代教育技术——促进多元智能发展. 上海：华东师范大学出版社，2003：249.

评和分享。而随着信息技术的发展，出现了在线考试系统、电子档案袋平台等信息化评价方式，弥补了传统教学评价的缺点。

二、信息化教学评价的特点

信息化教学评价的特点主要是通过与传统教学评价的区别得以体现。其特点主要表现在以下几个方面。

(一)多元性

传统教学评价的主体是教师，是单一、单向的。信息化教学评价的主体提倡多元化，可以让其他教师、学生参与评价。而且借助信息技术的优势，也增加了评价主体间的互动，由单向转为多向，建立了学生、教师、家长、管理者等共同参与的评价制度，通过多渠道的反馈信息促进了被评价者的进步和发展。在评价方法上，传统的教学评价方式主要是书面测试和考试，较为单一，且过多地注重量化的结果。信息技术在教学中的应用，使得评价方式多元化，如在评价中引入了概念图、电子档案袋、考试系统等评价方式。

(二)全面性

就评价对象而言，传统教学评价的对象主要是学生，而忽略了对教师教学设计、教学方法、教学技能和教学资源等的评价。随着信息技术在教育领域中的广泛应用，教师的教学设计、教学方法、教学技能及教学资源的选择对整个教学过程及教学效果有着重要影响。因此，不仅要评价学生的学习，还要对教师的教学过程中涉及的上述环节进行评价。

(三)过程性

传统的评价只注重学生学习结果的评价，而忽视了对学生学习过程中的表现的评价，导致对学生的学习过程缺少监控，不能及时发现学生的优点和不足。而随着信息技术在教育中的应用，这为注重评价学生的学习过程和学习结果提供了可能，有利于学生的全面发展，有利于学生综合素质和各种能力的提高。

三、信息化教学评价的原则

在信息化教学中，以下原则将有助于达成评价目的，促进教学目标的实现。祝智庭等提出了以下信息化教学评价的原则[1]。

(一)在教学进行前提出期望达到的目标

在信息化教学中，学习的任务往往是真实的，而学生又具有较大的自主权和控制权。为避免学生在学习过程中迷路，在教学进行前，预先通过提供范例、制定量规、签订契约等方式使学生对自己要达到的结果有一个明确的认识将是非常有效的。

---

① 祝智庭，顾小清，闫寒冰．现代教育技术——走进信息化教育(第三版)．北京：高等教育出版社，2010：236-237.

这样一来，学生们就会主动地使自己的工作向任务的预期要求看齐。

(二)评价要基于学生在实际任务中的表现

在信息化教学中，教学的组织者要尽可能地从"真实的世界"中选择挑战和问题，并在评价时关注学生在实际任务中所表现出来的提问的能力、寻求答案的能力、理解的能力、合作的能力、创新的能力、交流的能力和评价的能力。评价的重点要放在如何使学生的这些能力得到发展和提高上，而不仅仅是判断学生的能力如何上。

(三)评价是随时并频繁进行的

既然信息化教学中的评价是一个进行中的、嵌入的过程，那么它也应该是随时并频繁进行的，目的是衡量学生的表现与教学目标之间的差距，进而及时改变教学策略，或者要求学生改变他们的学习方法及努力方向。事实上，评价是促进整个学习发展的主要工具。

(四)学生对评价进程和质量承担责任

要发展自我评价能力，学生需要有机会制定和使用评价的标准，使他们在思考和反思中发展自身的技能。学生应该知道如何回答和解决诸如"需要解决的问题是什么?""我们怎样才能知道自己已经取得了进步?""我们如何才能得到提高?""我们怎样才能达到优秀?"之类的问题。因此，只要有可能，就要尽量鼓励学生进行自评或互评，并使他们对评价的进程和质量承担责任。

第二节　信息化教学评价的方法

一、概念图评价

(一)概念图概述

概念图(Concept Map)是康乃尔大学的诺瓦克(J. D. Novak)博士根据奥苏贝尔(David P. Ausubel)的有意义学习理论提出的一种教学技术。奥苏贝尔认为影响学习的最重要的因素是学生已有的知识，弄清此之后，才能进行相应的教学。这也是奥苏贝尔整个学习理论的核心。

奥苏贝尔提出了意义学习的两个条件，只要具备这两个条件，就可以认为学习是有意义的。这两个条件：一是学生表现出一种意义学习的心向；二是学习内容对学生具有潜在意义。奥苏贝尔认为，影响教学中意义接受学习的最重要的因素是学生的认知结构。

因此，要促进新知识的学习，首先要增强学生认知结构中新旧知识之间的联系。这样，就急切需要一种工具，能够表示知识体系中概念与概念之间的联系，以及学习者认知结构中已有的概念之间相互的关系，只有如此，才能以最快的速度发现学习者内在的认知结构和知识本身的结构体系之间的联系与差别，决定是同化还是顺应完成学习的过程。概念图正是在这种需求下应运而生的。

作为一种知识的组织和表征工具，概念图的特征包括图示化、突出概念、突出概念之间的关系、突出概念之间的层次。图示化，也就是将概念之间的关系非线性化，这是它与其他知识表征工具(如线性文本)的最大不同①。除了有适用于课堂教学的各种书面形式的概念图外，现在还开发出了多种计算机概念图软件。

概念图包括节点、连线、命题和层级四个基本要素。节点表示概念，概念是指感知到的同类事物的共同属性，用符号表示；连线表示两个概念之间存在某种关系；命题是两个概念之间通过某个连接词而形成的意义关系；层级有两个含义：一是指同一层面中的层级结构，即同一知识领域中的概念依据其概括性水平不同而分层排布，概括性最强、最一般的概念处于图的最上层，从属的放在其下，而具体的事例列于图的最下层；二是不同层面的层级结构，即不同知识领域的概念图可就某一概念实现超链接。概念图就是这样一种以科学命题的形式显示了概念之间的意义联系，并用具体事例加以说明，从而把所有的基本概念有机地联系起来的空间网络结构图②。

(二)概念图评价的作用

概念图用于教学评价有两大优点：一方面，从概念图中可以获知学习者对概念和原理的理解的深度和广度，也可以反映出知识运用的熟练程度、知识之间的联系、产出新知的能力等；另一方而，同传统评价相比，概念图评价能较精确地评价出学习者的知识组织状况。因此，概念图可以成为有效地评价学生创造性思维水平的工具。

现在有一些理科教材或参考资料在章节开始或结束时用概念图来对本章知识进行概括，的确对学生从整体上把握知识有很好的促进作用。其实这还远远不够，概念图还可随时用于对学生日常学习的反思与评价。例如，让学生养成画概念图的习惯，教师可及时了解学生学习的进展，诊断学生的问题，从而改进教学，是形成性评价的好方式。另外，概念图也是学生自我评价的有用工具。学生在建造自己的概念图时遇到了困难，他会清楚地联想到自己在学习中还存在哪些不足；他的链接缺乏创造性，就说明自己的知识储备不足，不灵活，这样就会激励他要努力去弥补不足。而且，学生把自己的概念图跟同学或教师的概念图一作比较，再经过探讨，含糊不清的问题自己就变得明朗了，很快就能找到解决的办法。另外，学生在绘制概念图时，会自然地流露出对认知的情感，会以各种各样的图形或色彩表达出来，尤其是借助计算机多媒体的功能，可以创设生动、美丽的画面。因此，概念图不仅可

① 赵国庆. 概念图、思维导图教学应用若干重要问题的探讨. 电化教育研究，2012(5)：78-84.
② 裴新宁. 概念图及其在理科教学中的应用. 全球教育展望，2001(8)：47-51.

用以评价学习者对知识理性认识的清晰性，同时也可了解其情意品质①。

（三）概念图评估的构架

Ruiz-Primo & Shavelson(1996)提出的三维概念图成分评估是迄今最权威、引用最为广泛的概念图评估理论构架。Ruiz-Primo & Shavelson 于 1997 年对这一框架进行了分析和说明，得出了表 7-1②。表 7-1 预示着在概念图评估的研究和实践中，评估任务、作答形式及评分系统具有多样性，它们间的变化和组合，将会生成数目巨大的概念图评估方案。这三个评估成分是彼此相关的，它们共同决定着整个评估系统的真实性和科学性。

表 7-1　概念图评估架构

评估成分	评估变量	实例
任务	任务要求	要求学生做：填充概念图；从头构建概念图；排列卡片；评价概念对的关系；撰写文章；回答访谈
	任务限制	学生是否被要求：建构等级图；提供任务中所使用的概念；提供任务中所使用的概念间的连接语；允许在两个结点间使用一个以上的连接；允许移动概念直至达到满意的结构为止；要求定义图中所使用的术语；要求对答案进行解释；要求共同建构概念图
	内容结构	任务要求、任务限定与某知识领域结构的交互作用
作答形式	作答方式	学生的作答采用纸、笔、口头还是计算机
	形式特征	作答的形式特征要与任务相匹配
	制图者	制图者是学生、教师还是研究者
评分系统	按概念图的成分评分	集中在三个成分或者它们的变式命题层；层次水平；例子
	使用标准图	比较学生图和标准图。标准图出自：一个或多个学科专家；一个或多个教师；一个或多个优等生
	成分和标准图的结合	整合前两种策略给概念图评分

二、电子档案袋评价

（一）电子档案袋的概述

电子档案袋又称电子学档。电子学档（E-Learning Portfolio，简称 ELP 或 E-

---

① 裴新宁．概念图及其在理科教学中的应用．全球教育展望，2001(8)：47—51.
② 徐爱新，张丽萍，等．概念图评估在教学评价中的应用研究．中国成人教育，2008(4)：127—128.

Portfolio，又称为电子文件夹、电子作品或学习文件夹）是学习者运用信息技术记录和展示其在学习过程中关于学习目的、活动、成果、付出、进步以及对学习过程和结果进行反思的一种集合体。它主要指学习者利用信息化手段呈现学习过程，包括在学习过程中对学习和知识的管理、评价、讨论、反思、设计等[①]。

电子档案袋是记录和管理学习者学习过程、成长经历的工具。电子档案袋中包括学习目标、学习活动、教师和学生的作品、教师评价、同伴评价、学习者自我反思等。

电子档案袋不是为了辅助教师的教学活动的工具，而是为了促进学生成长而设计和制作的。从这个角度看，电子档案袋是以学为中心的教学活动的产物。电子档案袋评价具有数字化、自主选择性、过程性、双向评价、激励与反思、开放性的特点。

(二)电子档案袋的实施

电子档案袋的实施主要包括准备、实施、总结反思、反馈调节四个阶段。

1. 准备阶段

电子档案袋在实施前先要进行良好的设计。使用前，教师应首先明确电子档案袋的评价目标与学习目标的关系，同时应根据评价目标确定好电子档案袋评价的主题、所要收集的作品类型和数量等。在使用的过程中，教师应根据教学的需要制定好电子档案袋评价的使用计划和评价的标准、方法等。

2. 实施阶段

实施阶段主要是教师和学生利用电子档案袋收集学生在学习过程中关于学习目标、学习计划、学习作品、学习评价、学习反思、成长状况等方面的资料，以证明学生的学习过程及成长情况。

3. 总结反思阶段

总结反思阶段主要是学生在一定阶段的学习完成后，对电子档案袋的使用状况和学生的学习状况进行总结反思，主要目的在于发现学习和成长中的问题和不足。

4. 反馈调节阶段

反馈调节阶段主要是将教师评价及学生间的评价结果反馈给被评价的学生，学生针对反馈中反映的问题和不足，制定相应的改进措施，调节自己的学习目标、学习策略、学习步调，以及对自身各个方面的认识和定位，进行调节。

---

① 钟志贤，吴初平．电子学档：远程学习中一种有效的过程性评价工具．中国远程教育，2008（5）：41—44.

案例

生物学科学生电子档案袋基本原理与评价初探①

叶　宏(广州市知用中学)

伍文胜(广州市越秀区教育局教研室)

档案袋评价(portfolio assessment),又称成长记录袋评价,是以档案袋(夹)为依据而对评价对象进行的客观综合性评价,主要是指收集学生自己认为能够证明自己的学习进步、创新精神和知识技能的成果,可以包括计划、中间过程的草稿、最终的成果、教师的评价、相关的资料等,以此来评价学生学习和进步的状况。档案夹可以说是记录了学生在某一时期一系列的成长"故事",是评价学生进步过程、努力程度、反省能力及其最终发展水平的理想方式。如果档案袋里的有关材料利用计算机数字技术来辅助搜集、保存、管理和展示,那么这就变成了电子档案袋(e-portfolio)评价。

研究电子档案袋多年的巴莱特等将电子档案袋概括为如下内容:电子档案袋运用电子技术,允许档案袋开发者以多种媒体形式收集、组织档案袋的内容,包括音频、视频、图片和文本等。基于标准的档案袋采用数据库或超级链接将标准(或目标)、典型作业和反思之间的关系清晰地显示出来。

一、电子档案袋与传统档案袋相比的突出优势

与传统性档案袋相比,电子档案袋可以给师生带来不少益处。坎卡安莱特和巴莱特等人(Kankaaanranta,Barrett & Hartnell-Young,2000)对电子档案袋做了如下概括。

- 最低限度的存储空间
- 易于备份
- 便携性
- 可长时间保存
- 以学习者为中心
- 增进技术性技能水平
- 通过超级文本链接为某些标准提供论据更简易
- 易接近性(尤其是网络档案袋)

在实践过程中,与传统档案袋相比,电子档案袋在以下两个方面表现出极大的优势。

(1)存储容量大,易于保存、查阅及携带

一个班几十位学生的传统档案袋,它的保存和携带都是一大难题,查阅也有

---

① 叶宏,伍文胜. 生物学科学生电子档案袋基本原理与评价初探(讨论稿),http://biology.guangztr.edu.cn/0505/yh.htm. 2019-03-11.

一定的不便，但电子档案袋是保存在计算机中的，其保存和查阅都很容易，只要有笔记本电脑或适当的存储设备（如 U 盘等）就可以。另外，教师也很容易携带，如果存储在网络上，任何能上网的环境都能进行查阅与管理，打破了空间的限制。

(2)标准化管理，易于操作、交流、展示

传统档案袋标准化程度低，不好分析、管理，且工作量大、教师负担重，而电子档案袋特别是网络型档案袋，分栏目收集管理，标准化程度较高，教师查阅方便，管理简便，如点击某一主题，可以看到所有学生收集的这一主题的作品，点击某一学生，则显示该生的所有作品。而且借助网络的优势，电子档案袋的操作、交流、展示更加自由，学生在网上就可以操作自己的档案袋，打破了时空限制，更能激发学生的参与兴趣。

因此，将信息技术运用到档案袋评价中而形成的电子档案袋评价，在一定意义上更能发挥档案袋评价的优势。

二、电子档案袋的类型及电子档案袋平台的创建

根据美国南卡罗莱大学教育心理学教授格莱德勒按照不同的功能为标准，将档案袋分为理想型、展示型、评价型、文件型和课堂型五种，可作为建立电子档案袋及要求实现相关功能时的参考，如表 7-2。

表7-2　档案袋评定的类型

类型	构成	目的
理想型	作品产生和入选说明，系列作品，以及代表学生分析和说明自己作品能力的反思。	提高学习质量。通过一段时间的成长，帮助学习者成为自己学习历史的思索者和非正式的评价者。
展示型	主要是由学生选择出来的自己最好的和最喜欢的作品集。自我反思与自我选择比标准化更重要。	给由家长和其他人参加的展览会提供学生作品范本。
评价型	主要由教师、管理者、学区所建立的学生作品集。评价的标准是预定的。	向家长和管理者提供学生在作品方面所取得的成绩的标准化报告。
文件型	根据一些学生的反应以及教师的评价、观察、考查、成绩测验等得出的学生进步的系统性、持续性记录。	以学生的作品、量化和质性评价的方式，提供一种系统记录。
课堂型	依据课堂目标描述所有学生取得的成绩总结；教师的详细说明和对每一个学生的观察；教师的年度课程和教学计划及修订说明。	在一定情境中与家长、管理者及他人交流教师对学生成绩的判断。

一般专业的电子档案袋需要计算机专业人员来编制，笔者和大多数一线教师（计算机学科教师除外）一样没有计算机编程能力，但是可以根据自己掌握的

计算机技术程度来构建一个简易的电子档案袋，最简单的就是收集学生评价的档案材料，直接存储在电脑上。另外一种简便的方法是利用现成的"网站系统"改建。这里我们利用"图文管理网站系统"——动力文章系统 3.0 免费版，创建一个电子档案袋平台。从 http：//www. asp163. net/download/Article3. 0free. rar① 下载文件包，按说明在服务器上安装以后(一般需要计算机老师协作)，便可以开始电子档案袋的构建工作。建成的电子档案袋样式请浏览以下网址：http：//yxjy. vicp. net/class。②

"动力文章系统"的操作并不需要专业的知识，一般教师也仅需十几分钟便可学会它的使用，用它来构建电子档案袋有以下优点。

(1)采用栏目(菜单)结构管理

一个栏目可视作要开展的一类活动，栏目内的菜单可视作这类活动中的具体项目，系统所具有的栏目(菜单)操作的简便性，方便了教师随时增加、修改活动的类别及项目。也为同一平台同时创建多种类型的电子档案袋提供了可能(一个栏目视作一种类型的电子档案袋，创建多个栏目则可构建成多种类型的电子档案袋)。

(2)随意增加、修改文章

学生的作品可视作一篇或多篇文章，学生随时可将自已的作品添加上去(上交作品)，并可随时修改，直到满意。

(3)支持图文、视频等多媒体

这意味着学生可在作品中使用文字、图片、调查的录音、甚至影片，从而使作品形式更丰富，增强表达、交流、展示的效果，为学生提供了创新的空间。

(4)支持评论

"评论"可当作"评价"使用，教师、同伴、家长要对作品做出评价就变得更方便。

(5)支持用户注册

每个学生注册后，就有了自己的账号，账号与上交的作品连锁在一起，这样，作品就互不干扰。点击学生的名字，可集中显示该学生的所有作品，谁收集了哪些作品，作品的作者、收集的时间一目了然，也方便管理。

(6)方便的查阅方式

点击鼠标便可查阅：任一探究活动中所有学生收集的作品、任一学生的所有作品、任一学生的任一作品，甚至还可输入关键字，如"李思思"，便可查找到李思思的所有作品及对李思思的评价等，查阅的方便也带来了管理的方便。

(7)网络性能好

利用其网络优势，打破了传统档案袋评价中师生对档案袋操作的时空限制，师生均可在能上网的时空中操作档案袋。作品交流、展示的范围扩展为无限，在传统档案袋评价中教师为展示而奔忙的烦琐成了师生的轻点鼠标。

---

① 此地址目前不能使用，本案例只提供一种示范．

② 同上．

(8)系统成熟，运行稳定性好

在技术上，这会成为活动能否顺利开展的重要因素，如果学生要收集作品时，却没法正常登录档案袋，等于宣布整个活动的失败。因此，在电子档案袋的研究中，系统稳定性是一个重要的考虑因素。

三、电子档案袋操作实践

(一)电子档案袋的创建

为了能够达到促进学生发展的目的，在创建电子档案袋时，必须以学期或学年的教育教学目标及学生的学习现状为基础。因此，事先有一个良好的构想将是电子档案袋能否有效发挥作用的关键。在综合国内外专家有关研究的基础上，结合我们自己的实验结果，我们将电子档案袋的创建分为5个具体的步骤，分别为明确应用电子档案袋的目的、确定评价的主题、确定收集的作品及数量、明确电子档案袋的参与者及其作用、规划电子档案袋的栏目结构。下面以课题开展的"科学探究小专家"为例加以说明。

1. 明确应用电子档案袋的目的

电子档案袋本身属于发展性教学评价活动，所有的评价活动都要从明确目的开始，电子档案袋评价也一样。档案袋的类型、收集的具体内容、应用对象、收集的时间安排等，都会因目的不同而不同。那么，电子档案袋能服务于哪些目的呢？在实际应用中，主要有展示学生的最佳成果、描述学生学习与发展的过程，以及对学生的发展水平进行评估三个主要方面，见表7-3。例如，如果目的是帮助学生把生物学知识与生活实践结合起来，激发学生的学习兴趣，可以使用描述学习过程的档案袋，教师通过一段时期或一个学期内学生收集的例子和学生的反思，即可知道学生对知识的思考及在生活中提出问题的能力的发展过程，学生也能体验到自己的进步，从而促进学生关注生活中的学科知识，提高学习兴趣。如有学生写道："我以前买东西，从来不留意食品包装盒上的生产日期、保鲜期什么的，现在我知道它的重要意义了，不新鲜的食品对人体是有害的，原来一个小小的包装盒上能看出这么多的问题。"

表7-3　档案袋的用途

展示学生的最佳成果	学生将最好的或最喜爱的作品装入展示性档案袋。反映进步的作品不包括在内。但需要有选择这些作品的理由及反省。其内容是非标准化的，因为每个人都可以自由地选择需装入哪些作品。
描述学生学习与发展的过程	材料不仅包括不同时期学生的作品，还有观察或测试的结果、家长信息等一切描述学生的东西。学生的自我反省和自我评估也可以放入其中。这是一个形成性的评价过程。 另外，为反映在一定时间内的进步，装入档案袋的材料并不一定是学生最好的作品。它们也可以用作与家长交流的工具，也可以作为传递学生基本信息的来源。

续表

对学生的发展水平进行评估	用于评估学生学习与发展水平的档案袋，其内容通常是标准化的，就像评分过程一样。这种档案袋可以作为学生升级、留级与否的参考，也可用于一定时期的总结报告。 学校、省市区和地方教育行政部门要解释和证实对某一教育方案评价的结果，通常把档案袋作为附加的或主要信息来源，以反映方案的效果或课程的改进。

2. 确定档案袋的主题

教师明确了创建档案袋的目的后，应根据课程标准中的教学目标以及所用的教材，界定出一个清楚且具体的目标，结合学生学习的现状，来确定档案袋的主题。

例如，《生物课程标准》以探究性学习作为初中阶段转变学生学习方式的突破口，而探究性学习所体现出的发现问题、解决问题的科学思维方法及观察、测量、记录、数据处理等科学方法却不是开展一两个探究性实验就能使学生掌握的。因此，教材除了设置一定数量的探究实验，还安排了一系列实践性的技能训练作为补充。而教学的现状是，教师不可能在现有的课时内指导学生完成所有的探究性实验，更不要说技能训练了，这就要求教师鼓励学生在课外完成一部分探究实验及技能训练。

根据这一目标及教学的现状，可以确定以"科学探究小专家"为主题的描述学生学习与发展的过程性档案袋。借助学生收集的自己在课内外所进行的、思考的探究活动及活动反思等作品，教师能够更有效地指导学生，学生也能体验到自己能力发展的过程，从而促进教学目标最大限度的达成。

此外，还可以应用在课堂教学中。

3. 确定要收集的内容与数量

一般来说，生物学科电子档案袋可收集以下的有关学生的内容。

①生物学习资料收集。包括生物的最新科技信息、图片和照片、剪报等。

②生物实验探究报告、生物小文章、小论文、小调查等。

③生物课外活动收获、体验等。

④生物实验报告、生物绘图。

⑤制作生物标本、模型的过程和记录、相片。

⑥制作生物手抄报。

⑦生物考试试卷、生物作业、生物竞赛获奖证书、参赛记录及照片。

⑧自我评价、集体评价、教师评价、家长评价、社会评价等多方共同参与的综合评价记录等。

电子档案袋收集到材料后与传统档案袋不同的是要进行数字化处理，转变成计算机可读取、存储的形式，常用的格式有以下几种：一般文字图片作品，如各种格式的电子作业、powerpoint格式、网页格式、Word文档；图片资料，可以是扫描的或数码相机拍摄的，主要是JPG格式；视频资料，主要学生参加各种生物学习活动的录像资料，可以是MPEG、RM格式。

此外，档案袋里面装什么与档案袋的使用目的有关。如果目的是展示，那么只要收集学生最好的作品。如果是为了反映学生在学习上的进步与不足，如"科学探究小专家"，则要收集本学期中学生完成的各个探究性实验的报告（包括必做、选做和拓展实验）及反思。

4. 明确档案袋的参与者及其作用

教师、学生、同伴与家长都可以成为档案袋的参与者。一般情况下，学生是实施档案袋的主体：学生决定着档案袋中收集什么样的作品，并对自己的作品进行评价与反思。教师也是重要的参与者，在制订档案袋的目的、主题、作品和数量等方面，教师起着主导的作用，但在此后的实施过程中，教师的作用转变成为指导与激励。同伴作为参与者，通过对他人作品的评价，不仅能够从他人的作品中吸收好的东西，还可以不断提高自身的鉴赏能力与批判性思维能力。家长的参与也能有效地促进活动的顺利进行，但因是首次实验，本次未选择家长作为参与者。

（二）电子档案袋的使用

电子档案袋的使用者主要是学生和教师，电子档案袋栏目规划和系统调试好后，学生便可访问"电子档案袋网站"并注册，在相关栏目以图文的形式发布或上传要求的作品，教师也可以通过"电子档案袋网站"，了解和指导学生。在电子档案袋使用的过程中，教师还需要做到以下几点。

1. 必要的信息技术辅导

经验表明，初中学生掌握了一定的信息技术，但水平参差不齐，对于访问网站、注册登录、上传作品、修改文章、发表评论等操作，需要进行一定的辅导。在实践中，教师可以先辅导出多名骨干学生，然后由骨干学生辐射开去，效果很好。实践证明，学生对信息技术的热情和兴趣会使他们在几天内完全掌握必备的操作。

2. 指导学生反思或评价自己和他人的作品

重视学生的自我评价和反思是当前评价改革的主要方向之一。档案袋评价的一个重要用途就是让学生评价自己的作品，反思自己的学习过程，由此发现自己的优势与不足。通过自我评价和反思获得的结果，能够更有效地激发学生进一步改进的愿望与信心，而且也可以培养学生主动学习的态度和对学习负责的精神，让学生学会学习，为终身发展打下基础。

自我反省和评价作为多元智力的一种，需要学习和培养。开始时，教师需要鼓励和指导学生如何反思和评价自己的作品。使用反思性的问题来帮助学生觉察自己的进步与不足是行之有效的方法，如案例中表7-3所列举的一些问题。

评价他人作品，能够从他人作品中吸收好的东西，提高自身的鉴赏力和批判性思维能力。同学间的评价、平等的交流，能够促进同伴关系及交往技能——学会如何与人合作或进行合理的竞争，如何正确看待他人的进步与不足等。能够实现学科目标以外的一般性发展目标，如责任感、交流与合作、理解和尊重他人等。教师对"他评"的指导，也可以使用反思性问题，见案例表7-4。

3. 对学生作品做出反馈

在日常的教育教学过程中，教师要有针对性地对学生的作品或反思进行定期的反馈。教师要根据教学要求、学习目标与学生作品水平，提出作品的长处与不足，同时必须要提出改进建议。这需要教师及时审阅学生上交的作品，并做出反应。

4. 组织作品的展示与交流

在电子档案袋评价实施的过程中，为了保持学生的兴趣与积极性，教师必须在创建时就制定一个交流与激励性展示的计划。与传统档案袋不同，虽然学生随时都能浏览到他人的作品，但一个经过准备的、在全班同学面前介绍、展示自己劳动成果的机会，会让学生激动不已，体会到成功的喜悦，激发进一步收集的动机与积极性。

"展示与交流"的另一些更常规的做法是：教师将好的作品在电子档案"公告板"中提出表扬，每一位学生在访问电子档案时，都能看到；在上课时对相关的学生进行表扬；直接在学生的作品后发表鼓励性的"评论"。这一切都能让学生体会成功的快乐、被人悦纳的幸福、受到赞赏的自豪和奋发向上的冲动。这是整个评价活动得以持续下去的重要源泉。

(三)电子档案袋的评定

电子档案袋的评定主要由教师完成，包括对电子档案袋中作品的评定和对整个电子档案袋的评定两个方面。对电子档案袋评定前，首先考虑是否进行评定，然后考虑如何进行评定。这其中，使用电子档案袋的目的是决定是否需要评定及评定方式的最主要因素，见表7-4。

表7-4　电子档案袋评定类型

电子档案袋类型	整体评定	单独评定
展示	不必进行整体评定	在收入之后不必再专门进行单独评定
描述过程	不必进行整体评定	尽量给每件作品单独评定
水平评估	一定要有整体评定	是否对作品进行评定，视具体情况而定

四、电子档案袋在生物教学中的应用

1. 电子档案袋在信息素养培养、课堂教学中的应用

案例："生物知识小行家"电子档案袋评价

初中生物课程标准中要求学生"初步具有收集和利用课内外的图文资料及其他信息的能力"，培养学生的信息素养就成为重要的教学课题，为此，尝试设立"生物知识小行家"主题电子档案袋。

主题：生物知识小行家

目的：通过档案袋培养学生学会借助网络资源进行学习的能力，并在学习过程中培养他们具备迅速地筛选和获取信息，准确地鉴别信息的真伪，分门别类地整理信息，创造性地加工和处理信息，迅速而有效地传播信息的能力，提高他们的生物信息素养，以适应时代的需要。同时将学生收集到的生物信息作为课程资源直接为课堂教学服务。

收集的内容和要求作为"生物知识小行家"，你要收集七年级下每一章节相关的生物学知识，每次收集完资料后，你要思考以下问题（如表 7-5、表 7-6）。（填写后附在收集的资料后面）

表 7-5　电子档案袋收集内容

你从哪里收集的资料？（互联网、期刊、报纸、电视、广播）
你收集的资料是否阅读过？并知道说的是什么？
你收集的资料，你是否处理、加工过，保留了最有趣的部分，保证质量？

表 7-6　电子档案袋栏目结构

说明	档案袋目录	信息收集	科学探究报告	评价	个人展示	留言
		按章节	试验	自我评价	试卷	
			探究	学生互评	作业	
			调查	教师评价	其他	
			设计			

评价（如表 7-7、表 7-8）：

表 7-7　资料收集整理评价表

评价内容	评价要点	评定等级		
		很好	较好	一般
目的和计划	收集的目的是否明确			
	收集整理的时间是否充分			

续表

评价内容	评价要点	评定等级		
		很好	较好	一般
过程和方法	能否合理利用文字和图片			
	能否利用多种信息源(除互联网外,如报纸、杂志、电视)			
	能否保证档案袋收集到的内容的质量(可靠、全面、多样)			
	能否通过分析收集的生物信息得出结论,并进行验证			
情感和价值观	能否积极、主动参与"生物知识小专家"活动			
	能否坚持、认真完成"生物知识小专家"活动			
	能否在活动中做到一丝不苟、精益求精			

表 7-8 期末终结评价表

电子档案袋栏目		电子档案袋要收集的文章	评价量化
一级	二级		优秀表现—可接受表现
信息收集	课本章节	通过互联网搜索每章节的相关知识,处理后提供课堂教学需要,要求不少于8篇	40—30
科学探究报告	探究	探究晚婚的意义	5—3
		测定反应速度	5—3
	实验	测量胸围差	5—3
		膝跳反射	5—3
	调查	血液与血液制品与人类生活的关系	5—3
	设计	为家长设计一份午餐食谱	5—3
	其他	一份以上自己写的,并选择的其他生物小文章、小论文、小调查或生物手抄报	5—3
个人展示	常规	一份单元测试卷	5—3
		最好的一次生物作业	5—3
	评价	一位同学对自己上生物课表现情况的评价原稿	5—3
		对自己学习生物的评价意见	5—3
	其他	能表现自己努力学习生物学知识的各种文字材料、图片(照片)、证书等	5—3

2. 科学探究活动教学中电子档案袋的应用

案例："科学探究小专家"电子档案袋评价

新课程标准倡导探究性学习，并以此作为改变学生学习方式的突破口，因此，探究性的教学方式及探究性学习方式就成为教师教学和学生学习的重要课题。而人民教育出版社出版的《生物》七年级下册教材的探究活动侧重在引导学生提出问题和做出假设，在动手能力和实验设计能力上要求相对较低。在科学探究技能上，还侧重通过测量获取数据、设计表格、记录和整理数据等技能。为了让学生更好地达成教学目标，自觉地应用探究性的学习方式，培养探究式的科学思维方法、实践能力和创新精神，同时，也为教师收集更多的教学反馈，更好地改进探究性教学的方式、方法。在本学期我们设立"科学探究小专家"主题档案袋。

主题：科学探究小专家

目的：通过档案袋着重培养学生提出问题、做出假设等一般的过程技能，希望发展通过测量获取数据、设计表格、记录和整理数据的技能，从而促进学习方式的转变，培养实践能力及创新精神。同时，教师从中收集更多的反馈，更好地改进探究性教学的方式、方法。

档案收集的内容、要求：

作为一探究专家，本学期你要完成以下基本探究活动(如表7-9)。

表7-9 活动内容表

活动类别	活动内容
探究	探究晚婚的意义
	测定某种食物中的能量
	探究馒头在口腔中的变化
	采集和测算空气中的尘埃粒子
	测定反应速度
	废电池对生物的影响
技能训练	区分事实和观点
	解读曲线图
	测量和计算
	设计表格，记录数据
	观察和测量
	设计对照实验

每一项探究活动，你要思考以下问题（如表 7-10）。（填写后，作为一份收集的作品放入档案袋）

表 7-10　探究活动作品单

探究过程技能
探究活动题目（从上面探究活动表中选）：
我要探究的问题是：
我的假设：
实验的主要步骤：
我的结论：
本次探究中我最大的收获：
我觉得进步的方面是：
我的问题是否与众不同？
我的假设是否与众不同？
我还想探究的问题：
科学技能
本实验中我使用的测量工具及目的：
是否使用表格记录数据？
我是这样处理数据的（写出处理过程或演算公式）：

每一项技能训练，你要回答以下问题（如表 7-11）。（填写后，作为一份收集的作品放入档案袋）

表 7-11　技能训练作品单

技能训练名称：
实验结果（技能训练中要求回答的问题答案或结果记录）：
你是否掌握本项技能？举例说明：

浏览其他组收集完成的作品，并点击"发表评论"提出你对他们作品的看法。例如，优点、可以改进的地方、你认为他们做得最精彩的方面等（如表 7-12）。

表 7-12　同学评价表

你们的优点（真棒！）：
我有这样的看法（需要改进的地方）：
你们给我的启发（我的收获）：

规划电子档案袋平台的栏目结构：

规划一个分类科学、结构清晰的栏目结构，能使教师的管理和学生的操作更加直观、方便。根据"科学探究小专家"主题，使用"动力文章系统"规划和创建的栏目结构(如表7-13、表7-14)。学生注册后，便可依据各栏目收集自己的作品。

表7-13　"科学探究小专家"栏目(一)

档案袋说明	探究活动	技能训练	BBS论坛
	探究晚婚的意义		
	测定某种食物中的能量		
	探究馒头在口腔中的变化		
	采集和测算空气中的尘埃粒子		
	测定反应速度		
	废电池对生物的影响		

表7-14　"科学探究小专家"栏目(二)

档案袋说明	探究活动	技能训练	BBS论坛
		区分事实和观点	
		解读曲线图	
		测量和计算	
		设计表格，记录数据	
		观察和测量	
		设计对照实验	

每位同学使用自己的真实姓名在网站(http：//yxjy.vicp.net/class[①])上注册，注册后使用注册名登入，可开始收集你的作品。

评价：

本次实验("科学探究小专家")为过程性档案袋，目的是描述学生的学习状况，方便学生反省自己的优势与不足，从而提出合适的发展目标与策略。因此，不对档案袋进行整体评定，只是尽量给每件作品单独的评定，见表7-15。作为教师把握学生发展情况的直观依据。

---

① 此地址目前不能使用，本案例只提供一种示范.

表 7-15　评价表

评价内容	评定等级(0—4)
是否提出合理的问题?	
是否能做出合理的假设?	
结论与假设是否相关?	
能否做出合理的推理?	
探究过程能力发展状况	
科学方法掌握状况	
总体表现状况	

以上评定的各项内容,使用表现性行为方式描述法评定等级,这种等级是按一个从 0—4 的 5 点量表组织起来,各等级的水平一般定义如下:

4——学生的表现可以作为典范。

3——学生能够胜任各种任务。

2——学生的进步是明显的,但并不能充分地胜任各种任务。

1——学生处于提高的初步阶段,水平仍然较低。

0——学生没有进步的表现。

五、对电子档案袋评价的反思

经过几个月电子档案袋评价的探索,学生在收集电子档案袋作品的同时,信息素养得到一定的提高,更加关注生物学知识,科学探究能力逐步提高,师生关系比以前更融洽了,平时的互动增加了,实验初见成效。在实践中,要更好地使用电子档案袋评价,需要做好以下几个方面的工作。

需要学校的信息化平台的支持。电子档案袋一般要安装到服务器里,所以要求学校能有自己的校园网及服务器,还要有相关的管理人员,电子档案袋才能稳定的使用下去。这需要加快学校的信息化建设。

对师生的信息素养要求高。电子档案袋作品的上传和日常管理都需要一定的计算机操作知识,对教师的计算机知识尤其要求高。

简易电子档案袋功能还很不完善。与学生相关的日常学习活动信息有很多,简易电子档案袋只有记录学生作品的功能,而缺乏对学生考试成绩管理、学生日常表现评估等的功能,对学生情感、价值观转变的评估记录也不够,所以需要专门人员开发出更适用的电子档案袋。

由于进行电子档案袋评价实践的时间尚短,运用电子档案袋进行具体实践操作还很不够,同时也感受到电子档案袋研究前景的深远,我们将在今后的工作中继续研究和探索,在此抛砖引玉,希望能给同行一点启发。

三、在线考试系统

在线考试系统是一种现代且全新的考试模型，是借助计算机和网络技术设计、开发的网络化考试系统。一般具有题库管理、智能组卷、学生考试、自动评分、考试分析等功能。

(一)题库建立和管理

题库是根据教育测量理论，在计算机系统中实现的某门课程试题资源的集合。试题库是整个评价平台的重要组成部分，包括各种类型的试题及其相关属性，如科目、知识点、分数、题干、答案、难度系数等。题库一般要先建立，而且能对题库进行添加、删除、修改和查询试题等。

(二)智能组卷

智能组卷是将人工智能技术与人类教育专家的组卷知识和经验结合起来，由计算机来完成试卷内容的设计，且使得由计算机所生成的试卷达到专家级水平。教师设定相应的组卷参数如知识点、难度、题目数量、分数等，系统再按组卷策略自动组卷。另外，为保证教师的多种需求，在线考试系统还支持教师手工组卷。

(三)测试过程控制

在线考试系统能监控学生的考试过程，如远程实时监控、锁定系统、防抄袭、不允许学生进行与测试无关的操作、自动交卷等功能。

(四)试卷评阅

考试系统能对客观题进行自动评阅，对主观题进行人工评阅。学生考试结束后，教师登录系统，可以进行人工评阅，并给出成绩。

(五)测试结果分析

对学生，可以查询自己的考试成绩、排名；查询自己的答卷与标准答案；获知成绩变化趋势，按时间轴作一个关于考试成绩和排名的历史追踪图；分析学生在题目上的表现，学生可以知道自己知识点的掌握情况，可以生成指导语。对于教师和组织者，可以查询所有考生成绩、答卷、排名和标准试卷答案；分析试卷的信度与效度；用图呈现学生在各分数段的分布情况，以及学生成绩是否符合正态分布；可以对知识点通过率、单题通过率数据进行统计分析，以得知考生对知识点掌握的总体情况；统计每道题的难度系数、区分度、平均得分，以修改题库中试题的参数属性。异常试题的警告，如考试中全对或全错的试题，及时提出警告。

与传统的考试方式相比，在线考试系统具有如下特点。

1. 科学性

依据考核内容的难度及对知识点的掌握要求将试题划分为不同分值，并依此制定组卷策略。考试时系统可随时依据组卷策略从题库中随机抽取试题进行自动组卷，自动生成考生个人试卷。

2. 准确性

客观题自动评分，主观题评分采用逐人或逐题两种方式进行评分，并且系统在阅卷评分后增加了审核步骤，只有经过审核的评分，考试系统才会将其作为考生的得分进行确认，以便与客观题得分进行累计汇总，使评阅误差得到有效控制。

3. 精确性

提供强大的报表分析功能，为教学效果评价提供科学的依据和及时准确的反馈。此外，还可以将所有参加网上考试的考生的答题信息和教师阅卷信息悉数存储起来，以便查询和存档，这大大节约了人力、物力和财力。

4. 高效性

整个考试流程完全由系统自动完成，因而避免了因这些环节的疏忽而造成的失误，大大降低了考试过程的错误率，也极大地提高了工作效率。

5. 灵活性

考生的考试时间不必要求同时进行，可以分批进行，考试地点也比较灵活，避免考生考试时间、地点矛盾等问题。在考试管理、资源调配等方面也比较机动灵活，大大降低了考试对场所的硬件要求，同时也能更好地满足考生灵活多样的个别化考试服务要求。

6. 安全性

采用随机出卷的模式，每个考生的试题都不相同，对于要求试卷内容一致的考试，还可以打乱试题及选项的顺序，让考生无法互相抄袭，也防止了考生死记硬背答案。

在线考试系统既可以用于大型的测试，如英语四、六级考试，同时，也可以用于小型的测试，如课堂的练习等。在线考试系统可以根据需要应用在不同的场景中。

拓展阅读 ⏰

1. 请浏览网址：http：//wiki. mbalib. com/wiki/概念图，希望通过对上述资料的阅读，您能加深对概念图各个方面的认识。

2. 请到知网(http：//www. cnki. net/)查询以下文章并阅读。

《信息化教学资源绩效评价研究》，作者黄琼珍。文章分析了目前我国信息化教学资源绩效评价中存在的问题，在参考国内外学者对网络信息资源评价的研究基础上，借鉴绩效评价的思想与方法探讨信息化教学资源绩效评价的问题与对策，并提出了信息化教学资源的评价内容、评价指标体系和评价方法。

《信息化课堂教学绩效评价体系研究》，作者马鹤。文章综述并辨析了教育绩效理论，从教育绩效的诞生到现在教育绩效理论正在发展产生了一些可借鉴的观点，进行了分析。提出了信息化课堂教学绩效评价的理论分析框架，还制订了信息化课堂教学绩效评价体系指标，并进行了验证方案。

　　《中小学信息化学习评价工具应用研究》，作者韩晓妍。文章介绍了电子档案袋、评估表与量规、学习契约、范例展示与概念图、电子测试系统等常用的信息化学习评价工具，并以中小学常用的电子档案袋和量规作为案例，对它们的应用进行设计与分析，同时对应用中可能出现的问题做出了详细的说明。

本章小结

　　本章介绍了信息化教学评价的概念、特点、原则以及信息化教学评价的方法，并重点介绍了概念图评价、电子档案袋评价、在线考试系统的信息化教学评价方法。通过这些方法的介绍，旨在促进对信息化教学评价地进一步了解，促进其有效应用。

思考与讨论

　　1. 比较信息化教学评价与传统教学评价。

　　2. 大数据技术对信息化教学评价的发展有何影响？

　　3. 如何进行电子档案袋评价？

综合实践项目

　　利用网络搜索各种在线测试的实例并进行比较，撰写试用记录，比较各系统的功能、优势和不足，并总结在线测试的发展趋势。

参 考 文 献

[美]巴巴拉·西尔斯,丽塔·里齐.教学技术:领域的定义和范畴.乌美娜,等,译.北京:中央广播电视大学出版社,1999.

陈琳.现代教育技术.北京:高等教育出版社,2014.

杜玉霞,孔维宏.现代教育技术.北京:清华大学出版社,2013.

樊文芳.教育信息化环境下的教师专业发展与培训.北京:科学出版社,2015.

顾明远.教育大辞典.上海:上海教育出版社,1990.

郭庆娟.中小学教师专业成长档案袋评价探析.现代教育科学,2005(2).

郭琼.现代教育技术.北京:人民邮电出版社,2012.

何克抗,等.教学系统设计.北京:北京师范大学出版社,2002.

何克抗,吴娟.信息技术与课程整合.北京:高等教育出版社,2007.

李克东.新编现代教育技术基础.上海:华东师范大学出版社,2004.

李芒,张志祯.现代教育技术.北京:中央广播电视大学出版社,2011.

李艺,颜士刚.教育技术导论.北京:高等教育出版社,2014.

刘邦奇.翻转课堂的技术特征及发展趋势.中国教育信息化,2015(18).

刘军,崔向平.继往开来:读《中国电化教育(教育技术)史》之感与思.中国电化教育,2014(4).

刘俊强.现代教育技术.北京:首都师范大学出版社,2013.

马秀芳.基于"虚拟教室漫游"的教师教育技术培训模式.教育信息技术,2009(5).

南国农,李运林.电化教育学(第二版).北京:高等教育出版社,1998.

南国农,李运林.教育传播学.北京:高等教育出版社,1995.

南国农.信息化教育概论.北京:高等教育出版社,2004.

南国农.怎样理解信息技术及其教师素养形成.现代远程教育研究,2013(1).

裴新宁.概念图及其在理科教学中的应用.全球教育展望,2001(8).

曲振国.当代教育学.北京:清华大学出版社,2006.

王陆.现代教育技术应用.北京:高等教育出版社,2015.

王兄.概念图评价应用分析.上海教育科研,2006(6).

奚晓霞.教育传播学教程.重庆:西南师范大学出版社,2009.

[美]小威廉·E.多尔.后现代课程观.王红宇,译.北京:教育科学出版社,2000.

邢小刚.新媒体时代的动漫产业发展.传媒观察,2015(1).

徐爱新,张丽萍,等.概念图评估在教学评价中的应用研究.中国成人教育,2008(4).

徐桂兰．微博在教学中的应用思考．中国教育技术装备，2012(30)．

闫寒冰．信息化教学评价——量规实用工具．北京：教育科学出版社，2003．

杨为民．在线学习的现状与发展研究．西北师范大学，2007．

尹俊华，庄榕霞，戴正南．教育技术学导论．北京：高等教育出版社，2002．

张丹，夏勇，宋维虎．浅析新媒体对教育信息传播的影响．内江科技，2013(4)．

张国平．多媒体技术在教学中的应用．软件：教育现代化(电子版)，2014(2Z)．

张剑平．现代教育技术——理论与应用(第2版)．北京：高等教育出版社，2003．

张静，张宝军．现代教学媒体新特性浅析．中国科教创新导刊，2007(18)．

张敏霞，栾学东，宋灵青．教师专业成长新途径——教师在线实践社区案例精选．北京：北京大学出版社，2015．

张鸷远．"慕课"(MOOCs)发展对我国高等教育的影响及其对策．河北师范大学学报(教育科学版)，2014(2)．

赵国庆．概念图、思维导图教学应用若干重要问题的探讨．电化教育研究，2012(5)．

郑小军，张霞．微课的六点质疑及回应．现代远程教育研究，2014(2)．

钟志贤，吴初平．电子学档：远程学习中一种有效的过程性评价工具．中国远程教育，2008(5)．

祝智庭，顾小清，闫寒冰．现代教育技术——走进信息化教育(第三版)．北京：高等教育出版社，2010．

祝智庭，钟志贤．现代教育技术——促进多元智能发展．上海：华东师范大学出版社，2003．

David H. Jonassen, Willliam S. Pfeiffer, Brent G. Wilson. Learning With Technology: A Constructivist Perspective. New Jersey：Prentice Hall，1998.

Robert A，Reiser，Walter Dick. Instructional planning：a guide for teachers. Boston：Allyn and Bacon，1996.